国家自然科学基金重点项目"中部地区承接产业转移的驱动机制与环境效应"(41430637)
国家自然科学基金青年科学基金项目"中部地区本土领先企业生产网络演化机理与路径研究"(41301115)
河南省哲学社会科学规划重大招标项目"河南深度融入国家'一带一路'战略的路径与对策研究"(2015A002)
河南省高等学校哲学社会科学研究"三重"重大项目"河南省承接产业转移促进产业升级研究"(2014-SZZD-20)
河南省高等学校哲学社会科学创新团队支持计划(2012-CXTD-04)

黄河文明与可持续发展文库

区域金融中心构建研究

——以郑东新区为例

Study on Building Regional Financial Center

A Case Study of Zheng Dong New District

茹乐峰　苗长虹◎著

科学出版社

北　京

图书在版编目（CIP）数据

区域金融中心构建研究：以郑东新区为例/茹乐峰，苗长虹著. —北京：科学出版社，2016

（黄河文明与可持续发展文库）

ISBN 978-7-03-049115-2

Ⅰ.①区… Ⅱ.①茹… ②苗… Ⅲ.①区域金融中心-研究-郑州市 Ⅳ.①F832.761.1

中国版本图书馆 CIP 数据核字（2016）第 142153 号

责任编辑：杨婵娟 刘巧巧 / 责任校对：贾伟娟
责任印制：徐晓晨 / 封面设计：无极书装
编辑部电话：010-64035853
E-moal：houjunlin@mail. sciencep. com

科学出版社 出版
北京东黄城根北街 16 号
邮政编码：100717
http://www.sciencep.com
北京凌奇印刷有限责任公司 印刷
科学出版社发行 各地新华书店经销
*
2016 年 7 月第 一 版 开本：B5（720×1000）
2024 年 1 月第四次印刷 印张：12 3/4 插页：1
字数：240 000
定价：65.00 元
（如有印装质量问题，我社负责调换）

丛 书 序

大河流域是人类文明的摇篮。在中华文明发祥、形成、发展、演化和复兴的过程中，黄河文明一直发挥着中流砥柱的作用。尽管什么是文明，学术界还有不同的看法，但文明作为人类社会进步的状态，就不仅体现在诸如文字、技术（如青铜器）、城市、礼仪等组成要素上，而且还体现在由这些要素组成的社会整体：国家的形成与发展上。正如恩格斯在《家庭、私有制和国家的起源》中所指出的："国家是文明社会的概括。"对于黄河文明的认识，无论是对中国古代文明起源持单中心论的学者，还是持多中心论的学者，都无法否认从黄河流域兴起的夏、商、周文明在中国古代文明起源与发展中的支配地位。特别是，随着考古学研究的深入和中华文明探源工程的推进，我国史前文化的地域多样性得到了进一步的确认，黄河文明在我国古代文明进程中的支配地位同样也得到了进一步的确认。由此，我们不禁要问，在灿烂发达、具有多个起源的中国史前文化中，为何只有地处黄河流域的中原地区走向了国家文明的道路，而别的地区却被中断或停滞不前？黄河文明的特质、优势及其对文明连续性发展的影响何在？黄河文明与周边地区的文明是如何互动并融合发展的？在国家文明形成之后，自秦汉至唐宋，黄河文明在中华文明进程中是如何创造一个个高峰的？她对中华文明乃至世界文明究竟产生了哪些重大影响？北宋以来，伴随着国家经济中心和政治中心的地域转移，黄河文明的演化与发展又面临着哪些前所未有的挑战？如果说农耕文明是黄河文明的核心内容，那么，是什么原因造就了这种文明的历史辉煌？又是什么原因造成其发展的路径依赖甚至锁定，以至于形成"高水平均衡陷阱"？

在国际学术界，冷战结束之后，伴随着经济全球化的快速推进，国际政治经济格局和秩序的重构，生态与可持续发展问题的凸显，有关文明冲突、共存，以及文化软实力、文化竞争力的辩论，为地域文明的研究注入了鲜明的时代性及全球化和生态环境两个重要视角。对于黄河文明而言，在全球化时代从传统农耕文明向现代农业文明、现代工业文明和现代城市文明的转型已成为历史的必然。经过一个多世纪的探索，目前黄河文明已经进入全面、快速转型的新时期，但这种转型不仅面临着传统制度和文化的约束，而且还面临着前所未有的资源与生态环境问题的挑战。作为中华文明的典型代表，黄河文明在全球化时代和全面转型时代如何实现可持续发展并实现伟大复兴，仍是我们面临的一个重大的时代性课题。

历史是一面镜子，而现在是联系过去和未来的纽带。对于文明的研究，我们需要回答几个基本问题：我们是谁？我们从哪里来？现在到了哪里？今后走向何方？为了回答黄河文明的这些问题，地处黄河之滨的河南大学以多年对黄河文明研究所形成的厚重历史积淀为基础，整合学校地理、经济、历史、文学（文化）等优势学科，并广泛联合国内外优秀研究力量，于2002年组建了黄河文明与可持续发展研究中心，并于2004年被教育部批准为普通高等学校人文社会科学重点研究基地。围绕黄河文明与可持续发展这一核心，中心将历史研究与现实研究有机结合起来，凝练了黄河文明的承转与发展、制度变迁与经济发展、生态与可持续发展三个主攻方向，并以此为基础，提出了创建具有中国特色、中国风格、中国气派的"黄河学"的宏伟目标。

近年来，中心科研人员承担了一批国家自然科学基金、国家社会科学基金、教育部基地重大项目等国家级和省部级课题，取得了丰硕研究成果。为繁荣黄河文明与可持续发展研究，推动"黄河学"建设与发展，河南大学黄河文明与可持续发展研究中心从2011年起编撰"黄河文明与可持续发展文库"，分批出版中心研究人员在黄河文明与可持续发展研究领域的代表性成果。此套丛书的出版得到了科学出版社的大力支持，在此我代表黄河文明与可持续发展研究中心表示衷心的感谢。

"黄河学"的创建任重而道远，黄河文明复兴的征程伟大又艰巨。研究黄河文明形成、发展、演变的规律，探究黄河文明的精髓和可持续发展的道路，不仅对中华文明、中国道路的研究有重大贡献，而且能为世界不同文明的和谐发展提供知识和智慧源泉。我们期待着中华文明的伟大复兴，也期待着以黄河文明与可持续发展研究为核心的"黄河学"能够早日建成并走向世界。

苗长虹

河南大学黄河文明与可持续发展研究中心执行主任

2011年4月9日

前　言

　　金融业是现代经济的核心,为实体经济健康发展、资源配置效率和水平提升、新业态及新兴产业成长提供重要支撑,对区域经济结构调整和转型升级的影响日益深化。当前,我国经济发展步入新常态。经济增速放缓背后,产业结构正在进行系列调整,第三产业增加值占 GDP 的比重达到 50.5%,成为支撑经济增长的半壁江山。在第三产业内部,金融业表现抢眼,呈现逆势扩张的发展态势。据国家统计局消息,2015 年,我国金融业增加值绝对额 57 500 亿元,同比增长 15.9%,是增速最快的行业。

　　当前,我国已经进入了一个金融中心建设空前高涨的时期。在今后相当长的时间之内,金融中心的建设与发展,将深远影响中心城市和其所辐射的区域经济的发展格局,将带来财富博弈、资源要素及资金的重新配置。在中西部经济欠发达地区,成都、重庆、武汉、西安、郑州等地分别提出了规划建设西部金融中心、长江上游区域性金融中心、中部地区区域性金融中心、西北地区区域性金融中心、辐射中西部的区域性金融中心的目标。我国是一个处于快速工业化和经济社会快速转型的发展中大国。一方面,金融业多是在改革开放后成长起来的,发展的历史较短;另一方面,广大中西部地区金融业还处在形成与发展阶段,围绕区域中心城市建设而规划的金融产业集聚区是在政府的强力推动下形成的,有非常强的"企业家型政府"的特色。因此,中国金融业的集聚发展,具有与西方发达国家不尽相同的特征、影响因素和作用机理。遗憾的是,当前学界的研究目光主要投向了西方发达国家及我国东部沿海发达地区,对我国中西部经济欠发达地区金融业空间集聚的机理、与发达地区金融业集聚的差异及区域性金融中心构建的研究还较为薄弱。

　　基于这一背景,本书在演化与制度经济地理学相关理论基础上,构建区位机会窗口-企业/机构衍生-区域产业分枝-制度厚度"四位一体"的分析框架,以郑东新区为研究对象,分析内陆区域中心城市金融产业空间集聚的演化机理。理论上丰富演化与关系经济地理学对于生产性服务业空间集聚的研究,实践上为促进内陆区域性金融中心建设、加快内陆区域中心城市发展提供政策支持。本书的研究和写作提纲拟定、全书统稿与修改，均由茹乐峰和苗长虹完成。

本书共分为八章。

第一章是导论。本章主要介绍本书的研究背景、研究意义、研究内容和研究方法等。

第二章是核心概念与文献评述。本章对金融产业、金融产业集聚、金融产业集群、金融中心等核心概念进行了界定。对金融产业集聚机理、金融中心与区域经济增长关系、金融中心形成机理、金融中心功能定位、金融中心识别和评价、金融中心构建的基本模式等相关研究领域进行了梳理和评析。

第三章是从金融集聚、金融集群到金融中心的理论分析框架构建。本章构建了研究的理论分析框架，梳理了从金融产业集聚、金融产业集群到区域性金融中心的演进关系；在演化经济地理学相关理论基础上，结合郑东新区金融产业发展历程与现状，构建了区位机会窗口-企业/机构衍生-区域产业分枝-制度厚度"四位一体"的分析框架。

第四章是我国金融中心的空间格局及变化特征。本章选取我国（不包括港、澳、台地区）286个地级及以上中心城市为样本，综合评价不同中心城市金融业的集聚水平与发育程度，划分其等级与类别，并运用ArcGIS分析技术展现我国金融集聚的空间分布格局及其变动趋势。

第五章是郑东新区金融产业发展的特征。本章在对郑东新区金融业发展历程、金融业内部结构、金融业空间布局进行分析的基础上，采用企业调查问卷数据，结合社会网络分析软件对郑东新区金融产业的网络特征进行分析。

第六章是郑东新区区域性金融中心的构建机理。本章在分析郑东新区区域性金融中心构建的基础条件基础上，采用区位机会窗口-企业/机构衍生-区域产业分枝-制度厚度"四位一体"的分析框架对郑东新区金融产业集聚机理进行研究。

第七章是郑东新区与其他欠发达地区区域金融中心构建的对比分析。本章从金融机构集聚、金融产业集聚、金融产业集群发育水平、金融中心构建模式等方面，对比分析了郑州与成都、武汉、西安等城市区域金融产业发展的差异，明晰了郑东新区在中西部地区区域性金融中心的位置。

第八章是郑东新区区域性金融中心的构建路径。本章提出了郑东新区建设区域性金融中心的政策建议，在总结国内外金融中心形成、发展规律基础上，结合郑东新区金融中心构建的现状、问题、差距与挑战，提出了郑东新区加快建设区域性金融中心的政策建议。

本书的主要观点如下：

区域性金融中心的形成遵循金融集聚—金融集群—金融中心的发展路径。①金融产业集聚是金融产业集群的前提。当金融机构集聚达到一定规模时，金融机构的成长和新进入者会加强集聚力度，实现金融产业内的生产率与创新能力的提高。在这个过程中，金融产业集聚区不但吸引了金融机构集聚，而且还吸引了与金融产业相关的金融服务机构、金融研究机构及金融信息集聚，由此形成了金融产业集群。②金融产业集群是区域金融中心建设的基础。金融产业集群为金融中心提供强大的金融资源支持，金融产业集群最重要的功能是集聚金融资源，它具有突出的整合利用不同资源的能力，将相关的金融存量资源要素有效地转换为从事金融活动的资本；金融产业集群增强金融中心核心竞争力，金融产业集群所具有的竞争优势有利于形成区域金融中心的产业优势，并进一步形成核心竞争力，它主要表现为大量相关金融机构空间集聚形成的良好金融产业氛围及产业综合竞争力，进而形成区域性金融中心；金融产业集群提供完善的金融服务，以金融产业集群为依托的区域金融中心既集聚银行、证券、保险等各类金融机构，还包括股权市场、债权市场、产权交易市场、担保市场、信托市场、区域期货市场及新型农村金融市场等市场体系，形成一个良好的循环发展系统，从而在不同情况下为不同的客户提供完善的金融服务。③区域金融中心是金融集聚、集群的功能提升与辐射增强。区域金融机构集聚效应，使得区域内某个城市具备发展为金融中心的可能。伴随金融机构的空间集聚产生集聚经济效应和溢出效应，这些效应进一步促使金融机构的空间集聚，并在金融机构集聚自我强化效应作用下形成金融产业集群。金融产业集群通过金融的中介作用，将金融集群的影响力向外扩散，使金融集群影响力的空间范围从一个区域延伸到更大的空间尺度。这种影响力反过来又加强了金融产业集群的发展，并吸引与金融相关的会计师事务所、审计师事务所、律师事务所、信用评级机构、资产评估机构、投资咨询、资金和保险经纪等专业中介机构进驻。集群内不同金融机构之间的联系和互动不断增强，这个城市就成为金融资产定价中心、金融资产交易中心、金融信息集散中心和金融相关服务中心，进而成为区域性金融中心。

我国金融中心空间分布不均衡，省会及副中心城市是打造区域金融中心的重要载体。通过对 2010 年全国（不包括港、澳、台地区）286 个地级以上中心城市相关数据的因子分析，将金融集聚因子降维成规模因子、质量因子和活跃程度 3 个较稳定的可解释因子，并与 2005 年相应数据进行比较。根据金融集聚指数，可以将我国中心城市金融集聚水平划分为全国性金融中心、全国性金融次中心、区域性金融中心、省域金融中心及地方金融中心。借助 GIS 空间分析方法对全国中心城市金融集聚的空间分布格局进行分析，结果表明我国金融集聚最为显著的区域集中在长三角、京津冀和珠三角地区，上海、北京-天津、广州-深圳构成全国性金融集聚中心城市；金融集聚与城市规模有着极强相关性，200 万人以上的特大城市是金融活动的主要集聚地；各省（自治区、直辖市）的金融集聚中心一般为其省会城市及副中心城市。2010 年、2005 年金融集聚指数变化率的分析结果表明，全国金融业集聚态势有从全国金融中心向邻近区域扩散的趋势，并向中部和近西部地区中心城市不断传播。

郑东新区具有较好的经济腹地与发展条件，区位机会窗口、企业/机构衍生、区域产业分枝、制度厚度共同推动郑东新区金融中心的形成。演化经济地理学相关理论表明，区域已有产业基础和条件是新的产业形成和发展的重要支撑。从经济总量看，郑州区域经济总量增长快速，为金融产业发展提供了坚实基础；从发展阶段看，郑州市人均 GDP 超过 10 000 美元，迎来服务业发展的战略机遇期；从经济腹地看，河南省及中原经济区建设为郑东新区提供了广阔的经济腹地，为金融中心构建提供了强有力的支撑；从交通区位看，郑州是我国承东启西、贯通南北的桥梁与纽带，跨境贸易电子商务服务试点、郑州国际陆港建设、郑欧国际铁路班列的开通，使郑州成为中西部地区对外开放新平台；从人力资本看，中国人民银行郑州培训学院等院校为金融业发展培养了大批优秀的银行高管和金融家。郑东新区建设促进了金融机构的进驻与商业银行网点衍生。郑东新区规划建设过程中先后完成了"三年出形象、五年成规模、十年建新区"的目标。郑东新区建设的巨大资金需求以及新区基础设施建设完善、房地产等项目的逐步发展，吸引了商业银行的关注。从 2003 年中国农业银行郑东支行成立以来，工商银行、农业银行、中国银行、建设银行、郑州银行等商业银行在郑东新区新布局营业网点共计 87 个。政策支持与协调机制的发挥加速了郑东新区金融产业集聚。郑东新区金融集聚核心功能区是典型的由政府投资规划形成的，政府对于功能区建设的作用更为显著。河南省、郑州市、郑东新区三级政府在招商引资、人才引进、税收政策等方面制定了加快实现金融核心功能区建设的政策，加速了郑东新区金融产业集聚。外部金融机构入驻推动了郑东新区金融业不断壮大。优越的金融发展环境为入驻企业提供了源源不断的发展动力，对于投资企业的发展起着重要影响。郑东新区凭借众多优质的内外资企业、旺盛的金融需求、开放的国际交流环境和完善的商业设施，为区内金融及配套机构提供发展助力，不断提升金融产业集聚度和商业层次。郑东新区累计引进国内外各类金融机构224家,有效地推动了郑东新区金融产业的集聚与发展。郑东新区金融业在螺旋式上升过程中,不断向着区域性金融中心迈进。

本书的创新主要体现在以下三个方面。

第一,深化和提升了金融产业空间集聚机理研究。近年来,国际经济地理学发生了制度转向、文化转向、关系转向与演化转向。当前演化转向与演化经济地理学的发展,成为国际经济地理学发展的热点与前沿。演化经济地理学对于产业空间集聚具有较强的解释力,但已有研究集中于制造业空间集聚的分析与解释,对金融业为代表的服务业集聚机理研究较为薄弱。近年来,中西部地区武汉、郑州、成都、西安等城市金融产业发展迅猛,都提出了构建区域性金融中心的目标。本书在演化经济地理学"区位机会窗口"理论基础上,结合郑东新区金融产业发展历程与现状,构建了区位机会窗口-企业/机构衍生-区域产业分枝-制度厚度"四位一体"的分析框架,对郑东新区金融产业空间集聚现象进行了全新阐释。通过新的分析框架,在一定程度上深化和提升了已有金融产业空间集聚机理研究。

第二,分析了区域金融中心构建对于城市人口规模的最低要求。构建金融中心是国内外许多城市的重要发展目标。但是,区域性金融中心构建,对于城市规模有何要求?本书发现,中心城市金融集聚与其人口规模有着极强的相关性。城市规模与等级越高,城市的金融集聚指数越高,其金融服务能力就越强。从全国尺度上考察,金融活动主要集聚在200万人以上的特大城市,大于200万人的中心城市其金融集聚指数大都为正值,反映了其金融服务能力具有区域乃至全国意义;小于200万人的中心城市其金融指数基本上都为负值,其金融服务能力具有地方意义。也就是说,区域性金融中心对于城市人口规模的最低要求为200万人,这一结论为中西部地区相关城市构建区域性金融中心提供了借鉴与参考。

第三,构建了郑东新区打造区域金融中心的路径选择。在对国内外金融中心发展经验进行梳理的基础上,本书利用比较分析的方法对郑州、武汉、西安、成都区域性金融中心的发展进行了对比,揭示了郑州市构建郑东新区区域性金融中心存在的问题,在此基础上提出了郑州市构建区域性金融中心的路径选择。①完善多层次金融市场体系。一方面以郑州商品交易所为龙头,鼓励设立各类功能集中型金融服务中心或服务平台,包括设立郑州金融资产交易所、股权交易所、中小企业产权交易所、各类商品现货交易所(如农资、配件、塑料制品等),争取恢复文化艺术品交易所。另一方面鼓励各类银行机构、证券机构、基金公司、信托公司、保险公司继续在郑东新区集聚，高标准规划设计和建设金融机构经营管理场所，配套完善相关法律、财务、审计等中介服务，便利各类资本市场业务顺畅流转和运行，从而提高金融服务效率与扩大金融市场规模，以进一步巩固和扩大郑东新区金融产业集聚核心功能区的地位和作用。②支持各类金融业态有序发展。打造辐射中原地区的区域金融总部中心；支持传统金融业态；积极发展金融服务中介；完善功能区配套服务。③促进金融机构集聚发展和完善金融机构体系。组建地方金融控股集团；组建区域性商业银行；支持信托机构发展壮大；支持设立财务公司；支持期货公司加快发展；组建地方法人保险公司；加快私募基金发展；培育本地融资租赁公司。④加强对外金融合作与交流。加强面向国际及中国港澳台地区的对外交流；加强面向国内三大经济区的对外交流；加强面向中部地区省市的对外交流；加强面向省内的竞争合作。⑤加大金融产业发展的政策支持。首先，加大省内自主政策措施的支持，如财税优惠政策、财政奖励政策、财政补贴政策、财政贴息政策、项目引导支持、地方金融支持等。其次，积极争取国家层面的政策支持，如放宽市场准入，支持与跨国金融机构开展合作，设立合资金融机构、离岸业务第二总部，探索开展跨国公司跨境外汇资金集中管理试点，探索与香港人民币离岸中心开展人民币双向贷款业务等。

从演化经济地理学的视角分析金融业为代表的服务业空间集聚机理是较为新颖和复杂的论题。金融产业空间集聚的演化经济地理学分析框架有待完善。本书在演化经济地理学相关理论指导下，借鉴区位机会窗口模型与制造业空间集聚的影响因子，初步构建了区位机会窗口-企业/机构衍生-区域产业分枝-制度厚度"四位一体"的分析框架。此分析框架还有赖更多的理论和案例研究来丰富和完善。

本书撰写得到了国家自然科学基金重点项目"中部地区承接产业转移的驱动机制与环境效应"（41430637）、国家自然科学基金青年科学基金项目"中部地区本土领先企业生产网络演化机理与路径研究"（41301115）、河南省哲学社会科学规划重大招标项目"河南深度融入国家'一带一路'战略的路径与对策研究"（2015A002）、河南省高等学校哲学社会科学研究"三重"重大项目"河南省承接产业转移促进产业升级研究"（2014-SZZD-20）、河南省高等学校哲学社会科学创新团队支持计划（2012-CXTD-04）的支持。感谢教育部人文社会科学重点研究基地河南大学黄河文明与可持续发展研究中心、河南大学环境与规划学院提供的良好的教学、研究环境。感谢黄河文明传承与现代文明建设河南省协同创新中心和地理学河南省优势学科的出版资助。感谢中国人民银行郑州中心支行研究处张明辉副处长，中国证券监督管理委员会河南局监管处花金钟副处长、卫梦星科长，郑州市人民政府金融工作办公室李新峰副主任，郑州银行行长助理孙海刚博士，郑东新区管理委员会办公室郭程明主任、杨建强科长，郑东新区管理委员会金融服务局卫志刚局长、张小军副局长、杨娟科长，郑东新区统计中心陈霖主任、俞晓科长等在论文资料收集与数据处理过程中给予的热情帮助和有益支持。最后，要感谢科学出版社杨婵娟编辑和刘巧巧编辑在本书出版过程中付出的大量辛勤努力。

　　本书是在苗长虹教授指导下，基于茹乐峰博士学位论文进行补充修改完成的。在本书研究和撰写过程中，河南大学赵建吉、王海江、吕可文、丁志伟参与了第二章、第四章、第五章、第七章、第八章的部分工作，在此表示特别的感谢。

　　限于理论水平和实践经验，本书难免存在一些不足之处，恳请广大读者和学术同仁批评指正。

茹乐峰　苗长虹

2016 年 6 月

| 目　　录 |

丛书序 ……………………………………………………………………………………… i

前言 ……………………………………………………………………………………… iii

第一章　导论 ………………………………………………………………………… 1

　　第一节　研究背景 …………………………………………………………… 1

　　第二节　问题提出 …………………………………………………………… 2

　　第三节　研究意义 …………………………………………………………… 3

　　第四节　研究思路与框架 ………………………………………………… 4

　　第五节　研究方法 …………………………………………………………… 4

　　　　一、文献分析法 …………………………………………………………… 4

　　　　二、实地调查和访谈 …………………………………………………… 5

　　　　三、案例对比法 …………………………………………………………… 5

　　　　四、ArcGIS 分析与数理统计 ………………………………………… 6

　　　　五、社会网络分析法 …………………………………………………… 6

　　第六节　数据与资料搜集 ………………………………………………… 6

第二章　核心概念与文献评述 ……………………………………………… 8

　　第一节　核心概念界定 …………………………………………………… 8

　　　　一、金融产业 …………………………………………………………… 8

　　　　二、金融产业集聚 ……………………………………………………… 9

　　　　三、金融产业集群 ……………………………………………………… 13

　　　　四、金融中心 …………………………………………………………… 15

　　第二节　相关研究进展 …………………………………………………… 16

　　　　一、金融产业集聚机理 ……………………………………………… 16

　　　　二、金融中心与区域经济增长关系 ……………………………… 20

　　　　三、金融中心形成机理 ……………………………………………… 21

　　　　四、金融中心功能定位 ……………………………………………… 24

　　　　五、金融中心识别和评价 …………………………………………… 26

　　　　六、金融中心构建的基本模式 …………………………………… 27

　　第三节　研究评述 ………………………………………………………… 31

第三章　从金融集聚、金融集群到金融中心：理论分析框架构建……………33

　第一节　演进与逻辑关系……………………………………………33

　　一、金融产业集聚是金融产业集群的前提………………………33

　　二、金融产业集群是区域金融中心建设的基础…………………34

　　三、区域金融中心：金融集聚、集群的功能提升与辐射增强………35

　第二节　理论分析框架…………………………………………………41

　　一、区位机会窗口………………………………………………42

　　二、企业/机构衍生………………………………………………44

　　三、制度厚度……………………………………………………45

　　四、区域产业分枝………………………………………………46

第四章　我国金融中心的空间格局及变化特征……………………………48

　第一节　指标选取与数据来源…………………………………………48

　第二节　金融集聚水平因子分析………………………………………50

　第三节　中心城市金融集聚的等级与规模分布………………………52

　　一、中心城市金融集聚的空间分布……………………………52

　　二、全国中心城市金融集聚等级分类…………………………53

　　三、中心城市金融集聚的规模分布……………………………55

　　四、中心城市金融集聚各因子的空间分布……………………56

　　五、主要城市金融集聚及省域集中度分析……………………56

　第四节　全国中心城市金融集聚的空间格局及变化…………………60

　第五节　我国金融业集聚格局及变化特征……………………………62

第五章　郑东新区金融产业发展的特征……………………………………64

　第一节　郑东新区金融业发展历程……………………………………64

　　一、郑州金融业的历史基础……………………………………64

　　二、改革开放后郑州现代金融业的奠基………………………64

　第二节　郑东新区金融业内部结构……………………………………65

　　一、银行业………………………………………………………67

　　二、保险业………………………………………………………68

　　三、证券业………………………………………………………68

　第三节　郑东新区金融业空间布局……………………………………69

　第四节　郑东新区金融产业的网络特征………………………………70

　　一、网络密度……………………………………………………70

　　二、程度中心性…………………………………………………71

　　三、网络的联系性质……………………………………………72

四、网络的空间特征 ··· 73
五、金融机构的联系方式特征 ··· 73
第六章　郑东新区区域性金融中心的构建机理 ··························· 75
第一节　郑东新区区域性金融中心构建的基础条件 ············· 75
一、区域经济支撑 ··· 75
二、交通区位优势 ··· 81
三、对外开放优势 ··· 83
四、人力资源优势 ··· 83
第二节　郑东新区金融产业集聚与集群化发展 ···················· 85
一、金融业形成阶段：区位机会窗口打开与强化 ············· 85
二、金融业发展阶段：企业/机构衍生与数量增加 ············ 89
三、金融业提升阶段：区域产业分枝与金融新业态、高端要素汇集 ··· 92
四、制度厚度贯穿金融业发展全过程 ······························· 93
第三节　郑东新区区域性金融中心的浮现 ··························· 95
一、功能提升与辐射带动能力增强 ·································· 95
二、金融产业-空间协同演化 ·· 97
第七章　郑东新区与其他欠发达地区区域金融中心构建的对比分析 ··· 100
第一节　我国欠发达地区金融中心集聚水平分析与对比城市选择 ··· 100
一、我国欠发达地区的金融中心集聚水平评价 ··············· 100
二、对比城市选择 ··· 106
第二节　郑东新区与其他类似城市构建区域金融中心的对比分析 ··· 106
一、金融机构的集聚对比 ·· 106
二、金融产业集聚水平的对比 ··· 108
三、金融产业集群发育的情况对比 ·································· 109
四、构建模式的对比分析 ·· 110
五、综合对比分析 ··· 112
第八章　郑东新区区域性金融中心的构建路径 ························· 113
第一节　国内外金融中心发展的经验借鉴 ··························· 113
一、国内外金融中心发展的经验总结 ······························ 113
二、国内外金融中心发展的启示 ······································ 115
第二节　郑东新区构建区域性金融中心的定位分析 ············· 116
一、构建模式的定位分析 ·· 116
二、功能地位的定位分析 ·· 117
三、辐射范围的定位分析 ·· 117

四、外联活动的定位分析 ……………………………………… 117
第三节　郑东新区构建区域性金融中心的制约因素与主要问题 ……… 117
一、制约因素 …………………………………………………… 117
二、主要问题 …………………………………………………… 119
第四节　郑东新区区域性金融中心的政策建议 ……………………… 120
一、完善多层次金融市场体系 ………………………………… 121
二、支持各类金融业态有序发展 ……………………………… 123
三、促进金融机构集聚发展和完善金融机构体系 …………… 125
四、加强对外金融合作与交流 ………………………………… 127
五、加大金融产业发展的政策支持 …………………………… 129

参考文献 ………………………………………………………… 131

附录 …………………………………………………………… 145

彩图

|第一章| 导　　论

第一节　研究背景

近年来，在经济全球化和信息技术的推动下，国际金融市场迅猛发展，国际资本流动不断加快，世界各国政府更加关注金融业在本国和区域经济中的地位和作用。从某种意义上讲，对经济发展的竞争就是对世界金融资源主导权的竞争（黄解宇和杨再斌，2006）。随着经济一体化和金融全球化的发展，金融资源流动范围得以拓展，形成了金融活动的全球化网络。在此背景下，国际资本流动加速，机构投资者快速发展，国际金融领域的并购重组此起彼伏，金融资源、金融活动和金融机构在少数重要金融中心开始集聚且程度不断加深。

从 20 世纪 70 年代开始，越来越多的金融机构开始采用企业间协调的方式来组织交易和生产活动，从最初的少数几家银行集中到随后金融控股公司的兴起，再到如今各种不同类型金融机构的空间集聚，集聚已经发展成为现代金融产业最显著的特征。从整个世界范围来看，已经形成了以纽约、伦敦和东京为代表的三大较为成熟的国际金融集聚区，其金融交易形成了 24 小时不间断的交易网络。例如，伦敦仅外国银行就达到 700 多家，数量超过其他任何金融中心。

在一些新兴的国家和地区，也出现了金融产业集聚的趋势。例如，亚洲的新加坡和中国香港等地积极利用当地政府的一系列优惠政策，对金融机构和金融资源产生了越来越大的吸引力，成长为新的国际性金融中心，促进了当地的经济发展。新加坡在 20 世纪 90 年代通过采用新的税收政策优惠、建立亚洲美元市场、支持证券期货市场发展等措施，吸引大量的金融机构集聚。目前，新加坡有各类金融机构 600 多家，已逐步明确了其亚洲财富管理中心的地位。中国香港近年来已成为世界上最重要的国际银行中心、亚洲第二大基金管理中心、世界第五大外汇交易中心、世界主要的黄金交易市场和金融衍生产品交易市场。

在中国内地，一些地方也出现了金融活动和金融机构的集聚现象。北京的金融街已成为国内金融企业的集聚地，那里聚集了众多的金融巨头，目前金融街的金融资产总量占全国的 60%以上，金融业运营总资产达到 13 万亿元，控制着全国90%以上的信贷资金和 65%以上的保险资金。上海陆家嘴金融贸易区（CBD）聚集了国内外 600 余家金融企业，而且一批新兴的金融机构（如全国性商业银行业务运营中心、基金管理公司、保险资产管理公司、汽车金融公司）纷纷落户上海，各类金融机构间的业务合作逐步加深，金融企业的综合经营趋势初露端倪。同时，上海市政府为将上海建设成为国际金融中心，出台了包括对入驻金融机构总部进行专项资金资助、对金融业务和产品创新进行适当奖励、扩大对外开放、建立银行卡集群效应基地等一系列政策措施，力争把 CBD 建成国家金融改革先行试验区和金融资源集聚高地。深圳依托其开放的经济政策、毗邻国际金融中心香港的区位优势，也迅速发展成为珠三角地区金融企业的集聚地，通过充分发挥金融企业集聚的经济效应和规模效应，促进金融机构生产效率的提升。天津借助滨海新区改革优势，提出建设"北方金融中心"的政策。

在中西部及东北等广大经济欠发达地区，若干个有实力构建区域性金融中心的城市都在积极谋划与稳步建设。湖北武汉提出要建成面向全省乃至中部地区的金融中心。陕西西安明确提出"建设沪灞金融商务区，构建西部重要金融中心"的战略目标。重庆更是提出了建设长江上游金融中心的战略构想。辽宁沈阳目前已集聚了100 多家国内外知名金融机构，随着金融贸易开发区进程的加快，沈阳正在稳步向东北地区金融中心的目标迈进，其集聚效应和对外辐射效应初步显现。

可以说，中国已经进入了一个金融中心建设空前高涨的时期。在今后相当长的时间之内，金融中心的建设与发展，将深远影响中心城市和其所辐射的区域经济的发展格局，将带来财富博弈、资源要素及资金的重新配置。

金融中心的建设与发展离不开金融产业集聚。空间集聚已经成为金融业发展的一种趋势，金融业集聚正在成为构建和提升金融中心竞争力的基本途径。一方面，金融业空间集聚可通过规模经济、范围经济、集聚效益、辐射效应的发挥，强化金融中心的服务功能及其对区域经济的带动作用；另一方面，由于不同种类金融机构的空间集聚和发展，不同国家和地区出现明显的经济发展差距，导致金融中心的空间不平衡发展，进而形成了色彩斑斓、块状明显的全球经济"马赛克现象"。伴随着金融集聚现象的出现和发展，学术界开始把目光投向金融产业集聚和金融中心发展等领域，并在不同的学科背景下，采用不同的理论体系和实证方法，研究金融产业集聚的现象和机理，探寻金融中心构建、发展和演化的过程与本质。

第二节　问题提出

与纽约、伦敦、东京等国际金融中心的形成相比，我国金融中心的构建和发展有很强的政府主导与行政干预色彩，金融企业的集聚、金融中心的形成与成长也有其特殊的条件和原因。然而，金融中心的形成与发展必定有其自身的逻辑和规律，并不是由行政力量主导推动就能实现的，它可能需要各种力量与机制的相互协同来推动。

金融中心的形成是金融企业不断集聚的过程，通过银行与其他金融机构在一定区域的集聚，各类金融市场能自由生存和发展、金融活动与交易较任何其他地方更有效率，金融创新活动不断涌现。同时，伴随着金融机构的空间集聚，金融机构之间的业务联系与相互学习也会得到进一步的加强，金融产业集聚会进一步向金融产业集群演化，金融中心的规模、功能和竞争力也会得到不断提升。可以说，金融产业集聚的最终目标，就是建立一个区域性、全国性乃至国际性的金融中心。

进入 21 世纪以来，随着经济全球化与区域竞争加剧的日益激烈，我国许多沿海和内陆地区的中心城市纷纷提出了建设金融中心的战略目标，并参照上海浦东新区的发展经验，将城市新区作为构建金融中心的空间战略载体。在此背景下，作为我国人口第一大省和新兴工业大省、服务业大省——河南的省会，郑州市提出了建设郑东新区的发展战略，并将其作为扩大城市规模、拓展发展空间、加快城市化和城市现代化进程、提高城市辐射力与带动能力的战略重点。

《国务院关于支持河南省加快建设中原经济区的指导意见》明确把郑东新区作为中原经济区金融集聚核心功能区。郑东新区之于中原经济区，正如 CBD 之于上海，是中部地区金融机构最为集中的区域之一。郑东新区汇聚着河南全省近七成的存款资源、近 2/3 的贷款资源和一半以上的保费收入，金融业创造的增加值已经占区域生产总值近 50%。郑东新区已成为河南省金融机构最为集中、金融业态最为丰富的区域。

随着《中原经济区规划（2012—2020 年）》的出台，中原经济区建设已进入实施阶段，作为国务院明确的中原经济区的金融集聚核心功能区——郑东新区，提出了打造区域性金融中心的战略目标。

然而，郑东新区建设区域性金融中心仍然有许多问题期待解决：什么是区域性金融中心？它与区域产业集聚、区域产业集群有什么内在的联系？欠发达地区为什么要建构区域性金融中心？郑州市作为经济欠发达地区的中心城市能否建构区域性金融中心？区域性金融中心建构的基本条件是什么？机制是什么？需要经历哪些阶段？郑东新区建构区域性金融中心的机遇、挑战和路径是什么？

第三节　研　究　意　义

1. 理论意义

按照金融产业集聚—金融产业集群—区域性金融中心构建的逻辑联系，依托演化经济地理学产业-空间协同演化理论，构建区位机会窗口-企业/机构衍生-区域产业分枝-制度厚度"四位一体"的理论分析框架，以郑东新区区域性金融中心构建的实践为案例，剖析欠发达地区区域性金融中心构建的机理，探索欠发达地区金融中心构建的模式，阐释欠发达地区区域性金融中心构建的理论依据，丰富和发展具有中国特色的金融地理学。

2. 实践意义

加快郑东新区区域性金融中心建设，是落实国家中部地区崛起战略、支持河南建设中原经济区的重要举措；是深入推进我国"自下而上"的区域性金融综合改革，探索多元化、差异性改革路径的重要实践；是郑州市、河南省乃至中原经济区经济转型发展的客观需要。研究通过对郑东新区区域性金融中心建设的过程和经验的分析总结，探讨欠发达地区建构区域性金融中心的战略路径，为我国中西部欠发达地区构建区域性金融中心提供了决策依据，为郑东新区建设区域性金融中心提供了政策参考。

第四节　研究思路与框架

本书试图在梳理国内外金融中心城市金融产业集聚发生、发展一般规律的基础上，结合相关学科的基本理论，从金融产业集聚形成机理的视角，透视郑东新区作为区域性金融中心金融产业集聚的动因，并从理论与实践相结合的角度探究其内在机理，总结出影响郑东新区金融产业发展的关键因素及科学发展的路径与模式，以期为郑东新区的金融产业有序发展提供理论与实践参考依据。

首先，在对相关文献和相关案例分析的基础上，借鉴演化经济地理学相关理论，构建已有基础与条件-政策支持与协调机制-新区建设与机构衍生-新进入者区位选择"四位一体"的金融中心建设理论分析框架。其次，结合郑东新区金融中心的案例，采取问卷调查与企业、部门访谈，对郑东新区金融业集聚的动因和机制进行案例研究，提出欠发达地区金融业集聚的动力机制。最后，在此基础上，结合国内外金融中心构建的模式和路径，提出郑东新区金融中心构建的模式与路径。

第五节　研　究　方　法

一、文献分析法

文献分析法主要是对来自不同学科、不同研究领域的相关研究成果进行分析和整理，总结前人已经取得的研究成果，汲取他们的研究营养；发现已有研究的不足之处，体现本书研究的科学价值。基于此，笔者在消化和吸收自己领导的研究团队的学术论文、课题研究报告等相关研究成果的基础上，从河南大学图书馆和 CNKI、万方等网络数据库获取了大量关于演化经济地理学、产业集群、产业集聚、金融产业等与本书研究方向相关的国内外文献资料。特别是和国外学者建立了友好的联系，与美国犹他大学地理系及公共与国际事务研究院魏也华教授、新加坡国立大学张军教授等国外同行多次交流学术研究心得，获取了较多国外最新的研究成果。

二、实地调查和访谈

实地调查和访谈有助于发现规律，加深对理论的理解和认识，也能够获取第一手资料，刻画金融机构之间的商业和技术联系，对调查企业有更为直观且深入的认识，这也是本书案例中采用的最重要的信息获取方式。本书具体采用了问卷调查法、案例调查方法、实地访谈和电话访谈的方法等。通过问卷调查法，笔者掌握了研究对象的基本资料。在实地调研之前，根据研究对象和研究目的，对调查问卷进行初设计、调整、试调查和小组讨论等，并最终确定了比较完整的调查问卷。随后在郑东新区案例区发放和回收问卷，调研问卷结束后对问卷数据进行了详细的整理。案例调查主要是选择一些个别的案例进行深入调查，如银行总部、分支机构、保险及证券交易所和期货、信托、基金、融资租赁、担保公司等各类金融机构等。另外，本书还采取了实地调研访谈，通过对人民银行郑州中心支行、中国证券监督管理委员会河南监管局、河南省人民政府金融服务办公室、郑州市人民政府金融工作办公室、郑东新区管理委员会金融服务局、规划局、经济发展局、统计中心等省政府部门的调研，对中国农业银行河南分行、中国建设银行郑州东区分行、东亚银行郑州分行、渣打银行郑州分行、平安银行郑州分行、中国民生银行郑州分行、郑州银行、太平财产保险河南分公司等金融机构进行的访谈，获取了充足的"第一手"资料数据和信息材料，为本书的科学分析打下了坚实的基础。电话访谈则主要是作为问卷调查法和实地访谈方法相补充的一种方法，即当问卷调查和实地调查结束后，有一些问题还需要进一步澄清时，就通过电话或 E-mail 等方法与调查对象进行及时的沟通。

三、案例对比法

案例对比法是本书研究中的一个重要手段，主要通过文献检索、资料查询、部门访谈等手段，搜集相关及典型案例资料，对其进行分析，寻找其中的共性与各自的差别，从而为本书研究提供经验基础与理论支撑。本书主要通过对伦敦、纽约、东京、新加坡等国外金融中心和上海、北京、深圳、成都、武汉、西安、香港等国内金融中心形成的动因、金融产业集聚的机理与发展模式的对比研究，总结不同模式与不同路径金融中心成长的经验，一方面有助于从理论上深刻地认识金融中心形成的机理与构建的模式，深化对金融产业集聚及金融中心的理论研究；另一方面也有助于为郑东新区区域金融中心构建提供经验和借鉴。

四、ArcGIS 分析与数理统计

ArcGIS 是现代地理信息技术的一种重要的工具软件，也是经济地理学中常用的一种带有学科特色的空间数据展现方法。本书选取我国（不含港、澳、台地区）全部地级及以上中心城市为样本，将因子分析与 GIS 空间分析相结合，通过不同金融业集聚数据的计量分析，并与其他年度相比较，综合评价不同规模级别的中心城市金融业集聚水平与发育程度，划分其等级与类别，并运用 ArcGIS 分析技术展现我国金融集聚的空间分布格局及其变动趋势。此外，基于调查问卷，利用数理统计分析方法对郑东新区金融企业的联系特征、空间网络特征、集聚动因等进行定量分析。

五、社会网络分析法

社会网络分析（social network analysis，SNA）法是刻画网络形态、特性和结构的一种重要分析方法，可以借助社会网络分析软件 Ucmet 6（Borgalti et al.，2002）实现网络分析和可视图制作。直到 20 世纪末期，这种方法又激起了各学科的研究兴趣，目前的应用十分广泛（Carrington et al.，2005）。社会网络分析法强调行为主体之间"关系"的重要性，行为主体可以是个体、企业、独立组织或各种团体，行为主体及其行动被看作是相互依赖的单元，而不是相互独立的原子式个体。行为主体之间的关系纽带或联系是资源传送或流动的通道，这些资源可以是物质的，也可以是非物质的（如知识或信息符号）。构建网络的关系纽带被看作是网络的"结构"，因此社会网络分析法是一种结构分析（Saltelli et al.，2000）。本书利用社会网络分析法，借助网络分析软件 Ucmet 6 对郑东新区金融企业的网络特征进行定量与可视化分析，研究金融机构的联系网络特征、网络密度，并探讨关键行为主体的程度中心性，进而描述金融机构的联系与结网程度。

第六节 数据与资料搜集

首先，专业与行业文献搜集。围绕金融集聚、金融中心构建等相关主题，通过中国知网数据库、万方数据库、SSRN 数据库、EBSCO 数据库等国内外文献数据库，搜集了大量文献，并利用图书馆查阅了大量专著，为本书研究综述的撰写及分析框架的构建提供了基础。同时，还通过中国知网数据库、万方数据库、郑东新区政府网、郑东新区金融城门户网站，搜集了金融集聚核心功能区、郑东新区金融产业发展、郑东新区金融产业集聚等大量的文字与数据资料，为本书案例部分写作提供了丰富的素材。

其次，围绕金融产业发展、金融产业集聚、金融中心构建等主题，笔者先后到中国人民银行郑州中心支行、中国证券监督管理委员会河南局监管局、郑州市人民政府金融工作办公室、郑东新区管理委员会金融服务局、郑东新区管理委员会经济发展局、郑东新区统计中心等关键部门进行深度访谈，获得了郑东新区金融产业发展历史与现状、金融机构集聚与金融集聚核心功能区建设、郑东金融城建设及郑东新区金融产业集聚影响因素与集聚机理等宝贵的第一手调研资料，同时搜集了《中国金融年鉴》《河南省金融年鉴》，以及金融行业统计数据、河南省与郑州市支持金融产业发展与金融机构集聚的文件、政策和专题研究报告。此外，笔者分别于2013年8月26日至9月3日、2014年5月8～13日和2014年8月9～14日对中国人民银行郑州中心支行、中国农业银行河南省分行、中国银行河南省分行、平安银行郑州分行、中信银行郑州分行、广发银行郑州分行、中国民生银行郑州分行、华夏银行郑州分行、招商银行郑州分行、郑州银行、中国人寿保险河南分公司、郑州商品交易所、万达期货有限公司、中原期货有限公司、中原证券股份有限公司等银行、证券、期货金融机构进行了深度访谈，获得了有关金融机构发展与集聚的丰富资料。

最后，问卷调查。为考察郑东新区金融产业集聚与网络特征，本书分别设计了郑东新区金融企业联系网络调查问卷与郑东新区金融产业总体发展情况调查问卷。问卷通过郑东新区金融局，采用E-mail进行发放与回收（通过zdxqjrdcwj@163.com公共邮箱发放与回收），并专门组织问卷调研小组人员，就企业填写问卷进行电话或现场问卷答疑与辅助填写，历时一个半月（2014年8月24日至10月9日），截止到2014年10月9日，共回收金融业总体发展情况调查问卷85份，企业联系调查问卷72份，去除无效及重复调查问卷，分别剩余71份、55份，占比重分别达到83.5%、76.4%，为深度了解和掌握郑东新区金融产业集聚与关系网络提供了实证材料。

第二章 | 核心概念与文献评述

第一节　核心概念界定

一、金融产业

金融活动由于其较强的独立性、导向性和渗透性，通过自身部门的投入和产出，在运动过程中构建自身独特的价值体系，确定各种金融商品的价格，形成具有特征类似、属性相同的产业集合，即金融产业。金融产业产生于金融资源的空间运动，表现为金融资源在特定区位上所形成的凝聚状态。金融产业能逐渐形成梯度位差，即金融中心为核心，系统内各区域根据金融职能的划分而形成的等级结构。金融产业主要提供金融产品和金融中介服务。产业内主体为经营货币资金及相关产品的经济实体，业务开展的媒介是货币及其他金融工具和金融衍生品。其性质是具有系统特征的集合性经济组织（于尚艳，2005）。

学者通常从金融产业的市场结构、市场组织、市场行为和产业政策几个方面着手研究金融产业，即研究金融产业中各组成部分的结构关系，内、外部的相互关联，以及规范和约束金融产业形成发展的制度层次。在实践中，银行、保险、证券、基金和信托组成了金融产业的内涵，而由金融中心和有关的机构、产品、工具、制度体系及市场体系等组成的具有开放性的系统则构成了金融产业的外延。

本书采用世界贸易组织（WTO）对金融产业的描述，即指由金融服务提供者所提供的任何有关金融性质的服务。金融服务主要包括：①信贷服务。这是所有金融服务的主要方式，也是最传统的金融服务形式，是金融企业最主要的利润来源。②保险服务。这类服务可以通过某种金融工具将客户的风险转移或分散，是为保障客户在某些意外情况发生后避免经济损失而提供的一种服务。③证券服务。内容包括一级市场的发行服务和二级市场的交易服务等，其价值增值主要来自证券的发行、包销和交易等服务环节。这类服务通过为证券提供流动性以为证券发行和交易提供可靠的价格及其他信息，同时帮助企业和政府获得资金。④资产管理服务。投资管理或资产管理服务主要包括：选择资产，获取或购买资产并提供安全保障；决定所管理的资产的风险或回报偏好；监督宏观经济表现和资产表现；出现新投资机会或资产管理目标变化时改变持有的资产组合等四个方面的内容。

⑤交易服务。这类服务会随经济发达程度和金融连接广泛程度的增加而快速增长。⑥信息和咨询服务。包括金融信息、价值评估和投资建议三个层次。金融产业具有以下特点（秦晟，2009）。

（1）机构职能的同一性。在金融产业组织体系中，金融机构是经营主体。通过提供不同的金融商品和金融服务，从而满足市场的需求。各金融机构提供的金融产品和服务有所差异，但都具有一些相同的最基本职能，包括支付手段、提供期限转换；提供多种金融产品组合以降低并控制风险；降低交易成本；等等。

（2）产品的非物质性。金融产品通常没有具体的物质形式，各种金融产品最终都表现为一定数量的货币资金，这是一种共同的本质属性，而且金融创新将不断推动这种非物质化特征表现得越来越明显。

（3）市场的专门化和地域选择性。金融市场是金融产品交易的特定场所，具有专门化特征。金融市场的空间布局特征也表明了金融资源在地域间运动中所具有的方向性，其设置具有鲜明的地域选择性。一般来说，金融市场只能建立在经济发展相对成熟的地区，并支持形成各种层级的金融中心。

（4）监管的规范性。金融产业是风险高度集中的产业，同时也是宏观经济政策调控经济运行的主要工具，要求金融监管必须具有权威性与规范性。因此，金融产业中必须设立专业性强的监管机构，以确保金融产业能够沿着正确的方向稳健发展。

二、金融产业集聚

金融是经济发展的驱动力，是经济的核心。随着金融全球化及产业集聚理论研究的发展，金融产业集聚的现象吸引了越来越多学者的目光。金融集聚研究的是金融产业由分散到集中的转变过程及其最终的地理空间分布状态。金融产业集聚的研究始于20世纪初期，经济学家Powell在《货币市场的演进》一文中描述了银行业金融机构集中并最终集聚在伦敦的演进过程。该文最早关注了金融业的空间演化过程及其结果，运用了达尔文的生物进化论进行分析，提出了金融机构的物竞天择与适者生存等理念。当前，国内学者也加快了对金融产业集聚的研究。连建辉等（2005）认为，金融集聚的本质是一个金融产品的生产与交易的中间网络组织，有内在经济逻辑并存在一定的集聚优势，是现代金融活动的主要组织形式。王步芳（2006）指出，金融中心是金融集聚的表现形式，金融集聚的主要推动力是市场竞争因素，金融集聚区集中着大量的金融机构，它们之间存在着竞争与合作关系，金融集聚实质上是一个良好的金融生态组织，具有整体竞争优势。长期竞争，使得金融集聚扩大发展。梁颖和罗霄（2006）认为，金融产业集聚是一个特殊的产业空间结构。在此特定区域内集中着大量具有总部功能的金融机构，同时这些金融机构还与大公司、大企业总部有着密切的业务往来、信息交流与联系。程书芹和王春艳（2008）认为，金融产业集聚是出现在特定地域的产业群体。在该群体内有大量的各类金融机构与相应的金融监管部门，并且金融机构间相互交流联系，存在竞争与合作关系。

也有学者将金融集聚界定为一个动态过程，是一个时空演进变化的过程。英国学者 Dow（1999）分析了银行业的空间系统演化过程，并将该过程概括为：分支分散阶段—区域性/全国性金融中心阶段—国际发展/国际金融中心阶段。Pandit 和 Cook（2003）则在 Swan 等提出的集聚生命周期基础上分析金融产业集聚的生命周期，他们认为金融产业集聚存在衰落期，集聚优势不会一直存在，当集聚发展到一定规模时，由于集聚内拥挤及其他负面效应的加剧，最终将使集聚进入衰落阶段。而我国学者贺晓波和王睿（2007）则认为，在金融集聚发展的生命周期中，是不存在衰退阶段的。因为金融集聚存在扩散效应，当金融集聚发展到一定规模即以向外发展扩散方式开始新的产业集聚。张凤超（2003）基于金融资源论认为，由于初始地域差异的存在，金融资源在空间地域发生运动，集聚在中心城市形成金融产业集聚。而其成长水平的差异又导致了中心城市不同的金融职能分工：金融支点—金融增长极—金融中心等城市类别逐次递进。黄解宇和杨再斌（2006）认为，金融产业集聚是金融机构、金融产品等金融资源的时空动态运动过程。金融资源选择适宜的地域或空间，参与到地域运动中并与地域条件相结合，逐步形成金融产业集聚。由于地域资源禀赋差异及金融资源的流动性，会形成不同层次的金融集聚。滕春强（2006）认为，金融集聚是指具有相关性、接近性的金融机构，通过地域条件与其金融资源的相互协调、相互融合、配置组合等一系列时空动态变化过程，最终形成的一种中间网络组织，其规模大小与密集程度是介于金融企业与金融市场组织之间的。综合上述分析，可将金融产业的集聚的特性概括为累积经济性、地域空间性、层次性、递进成长性和复合性五大特性，其具体内涵如表 2-1 所示。

表 2-1　金融产业集聚的特性

特征	内涵
累积经济性	在金融集聚过程中，形成金融产业集中—金融产业集聚—区域经济发展的逻辑链
地域空间性	金融集聚沿着"空间差异""空间过程""空间相互作用"模式运行。金融资源与地域条件结合，参与到地域运动中，最终形成金融集聚。金融集聚的实质也就是金融空间地域运动规律的反映
层次性	由于金融资源禀赋差异，经济发展水平、社会分工状态在地域上也存在明显的非均衡性和区域性特点，金融资源集中于条件优越的地区，最终形成了不同层次的金融产业集聚。其分析层次具体可以分为宏观（国际）、中观（国家）、微观（区域）三个层次。其中，宏观层次强调国际社会中金融产业的关联程度，中观层次强调国内金融产业的关联程度，微观层次强调区域内金融产业的关联程度

特征	内涵
递进成长性	金融集聚是金融与地域运动的耦合,各地域金融资源禀赋存在差异,经济地域运动,使得金融产业由低层次向高层次方向发展,沿循金融产业集中—区域金融中心—国家金融中心—国际金融中心路径发展,体现出成长性
复合性	复合性包含三方面的含义:第一,金融集聚的生成因素是多样的,其是多种动因互相影响的结果;第二,金融集聚是多类型金融资源有机结合的产物;第三,金融集聚的过程是金融业与其他产业共同成长的过程

  金融产业的集聚是在产业集聚形成和发展到一定的程度后逐步建立起来的。一般认为,金融产业集聚是货币资金、金融工具、金融机构、金融市场、整体功能性金融资源等在时空动态运动的有机结合。金融业作为众多产业中的一类,其集聚属性与一般的产业集聚具有相似性。但是,金融业是经济发展的高端支持行业,是生产环节中特殊的一环,其集聚过程和方式与一般的产业集聚存在明显的差异(表 2-2)。

表 2-2 金融产业集聚与其他产业集聚的比较

集聚类型	其他产业集聚	金融产业集聚
聚集内容	产业(制造业等)	金融业及相关服务业
集聚速度	较缓	金融的高流动性使得集聚速度较快
集聚程度	集聚程度较金融业低	可以形成高度集聚,如世界三大金融中心
集聚模式	意大利式产业集聚、卫星平台式集聚、轴辐式产业集聚、企业集聚	新兴产业集聚模式
集聚动因	空间外在性、不对称信息与默示信息、规模经济	除了一般产业的集聚动因外,金融集聚形成有特殊动因(如高流动性、产业集聚的伴随物,经济主导与核心)
影响因素	自然条件、历史、偶然因素、规模经济和外部性、企业组织结构、竞争和创新	除此以外,受经济发展阶段、体制及国际环境影响较大
集聚条件要求及所依赖的社会发展阶段	不同条件下、不同阶段下都可发生	较高的经济与社会条件(如经济规模、人才水平、法律制度)、较高的社会发展阶段
集聚传导机制	集聚效应、功能效应、扩散效应、溢出效应	集聚效应、功能效应、扩散效应、溢出效应
影响范围	主要集中于本产业及相关产业	较广泛,全局性的影响,不仅影响金融业,而且影响到所有行业
监管	行业性监管	较复杂,综合性监管
风险传导	行业性风险	较快,影响范围大
政策引导	政策作用效果相对较明显	政策作用机制复杂、作用效果不确定、受体制影响较大

第一，从产生来看，金融产业集聚可分为内生型和外生型两种。内生型即自然形成模式，往往需要几十年甚至上百年的演化，且一般该地区经济发达，已经形成了专业化的市场，如英国的伦敦就是内生型金融服务产业集聚地的典型代表；外生型即政府主导模式，是指在实体经济相对弱小的条件下，政府通过优惠政策刺激金融市场发展，提高金融资源效率，形成的金融产业集聚，新加坡的金融产业集聚就是政府主导型模式的实例。

第二，从特点来看，金融产业集聚具有层次性、成长性和差异性。其中，层次性是指金融集聚有浅层次、中层次和深层次之分，即表现为地区级金融中心、国家级金融中心和全球级金融中心；成长性是指金融产业集聚表现为量的增加和质的增长，沿循金融业产生和发展—地区金融中心—国家金融中心—国际金融中心这样一个动态演化过程；差异性指的是不同金融中心城市具有不同的集聚特点，有些城市金融市场更为发达和成熟，而有些城市金融机构（银行和保险）发挥更大的作用，等等。

第三，从形式和内容上看，区域金融产业集聚表现为某地域范围内金融资源、金融机构、金融市场、金融人才、金融信息及其相关服务机构、研究机构等的空间聚集。在区域金融集聚的产生和发展过程中，金融产业不断发展，金融结构不断优化，金融制度不断完善，金融市场不断健全，金融信息实现共享，金融资源在地区范围内优化配置并实现了融合。

第四，从本质上看，金融活动的参与主体，如金融机构、政府、企业、个人以及其他支持服务性金融机构，地域邻近从而拥有更多"面对面"交流的机会，并以彼此的共通性和互补性连接在一起，共享信息、资源、设施和市场，从而在效率、效益及韧性等方面创造了竞争优势。

第五，从结果来看，金融产业集聚形成金融中心。金融资源的流动呈现集中与扩散两种方向，其中，呈现集中方向的资源大多是优质、具有成长潜力的要素，而处于扩散方向的资源往往是一些已经成熟并走向衰退的要素。金融资源集中和扩散的结果即形成金融支点、金融增长极和金融中心，其金融产业集聚水平依次提高，而金融中心又进一步分为地区金融中心、国家金融中心和国际金融中心，其对金融资源和金融机构的吸引力逐级增强，对外具有越来越大的影响力。

第六，从影响和作用来看，金融产业集聚对区域经济增长具有促进作用，能够为实体经济的发展提供丰富的金融资源和多样的融资渠道。金融产业集聚对区域经济增长的影响具体表现为对中心城市的增长效应和对周边地区的辐射效应，增长效应表现为"需求关联效应"和"资本溢出效应"，而辐射效应表现为"补偿效应"和"涓流效应"。

三、金融产业集群

集群已经成为现代金融产业组织的基本形式，金融产业集群在当代经济中的功能和作用日益显著（张志元，2006）。相对于制造业产业集群，金融产业集群的内涵更加深刻和丰富。它既是金融系统和金融资源与当地社会文化环境及其他相关产业彼此融合、影响和促进的结果，又是其时空有序演变的结果。这种演变表现在金融产业的结构、功能、等级和规模上（秦晟，2009）。

金融产业总是以金融企业的集群形式出现的，多数能够形成金融中心。金融中心是金融企业高度集聚后的产物（Pandit et al.，2001）。因此，现有文献对金融产业集群含义的界定分布于国际金融中心的各种定义之中。金融产业集群不仅可以通过将金融资本从存款人向投资者转移来平衡私人企业储蓄和投资，而且也可以平衡存款在地区之间的转移支付。Kindleberger（1974）认为，以银行为核心的金融服务中心成为价值的空间转移和交易的媒介与纽带，而国际金融中心的主要职能则是利用专业技术提供国际间的借贷及国家间支付服务。金融服务中心的形成就是源自银行和高度专业化的金融中介的集聚。香港大学饶余庆（1997）将国际金融中心定义为"一个金融机构和金融市场所趋近，并开展各种金融交易活动，如存贷款、汇兑、资金转移、外汇交易、证券交易、黄金交易等的都市"。党开宇和吴冲锋（2000）从网络经济角度来定义国际金融中心，他们认为："国际金融中心是那些拥有健全发达的金融机构网络，能提供各种有效的金融服务，经营国际资本借贷、有价证券交易和黄金交易等业务的国际货币资本集散地，以及其他国际金融综合业务的发生地。在国际资金的借贷、外汇头寸的调拨和买卖、国际债券的发行和摊销及黄金价格的确定等方面起着重要的作用。"干杏娣（2005）认为，金融中心是特定区域内金融企业高度集中和发达、资金融通与集散功能强、金融业务辐射大的经济中心城市。这些城市基本都是某一地区、全国、大区域乃至全球的经济中心或金融中心。它既是金融资产或金融工具的定价、信息中心，也是各类贸易活动、物流运输、投资理财的清算中心，还是资金周转与融通的中心。连建辉等（2005）认为，金融产业集群是金融交易的中间网络组织，是构成金融中心的微观基础。金融产业集群在区域金融创新、风险缓释，以及生产经营效率等方面都具有优势，在为集群内金融企业带来利益的同时，也能为区域经济的金融成长提供强劲的成长动力。因此，金融产业集群成为现代金融活动的基本组织形式。

王步芳（2006）认为，金融产业集群指的是金融企业和金融机构根据专业化分工及竞争合作关系，在特定地区大量集聚而形成具有聚集经济特征的产业组织。

金融产业集群在功能上结合了金融市场和金融企业科层组织的功能，是一个具有稳定性和持续性的有序的金融生态组织。金融产业集群在整合力、竞争力、吸引力和影响力等各方面所具备的整体竞争优势，是金融市场或金融机构科层组织都不具备的。而金融中心则是金融产业集群的一种表现形式。

综合以上学者对金融产业集群的定义，可以看出，金融产业集群是某些金融企业和其他金融机构因为在区位、行业及社会文化等方面具有接近性，在一定的地域条件下，通过金融资源优化配置所组合的时空动态变化，达到一定规模和密集程度的介于金融市场组织和金融企业的一种中间网络组织。结合产业集群的定义，可将金融产业集群的内涵概括如下：金融产业集群是金融企业及相关社会中介服务机构在一个特定的区域内通过市场和非市场联系，形成的相互竞争、相互合作，共享金融资源禀赋，提高运营效率，具有集群特征的产业组织形态，对区域经济的发展具有积极的促进作用。其具有以下特征。

1. 网络性

金融产业集群的本质特征在于集群内金融企业间、金融企业与相关机构间通过交流与合作，建立了紧密的网络联系。这一网络包括垂直和水平两个层面。垂直联系，即价值链上下游企业之间的联系。水平联系，主要指企业与同一区域内提供产品和服务类似、相互竞争的一组企业之间，以及相关支持企业之间的联系，金融从业人员之间的非正式交流是其主要表现（曾刚和文嫮，2004）。这种交流可以促进区域内企业之间建立相互信任的关系，加快知识在集群内的流动和沉淀，加速不同属性知识之间的转化，提高不同知识源的知识的碰撞、整合频率，最终提高集群整体创新水平（盖文启，2002；何圣东，2002）。

2. 资源共享性

资源共享性即金融企业对特定的金融资源禀赋的共同偏好（如专业人才、信息技术），以及价值链条上的相关性（如互相成为客户）。资源的共享性使金融产业集群也表现出在空间上相对集中、彼此相邻的状态，但远非传统定义中强调的"地理上的高度集中"，这是金融产业集群的基本性质。空间上的相对集中使企业之间的联系成为可能。

3. 根植性

根植性又称为本地化，指企业扎根于本地的性质（王缉慈，1998），体现了产业集群对特定区域环境关系（如制度安排、社会历史文化、价值观念、风俗、隐含经验类知识、关系网络等）的依赖性（庄晋财，2003）。这些本地的社会经济因素，特别是熟练劳动力、顾客和供应者关系的本地化，对于金融服务的创新至关重要。如波特所说，全球经济中持久的竞争力就来自竞争者无法匹敌的当地要素（Porter，1998）。

4. 产品复合性

由于市场对金融产品多元化需求的发展，金融服务提供者合作所带来的成本降低，以及现代金融产品的复合性特征不断强化，产业集群成为众多金融企业的兴趣所在。同时，由于金融企业的资产专业性较高，同时具有异质性，以及交易频率高和不确定性程度较大等特征，集群形式越来越多地为广大金融企业所普遍采用。

5. 开放性

金融产业集群并不是孤立的，它常常依赖于外部市场、信息和技术。特别是区内不能满足其业务要求时，金融机构会在区外寻求更多的合作伙伴。通过与外界的合作和联系，金融机构可以建立并不断扩大创新网络。资金、技术和劳动力等生产要素在区际的流动和交换，为金融企业掌握本地缺乏的知识及获得互补性的资源提供了可能。

四、金融中心

金融中心通常是以某一个经济发达的中心城市为依托建立起来的金融影响面较大的融资枢纽。该城市的金融机构集中、金融市场发达、金融信息灵敏、金融设施先进、金融服务高效，具有较强的资金吸引和辐射功能，是在金融的筹集、分配、流动方面起着枢纽作用的中心城市。

金融中心是所在区域经济和金融发展的中枢系统，也是区域内经济金融发展与区外（包括国内和国际）经济金融发展之间联系的纽带和桥梁。金融中心会产生对周边地区的扩散效应，伴随着资金、技术诸方面的改进和创新，通过经济、文化等各种渠道渗透、辐射整个区域经济金融活动，带动中心城市周边地区经济的发展，促进整个区域经济的增长。

按照服务范围来分，金融中心可以分为四类：国际金融中心、区域性国际金融中心、全国性金融中心、国内区域性金融中心。国际金融中心是指能为包括本地区在内的全球客户提供金融服务的金融中心，其金融市场的业务最为广泛，包括了国际全部金融市场的活动，因而又被称为全能型国际金融中心，其代表是英国的伦敦、美国的纽约和日本的东京；区域性国际金融中心是指为本地区的客户提供跨国或跨地区金融中介服务的国际金融中心，它们被称为部分功能型的国际金融中心，此类国际金融中心的代表是新加坡和中国香港；全国性金融中心是指为全国范围内的企业和居民提供金融中介服务、金融交易，货币为本国货币、业务为国内市场的金融中心，此类金融中心的代表是上海和北京；国内区域性金融中心是指为国内一定区域范围内的企业和居民提供金融中介服务、金融交易，货币为本国货币、业务为国内市场的金融中心。

根据运作方式来分，金融中心可以划分为功能性金融中心和名义型金融中心两大类。功能性金融中心根据经营业务的方式又可以细分为"一体化中心""隔离性中心"，前者是指本国与外国金融机构同等对待，允许其进行任何境内或境外金融活动的金融中心；后者是指将境内与境外业务严格区分，只允许外国金融机构进行境外业务的中心。名义型金融中心，也称簿记型金融中心，是指金融机构组织或利用所在国在税收和金融上非常宽松、优惠的环境，极大地享有自由经营境外业务和减免税金的好处，使得其聚集形成的金融中心。这是一种只有汇账而无实质性业务的金融中心。

根据资金来源和使用目的结合进行分类，可以将金融中心分为四类：基本集散中心、筹资内引中心、融资外输中心和预约登记中心。

第二节　相关研究进展

一、金融产业集聚机理

金融产业集聚是多种动因交织的产物，因此很难用单一的理论对其生成动因进行解释。总体来讲，在金融产业集聚生成动因的理论依据方面，学术界将金融产业集聚的主要原因归结于区域因素、规模经济因素与信息因素。

（一）区域因素与金融产业集聚

1. 产业发展需求

当经济发展以后，产生了对金融服务的新需求，这种需求增长引起了金融体系供给方面的反应，导致金融机构和金融市场的扩张，制度层面的金融决策与法规也随之发生变化，即金融体系的扩张是经济发展过程的结果。目前，世界主要国际金融中心几乎都处于经济发达地区，经济的国际化与金融的国际化、自由化水平都较高。例如，伦敦金融产业集聚的形成即为典型的经济发展所导致的金融供给变化的结果。因此，金融系统的出现取决于客观机会的变化——经济环境、制度结构和人们主观反应的变化（个人动机、偏好和态度）等。Shaw（1973）指出如果离开实体经济发展的来龙去脉，金融发展难以理解。由此可见，经济发展与金融发展是相互伴生的。产业集聚和金融产业集聚的关系，从根本上说是宏观层面的经济发展和金融发展关系在中观层面的反映，产业集聚为金融产业集聚提供了承载的空间，要求金融企业通过集聚满足其资本需求。Gras（1922）认为，金融产业具有很高的集聚度，处于城市发展的最高阶段，是各城市大力发展金融集聚的原因。Vernon（1960）通过研究纽约金融中心的形成过程，发现城市能够吸引那些需要面对面接触的行业，能够吸引那些对互动速度要求较高的行业。因此，纽约金融中心的形成过程是纽约港吸引了批发商，随后引起金融机构的进驻，最后又引来了公司总部的核心机构，形成了集聚态势。张凤超和王亚范（2000）通过研究区域金融成长，认为区域经济发展为区域金融成长提供了发展条件和发展空间，而区域金融成长也推动了区域经济的发展。两者的相互促进、相辅相成，对金融集聚的形成有一定的推动作用。黄解宇和杨再斌（2006）认为，首先从金融本身的特点出发，产业集聚的形成带来了金融集聚的发展，而金融本身又具有高流动性，使得金融集聚加剧，而当金融发展为经济的核心时，金融对经济的主导作用进一步促进了金融集聚的发展。

2. 高端人才集聚

在金融业务日趋复杂并且不断呈现多面性特征的情况下，人才的聚集效应变得日益重要。人才是金融产业集聚的灵魂，集聚中各类金融机构的巨额资金和完善的机构，都需要人才来运作和经营，尤其是需要一批现代金融专家组成的专家组。金融产业集聚中吸收高学历人才也比其他行业或地区多。有才能和创业精神的投资银行家、基金经理和货币交易员如果聚集到一起并且相互影响，他们在进行交易、开发产品、拓展投资、寻找机会、发现客户等方面的表现将会更为出色。随着金融产品的复杂化，金融产业对金融工程师的需求非常强烈，而金融工程师需要掌握非常丰富的知识，如经济学、统计学、数理经济学、金融产品知识、税收、计算机等（冯德连和葛文静，2004）。所以一个地区若能够供给多种类型的高质量人才，特别是金融高端人才（如金融产品设计人员、风险管理人员、投资组合管理人员、金融经济研究人员、金融高级管理人员等），则对金融企业选址非常具有吸引力。Davis（1990）是将企业选址理论运用到金融产业集聚形成研究中的第一人。通过对金融服务领域的调查发现，国际大都会区域的金融服务产业都倾向于形成集聚，因为它们有相同的需求及供给条件。比如，专业的劳动力人才以及其他相关领域的企业联系，如法律咨询业、保险精算业、会计业等，正是因为有了这些相关产业的配合，企业才能可以减少交易成本、分享彼此的知识与经验，从而进行金融创新。Pandit 等（2001）指出金融产业集聚的目的之一就是为了获得大量专业劳动力，如金融中心提供的会计、精算、法律、计算机等服务。集聚的层次越高，就越需要国际级的顶尖人才，而人才流失意味着市场份额和资源的重新配置。Taylor（2003）创新性地对伦敦的金融服务业集聚进行了实证研究，研究结果表明，伦敦金融服务业集聚持续发展的重要因素是由地理邻近和面对面接触而发展密切的人际关系。顾客、供应者和熟练劳动力三者关系的本地化对金融服务企业的创新和产品、服务的递送至关重要。在伦敦金融服务业集聚形成的动力中，劳动力是最重要的方面之一，来自国内和国际的熟练劳动力供给，是支撑伦敦金融服务业集聚持续发展的主要因素。

3. 政策与制度扶持

国家或地方政府在促进金融产业集聚中是可以大有作为的。一些学者在论述国际金融中心的形成和发展时的观点可以借鉴。潘英丽（2003）从四个方面对公共政策领域做出具体分析，分别是降低金融机构经济成本方面的政策、人力资源开发方面的政策、电讯设施及其可靠性方面的政策，以及完善的监管环境方面的政策。张幼文（2003）认为，国际金融中心发展政策是直接起作用的政策，包括：为国际金融机构提供有利的经营环境、税收优惠（必要但非充分条件）、外资金融机构不受歧视和干预、符合国际惯例的严格的监管制度、较低的监管成本等。张晓燕（2012）认为，政府在金融产业集聚的形成过程中，不仅作为经济活动主体参与经济，而且通过制定规则对经济过程加以指导和约束。王保忠等（2013）从新制度经济学和博弈论视角分析了我国金融集聚的形成机理，研究表明，我国金融集聚形成的动力机制可概括为两条路径，一是需求诱致的渐进式金融集聚形成机制，二是政府主导的强制性金融集聚形成机制；并指出我国金融集聚的未来演进趋势将向着一条以政府为主导，充分引入市场规则的混合形成模式发展。

（二）规模经济与金融产业集聚

规模经济是指通过扩大生产规模而引起的成本降低的现象。它分为两种情况：一种是金融企业内部的规模经济，指的是金融企业自身通过扩大金融产品生产和服务的范围，实现一站式服务，达到提高资源的使用效率，降低长期平均成本的效果；另外一种是金融企业外部的规模经济。首先，按照产业集聚理论，金融企业外部的规模经济是产生积极外部性的根本原因，是一切集聚的核心原因，它使得集聚的企业之间能够共享劳动力市场和专业化的中间品投入和服务、有效实现技术外溢，同时也扩大了市场，分担基础设施等。其次，结合金融产业的特性，金融产业外部规模经济还可以通过金融企业之间在某地的集聚发展，达到集中交易大幅提高交易效率、方便交流与沟通、节约周转资金余额、提供投融资便利、提高市场流动性、降低投融资成本和风险，以及便于展开金融机构的合作和共享辅助性产业等，从而提高经济效益的目的。

Kindleberge（1974）认为，规模经济是金融部门的自我加强，许多金融部门在一个区域内定位，那么这个区域对于其他的金融参与者就更具吸引力。因此，规模经济使得许多金融机构共同选择了一个特定的区位。Arthur（1994）的研究表明，对于一个特定区位中的某一特定种类的金融业务会使得这项业务对于其他银行来说更具吸引力。规模递增收益使得这一区域比其他区域更具有吸引力，只要有新企业选择进入该区域，它们就不会再有所移动。因此，正是金融市场中存在的规模经济构成了金融市场的积聚力量。Park（1989）利用规模经济理论和集聚经济理论来研究国际金融中心形成的原因，他发现当跨国银行在某一地区数量增多、规模增大时，规模经济优势会诱导行业内的银行加强合作，金融机构共享基础设施，生产者和消费者的关系更为密切，信息沟通更加便捷，流通环节得以简化，因此容易形成金融产业集聚和国际金融中心。冉光和（2007）认为，实体产业集聚会对金融产业资本集聚产生诱导作用，从而形成规模经济效应，这也是产生金融产业集聚的原因之一。潘英丽（2003）研究了金融中心形成的微观基础，她认为金融中心的聚集效益（集中交易能够大幅度提高交易效率，提供近距离交流与沟通的便利）与外部规模经济效益（节约周转资金余额，提供融资和投资便利，提高市场流动性，降低融资成本和投资风险，金融机构的合作得以开展，其辅助性产业得以共享）促进了金融产业的集聚。车欣薇等（2012）从产业集聚的角度，指出地理因素所导致的机会成本、规模效益、金融服务产业在经济中的所占份额和金融信息量是金融集聚的决定因素，并且产业集聚能够促进金融集聚的发生。王丹和叶蜀君（2012）认为，金融集聚发展的动因是复杂多样的，与金融本身的时间沿袭性和空间流动性有关，他们以新古典经济增长理论、交易成本理论为基础，从宏观经济、中观产业和微观企业三个层面来解释金融集聚的动因与机理。

（三）信息因素与金融产业集聚

金融地理学始于 20 世纪 50 年代（Myrdal，1957），但从 20 世纪 80 年代以来才迅速兴起，现已成为经济地理学的重要分支之一。金融地理学者从多个角度对金融行业的区位选择、金融业的集聚与扩散等问题进行了研究（田霖，2006；金雪军，2004；Dow，1999；Porteous，1995；武巍和刘卫东，2005；李小建，2006；李小建等，2006；林彰平和闫小培，2006）。根据金融地理学的信息理论，信息流是金融中心发展的先决条件，金融业可以被理解为高增值的信息服务业。而信息在一定程度上具有公共产品的性质，巨大的信息外在性使金融机构的集聚能够在信息量倍增中获益，产生信息套利活动。同时，金融产业集聚能够削弱信息不对称现象的发生，为金融业创造了更大的空间效应，从而可以减少逆向选择和道德风险，如银行通过集聚与借贷者距离和关系上临近，导致了有关非标准化贷款风险的降低。因此，在地理因素成为巨大约束的情况下，各金融机构为了更好地了解掌握信息，形成了金融集聚。Porteous（1995）认为，物理距离影响金融交易，距离比较近时，信息的空间不对称性较小，交易风险就较小；反之，距离比较远时，交易风险较大。他认为可以用"路径依赖理论""信息不对称""信息外在性""信息腹地"及"国际依附性"来对金融集聚进行解释。Arthur（1994）提出路径依赖模型，指出一定区域内已有的公司会影响新进入公司的选址决策，由此出现公司集聚的现象。而一旦该区域的集聚达到一定程度，就会出现地理上的"锁定"现象,于是这一地区就具有了内在吸引力,拥有其他地区没有的优势。赵晓斌等(2002)从"信息不对称"和"信息腹地"理论出发,研究了在金融中心形成和发展的过程中信息的重要性。Zhao(2003)认为,在互联网时代,信息外部性和不对称性是塑造信息腹地、决定金融中心及影响地区等级和全球层次的重要因素,地理因素比以往更重要,金融部门更应该接近信息源。为了最大限度地利用信息外在性,消除信息的不对称,成为信息腹地,大量金融企业纷纷采取空间集聚的形式,通过从业人员之间的频繁互动,产生大量正式和非正式信息的流动,为大规模、高效率、低成本的收集、使用和传播相关金融信息以及同行产品的差别竞争力信息,从而赚取高额利润。虽然当今通信技术非常发达,不过一些具有高度语境限制,不确定性的"黏性信息",意义含糊、不明确和难以理解的"默示信息",或者是一些关于公司产业并购重组等"小道消息"等传播都具有歧异性和边际成本递增性,只有通过减少空间距离,凭借人与人之间高密度、面对面的频繁接触与交流,才得以缩短感情距离,从而有效降低信息的不对称性。梁颖(2006)认为,信息是金融中心形成和发展的前提条件,正是金融产业对信息资源的需求,使得金融机构需要接近信息源头,因此金融机构对"空间临近"因素特别重视,加速了金融产业集聚的形成过程。Bossone 等(2003)认为,地理位置的接近有利于金融活动的参与者掌握更丰富的金融信息,这对于支付手段复杂且信息灵敏度高的股票和金融衍生工具等非常重要。

二、金融中心与区域经济增长关系

区域金融中心在形式上表现为金融产业在符合条件的特定区域内的集聚,因此学术界对于金融产业集聚与区域经济增长问题的研究实质上等同于区域金融中心与区域经济增长关系的研究。

Kindleberger(1974)、Audrestch 和 Stephan(1996)、Bossone 等(2003)、Clark 和 Hebb(2004)分别从储蓄与投资、知识技术外部性、企业信息成本、信息不对称的角度研究了金融产业集聚对区域经济增长的促进作用。国内学者潘英丽(2003)从集聚和外部规模经济两个方面分析了金融机构集聚的效应。连建辉等(2005)系统全面地分析了金融产业集群的竞争优势。梁颖和罗霄(2006)认为,金融产业集群在空间上的效应就是形成各种层级的、不同辐射范围的金融中心,使其成为经济全球化的网络节点。刘军等(2007)与张晓燕(2012)的研究显示金融集聚通过金融集聚效应、金融辐射效应及金融功能三个方面影响经济增长。金融集聚效应主要通过外部规模经济效益、网络效益、技术进步效益和自我强化机制来促进经济增长;金融辐射效应主要通过"涓流效应"和"极化效应"来促进经济增长;金融功能通过金融的风险管理功能、信息揭示功能、储蓄集聚功能和投资转换功能来促进经济增长。丁艺（2010）分析了金融集聚的外部规模经济效益、金融扩散效应、金融外溢效应、提高金融资源使用效率、促进技术创新等对区域经济增长的促进作用。此外，Goldsmith（1969）、Greenwood 和 Jovanovic（1990）等均发现金融产业集聚与区域产业结构升级之间存在着相互促进、互为因果的关系。理论上学者们大都认为金融产业集聚（区域金融中心）可以促进区域经济增长，部分学者的实证研究也在一定程度上验证了学者们理论研究的正确性。刘红（2008）实证检验了上海金融集聚对本地区经济具有明显的增长效应，但辐射效应不明显。陈文锋和平瑛（2008）运用计算金融区位熵和格兰杰因果关系检验方法，研究了上海市 1990～2006 年金融产业集聚度与经济增长的内在联系，结果发现金融产业集聚与经济增长之间存在长期的协整关系，而且得出金融集聚是经济增长的格兰杰原因。李林等（2011）利用空间计量模型检验了金融产业集群的形成对区域经济增长的空间溢出效应，结果显示我国金融集聚的空间辐射能力不强，且空间相关性主要体现在银行业。张晓燕（2012）采用我国 10 个省市的面板数据，研究得出在考虑控制变量的前提下，金融产业集聚对经济增长具有推动作用，且非常显著。余丽霞（2012）以长三角城市群为研究样本，实证分析了上海市的金融产业集群对区域经济增长具有显著的带动和辐射作用，而且当一个城市与上海的经济联系越紧密时，这种作用越明显。

三、金融中心形成机理

区域金融中心形成机理是研究中的重要问题，理论界试图从金融供求理论、金融区位论、金融集聚论、规模经济理论、金融地理论、金融制度理论等角度对区域金融中心形成机理加以阐述，探寻其中的普遍规律和一般路径。

（一）金融中心形成研究的地理区位视角

从地理区位角度解释金融中心的形成规律是金融地理学研究的重要内容。Laulajainen（1998）认为，在现实经济世界中实际的金融景观完全是不同质的，具有极端的异质性和不规则性，因而对于金融中心的形成就有从地理意义上解释的必要。

对于地理区位因素在金融中心形成过程中的重要性，理论上的研究一般从交通、银行网络、时区、地点等方面进行分析，认为金融中心应该在"地理"意义上进行界定，地理区位的选择是影响国际金融中心形成和发展的主要因素，区位成本和区位优势是决定金融中心竞争力的重要因素（Gehrig，1998）。金融中心作为金融企业活动和聚集的中心，金融企业的选址关键在于当地的综合条件能否使金融企业获得更大的净收益，金融中心的形成实际上是区位优势竞争的结果（Davis，1990）。在有两个以上大体相当的中心互相竞争的国家中，随着贸易和政治决策的优势逐步衰退，导致这一过程的最终结果只剩下一个金融中心，甚至每一个时区、大洲（美洲、欧洲、亚洲）都只留下一个占主导地位的金融中心，主要的中心旁边可以存在次中心（离岸金融中心）（Code，1991）。例如，三个主要国际金融中心（纽约、伦敦和东京）的形成是由于全球金融中心链条间的时差（Code，1991）。可见，金融中心的兴替在一定程度上与这些城市的地理区位优势变迁有关。

把区位优势作为国际金融中心形成的主要依据，是基于地理区位在促使国际金融中心形成过程中具有以下几方面的优势：一是交通优势。金融中心具有优越的交通、通信设施，有利于吸引投资者、金融机构在此聚集，降低"落脚成本"。二是时区优势。金融中心的营业时间和其他地区的国际金融中心衔接，成为国际金融市场连续运转的一个环节。随着金融交易全球化的进展，跨境、跨时区的金融交易大量增加，客观上要求金融中心必须处于适宜的时区。三是地点优势。金融中心靠近经济迅速增长的国家，周边国家和地区经济保持稳定发展，确保稳定的金融交易和资金流动需求。四是政策优势。金融中心所在地政府对金融业采取自由化和国际化政策，能够提供包括税收在内的多方面优惠便利。从"地理重要"的意义上看，金融中心形成的地理区位解释仍然具有一定的现实意义。

（二）金融中心形成研究的集聚经济视角

金融中心是金融资源空间配置而形成的一种集聚状态，而集聚经济又是金融中心存续的一个重要原因。金融集聚是集聚经济理论在金融领域的运用，着重研究金融产业从分散到集中的空间转变过程。

从集聚经济角度解释金融中心的形成，往往把外部的规模经济作为分析的切入点。规模经济能够促进金融业集聚，在加强银行之间协作、共享基础设施、密切生产者与消费者之间的联系等方面发挥重要作用，从而加速国际金融中心形成。Kindleberger（1974）认为，金融市场组织中的规模经济是国际金融中心形成的主要向心力，这种向心力不断吸引新的金融资源聚集于该区域，从而导致金融空间集聚规模进一步增大。这种规模经济在节约周转资金余额、提供融资和投资便利、加速银行和高度专业化的金融中介集聚等方面，促成了金融中心的形成。Park（1982）利用规模经济理论和集聚经济理论来研究国际金融中心的形成原因，他发现当跨国银行在某一地区数量增多、规模增大时，规模经济优势会诱导行业内的银行加强合作，金融机构共享基础设施，生产者和消费者的关系更为密切，信息沟通更加便捷，流通环节得以简化，因此容易形成金融产业集聚和国际金融中心。Pandit 和 Cook（2003）从供给和需求角度分析了金融机构集聚的机理，认为外部性的存在是促使金融集聚的重要原因。潘英丽（2003）研究了金融中心形成的微观基础，认为金融中心的聚集效益（集中交易能够大幅度提高交易效率、提供近距离交流与沟通的便利）与外部规模经济效益（节约周转资金余额，提供融资和投资便利，提高市场流动性，降低融资成本和投资风险，金融机构的合作得以开展，其辅助性产业得以共享）是金融中心形成的重要力量。黄解宇和杨再斌（2006）研究了金融集聚论在国际金融中心形成中的理论应用，认为金融集聚的规模经济效应是金融机构集聚的直接原因。黄解宇（2011）进一步认为，集聚的空间外在性是金融集聚形成的基础，不对称信息与默示信息所要求的金融主体的空间邻近及金融规模经济（内部规模经济与外部规模经济）促使金融中心的形成。

集聚经济对信息流产生的外部性也是金融中心形成的重要方面，因为金融集聚有利于信息的扩散，从而增强了金融业内部的交流，使得金融交易更可能集中在信息集中与交流充分的中心地区，从而形成金融中心（Gehrig，1998）。Porteous（1995，1999）、Porteous（1995，1999）、Martin（2000）、Leyshon（1997）、Corbridge等（1994）认为，信息流是金融中心发展的先决条件，金融业是"高增值"的信息服务业。金融集聚主要源于信息的溢出，金融中介作为主要的金融信息提供商，在促进投资人、银行和企业家之间进行充分的信息交流，进而提高整个价值投资链的利润方面发挥着重要作用。Porteous（1995）认为，"信息外在性""信息腹地""不对称信息"和"路径依赖"是解释金融中心形成和不断演变发展的决定性因素，并指出"信息外在性"和"路径依赖"有助于了解金融中心在一定区域内决定的因素，"不对称信息"和"信息腹地"理论可以有效解释为什么传统的金融中心会被取代。

上述研究把外部规模经济优势作为金融中心形成与发展的重要因素，强调了在影响金融中心形成的诸多因素中金融集聚所带来的各种效应。金融集聚是金融资源地域运动的过程，同时也是这种运动的结果，如果从金融集聚效应本身来解释金融集聚结果，难免陷入一种"由果推因"的论证逻辑。因此，更多地从金融运行过程中促进金融集聚的机制角度来进行分析，尤其是从微观金融活动产生的金融集聚机制角度进行分析是非常重要的。

（三）金融中心形成研究的制度分析视角

20世纪90年代以来，随着交通和信息技术的发展，一些经济学家认为，在现代金融中心形成中地理因素已经不再重要，甚至提出"地理已死"的观点。Ohmae（1995）也认为，全球化发展的趋势将使地理层面上的国家经济空间失去意义。另外，随着新制度经济学理论的渗透和影响不断扩大，一些学者认为，如果不对经济活动赖以运行并受其改变的多种多样的制度因素给予应有的关注，就无法充分理解社会经济景观的形成与演变过程。这种重视研究制度因素的转向，使在金融中心问题研究中，越来越强调制度背景、制度网络、管制网络、制度过程在金融中心形成及演替发展中的体制动力。

Martin（2000）认为，制度是历史的携带者，制度把路径依赖传授到经济过程，不同地区制度路径不同，从而导致金融景观产生差异。结合制度环境和制度安排及两者关系，可以更好地解释金融中心形成及其演化路径，而制度的路径依赖可以解释为何有些城市能够在区域内长久维持竞争优势。尤其是在现代金融中心建设条件的实证研究中，很多学者都认为良好的金融、法律、产权制度保障在金融中心建设中可能比区位因素更为重要。实证研究也认为，良好透明的监管环境是国际金融中心形成的最重要条件。具有严格信息披露制度和较为完备的法律体系，是形成金融中心应该具备的最重要条件（Kaufman，2001）。国内一些学者也认为，经济金融制度和政策因素是影响金融资源集聚和扩散过程及金融中心国际化程度的重要因素。

在对金融中心的评估研究中，由伦敦金融城发布的"全球金融中心指数"（the global finacial centres index）把市场监管环境作为评估的五大主要指标之一，该指标主要包括政治和制度环境、税制、外贸和外汇管制制度、政府对企业的政策等因素，而且越来越强调法律环境因素的重要性。

Kaufman（2001）认为，具有严格信息披露制度和较为完备的法律体系，是形成金融中心应该具备的最重要条件。近年来，国内学者关于区域金融中心形成机理研究的文献较为丰富。冯德连和葛文静（2004）提出了一个轮式模型，认为历史因素、城市因素和供求因素形成了国际金融中心发展的推动力，经济发展和科学技术形成拉力，并强调了地方政府的公共政策也是重要的影响因素。单豪杰和马龙官（2010）分析得出法治制度是内在的核心基础因素，在其他条件相对稳定的情况下，制度建设对金融中心的发展至关重要。

目前研究认为，金融中心形成是长期发展的过程，受到包括地理区位、金融集聚和制度创新等因素的综合影响，同时也是一个包含诸多历史偶然性因素的演变结果。国内部分学者开始重视政府在区域金融中心形成过程中的作用。杨长江和谢玲玲（2011）运用演化经济学原理，对政府在国际金融中心形成机制中发挥的作用进行了分析，指出政府在创立启动机制、强化良性循环、退出低效"闭锁"等方面对国际金融中心的形成具有非常重要的作用。闫彦明等（2013）总结指出，纵观国际金融中心长期演化与发展的过程，发挥核心作用的因素在于两种关系极为密切而又截然不同的力量，即政府、市场这两只"看得见的手"和"看不见的手"。

四、金融中心功能定位

目前，国内外理论界对金融中心功能的研究多表现为概括性的分析总结，对其开展系统研究的文献并不多见。金德尔伯格认为，金融中心应具备结算功能、交易功能、储藏功能和中介功能（Kindleberger，1974）。曾康霖（2003）概括了金融中心的五大功能，即融资功能、筹资功能、投资功能、交易功能、创新功能。黄解宇和杨再斌（2006）认为，金融中心具有六种功能，即资源配置、融资服务、金融信息形成、多样化投资渠道、风险防范与规避和市场交易与解散便利。黎平海（2008）指出金融中心应具备资产重组功能。李嘉晓（2007）、余秀荣（2009）提出金融中心的资金集聚和配置功能是金融中心的基本功能，金融中心核心功能是金融集聚和辐射功能，他们认为区域金融中心的辐射功能是实现区域经济发展的根本所在。如果区域金融中心仅能发挥集聚功能，而不能实现辐射功能，那么这个中心是不可能持续存在和发展的。只有既实现区域金融中心的集聚功能，又发挥其辐射力，才能形成良性发展局面。Reed（1980，1981）采用层级研究法对金融中心分级，并运用阶梯式的综合判别法检验，发现金融中心具有明显的层级结构特征，不同层次的区域金融中心对于区域经济的辐射作用是不同的；金融中心的层次越高，金融中心的功能就越多，层次也越高。学者们认为，区域金融中心主要在某一区域内发挥辐射作用，充当该区域金融交易的枢纽，主要从该区域吸纳集中资金，再将其中的大部分用到该区域。目前，国内学者将我国的金融中心分为三个层次：第一层次为区域性国际金融中心；第二层次为国家金融中心；第三层次为地区性金融中心。根据层次划分，部分国内学者将香港定位为区域性国际金融中心，将北京、上海定位为国家金融中心，将沈阳、重庆、南京等定位为地区性金融中心（齐美东和胡洋阳，2012）。

Park（1982）从金融功能的角度对区域金融中心进行定位，结合地理与功能的标准将金融中心分为如下几类：主要中心、记账中心、集资中心和托收中心。秦源（2011）认为，从功能角度看，现代金融中心可以分解为资金的集聚和配置中心，金融资产的价格发现、风险度量和再配置中心，实体经济重要生产要素的价格发现和风险配置中心，以及货币当局实施货币政策的操作中心四大中心。曹源芳（2010）通过比较我国中心城市的竞争力并与国际金融中心进行对比研究，构建了我国区域金融中心体系并进行了功能定位（表2-3）。

表 2-3　我国区域金融中心体系的功能定位

城市	腹地空间定位	功能定位
上海	国际金融中心	直接融资中心、资产管理中心、产品定价中心、风险控制中心
北京	国家金融中心	金融决策中心、金融创新中心、资金清算中心、资金调度中心
广州（深圳）	珠三角地区性金融中心	投融资中心、风险投资中心

续表

城市	腹地空间定位	功能定位
沈阳	东北地区性金融中心	投融资中心
杭州	长三角地区性金融中心	中小企业融资与担保中心
南京	长三角地区性金融中心	投融资中心、风险投资中心
重庆	西南地区性金融中心	投融资中心、融资担保中心
西安	西北地区性金融中心	投融资中心、金融后台中心

资料来源：曹源芳（2010）

五、金融中心识别和评价

区域金融中心识别和评价是在对金融中心的形成条件和形成机制准确把握的基础上，对在何地设立何种级别的区域金融中心问题的具体解答。准确识别金融中心对于全国乃至全球的金融中心体系布局起到决定性作用，识别区域中心首先应构建金融中心评价指标体系，然后运用一定的实证研究方法对于备选金融中心进行综合评价以确定区域金融中心的位置和层次。Reed（1981）利用聚类分析法，采用银行和金融两大类 9 个变量对国际金融中心进行了排名。Liu 和 Strange（1997）在 Reed 的基础上利用层次成簇分析和主成分分析法对亚太地区（包括上海在内）的国际金融中心进行排名。Choi（1986）利用非线性加权最小方差等回归分析方法，根据全球最大的 300 家银行在 14 个国际金融中心不同类型的办事处数量进行了排名。伦敦金融城提出了全球金融中心排名指数（GFCI）（2007～2012 年），主要对全球范围内的主要金融中心的金融竞争力进行评价，以人力资源、商业环境、市场准入、基础设施和综合竞争力等为评价指标，使用了 47 个指标对全球 46 个城市加以比较和排名。国内对于该问题的研究开始于 2000 年以后。李虹和陈文仪（2002）首次构建了包括金融规模、效率、安全指标和金融国际化在内的指标体系。随后很多学者先后构建了不同的金融中心评价体系并对国内外部分城市进行了比较研究（杨再斌和匡霞，2004；王仁祥和石丹，2005；姚洋和高印朝，2007），其指标主要包括经济环境、金融市场、金融机构和金融制度等方面，实证方法主要是主成分分析法、层次聚类分析方法、模糊综合评判等，实证结果显示，我国内地的金融中心还处于相对初级的阶段。综合开发研究院（中国·深圳）课题组自2009 年起发布"中国金融中心指数"（CDI-CFCI），该指数以内地 29 个大中型城市为样本，用 80 多项指标对各个城市的综合金融竞争力进行了系统的评价比较，评判结果为上海、北京、深圳名列三甲，被划归至全国性金融中心的范围，沈阳、天津、南京、广州、武汉、重庆分别被评为所属地域中最具金融竞争力的城市，同时也最有望发展成为该地域的金融中心。曹源芳（2010）将区位因素纳入指标体系中，利用金融地理学理论和方法确定我国金融中心体系的经济腹地与节点城市，将上海确定为国际金融中心，将北京确定为国家金融中心。刘国宏（2011）将城市宜居环境引入指标体系，采用专家评分法、熵权法等 4 种实证方法对全国 29 个城市进行了综合评价，结果显示不同方法对评价结果影响不大。程婧瑶等（2013）将空间要素——腹地范围纳入指标体系，采用重力模型对国内 331 个城市进行了评价研究，认为我国应建立分别以上海和北京为中心的南北两大区域金融中心体系。闫彦明（2012）分析了宏观、中观、微观三个相互关联层次的金融资源集聚、扩散的特点和典型形态及主要影响因素等，并按主导因素、辐射范围两个维度将金融中心划分为四种模式。茹乐峰等（2014）通过我国内地 286 个地级及以上中心城市的金融业的集聚水平与发育程度的研究，将全国地级以上中心城市的金融集聚水平划分为全国性金融中心、全国性金融次中心、区域性金融中心、省域金融中心及地方金融中心五种类型。

六、金融中心构建的基本模式

（一）自下而上的形成与构建模式

金融中心自下而上的形成与构建模式是与金融体系的需求引导相对应的。该模式是指随着实体经济增长，国际贸易和区际贸易以及投资的不断扩展，实体经济对金融的需求必然增加，进而产生了新的金融需求，因而金融市场获得了相应扩张，国家的金融制度和金融法规也随之发生变化。这种变化又刺激了金融产业的进一步发展，伴随着金融产业发展和金融市场繁荣，金融机构逐渐增加并产生空间集聚效应。在金融发展自身规律的作用下，金融机构逐步集中到某个区位，通过金融机构空间集聚与金融产业的发展壮大，金融机构集聚状态中各市场主体相互作用产生"技术溢出效应"和"稠密市场效应"，伴随着规模经济效益产生与之相适应的金融体系，从而使金融机构进一步进行空间集聚，这时金融机构集聚过程就进入一种自我发展的轨道，逐渐形成金融中心。

在典型案例中，伦敦金融中心的形成过程遵循了典型的金融中心的自下而上模式。其形成主线可梳理为：英国工业和农业的发展，一方面使国内储蓄资金增加，另一方面农业和工业发展必然需要大量的投资，产生了资金需求。伦敦黄金首饰商把暂时不用的黄金贷出去，这样金融业就获得初步发展的土壤，在这块土壤上，金融市场和金融环境在金融业自身发展规律的作用下，逐步形成和发展，推动了金融业的进一步发展。不仅银行业、证券市场、保险市场等逐步形成和发展，大量不同类型的金融机构也随之产生。由于伦敦便利的交通设施，各类金融机构逐步集中到这里，随着英国经济实力和国际影响力的增强，伦敦成为国际金融中心。伦敦国际金融中心形成基本上是自发产生的。

由此可见，金融中心自下而上模式的主要特征在于，从金融业的产生到金融机构集聚的整个过程中，金融中心主要是适应经济发展水平，并随着经济增长而产生的，金融中心形成过程反映了金融发展规律，政府驱动因素并不起主要作用。总之，在金融中心的自然形成模式下，金融中心是自发、自然形成的，基本上不借助外部因素的作用。这种金融中心的发展过程可以用图 2-1 描述。

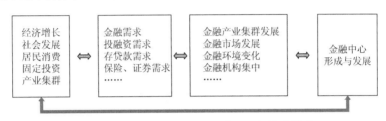

图 2-1 金融中心的自下而上的形成与构建模式

（二）自上而下的驱动与构建模式

金融中心的自上而下驱动模式是指金融市场在独立于实体经济的、自身的发展规律的作用下，本来并不具有很大的比较优势甚至还处于不利的区位，在实体经济规模相对弱小以及金融发展水平较低的前提下，政府有意识地根据现有条件，通过制定规划发展方略和一系列优惠政策来刺激金融市场的发展，创造出强化其比较优势，从而吸引金融机构进入，实现金融机构的集中与集聚，从而提高社会资源的配置效率，增加储蓄，刺激投资，有力地推动经济发展。在此种发展路径下，地方政府通过有关经济和金融政策及相关优惠措施，改善经济环境和金融环境，增加对金融机构的吸引力，大大提高金融机构选址的预期收益。

在典型案例中，新加坡金融中心就是以政府驱动为主导的自上而下的构建模型。1965 年才完全成为独立主权国家的新加坡，在国内面临高失业率、经济发展水平低下、金融产业基础十分薄弱以及国内因以传统的转口贸易衰退而出现了严重的经济问题等各种困难的形势下，不具备发展金融产业发展的比较优势条件。为了促进金融产业的国家化发展路径，新加坡政府决定改变单纯依靠转口贸易，在原来的金融业基础上，大力发展国际金融业。此时正逢在亚洲地区的美国银行为消除缓和其国际收支逆差而采取的限制资金外流的紧缩措施的影响，正谋划着在亚洲设立离岸型金融市场的需求，以集中当地的资金灵活运用。

新加坡政府抓住时机在 1968 年创建了新加坡亚元市场，为新加坡成为一个以经营离岸银行业务为主的国际金融中心迈出了至关重要的一步。此后，新加坡的金融市场快速发展，尤其是商业银行和国际金融市场迅速形成。为了保持新加坡在亚元市场上的优势地位，新加坡政府创造了以税收优惠为主要手段的宽松政策，充分发挥了离岸金融市场自由化的特点。1968年，新加坡取消了非居民存款人利息预扣税，允许经营亚洲货币单位的资金自由流动。1971年，新加坡发行亚元债券，并采取低费用和手续简便的政策。到1983年，在亚元市场的筹资方式中，亚元债券已经取代了银团贷款成为主要的途径。此后的相当长的一段时期内，新加坡政府采取了降低税收、放松管制和降低市场准入条件等措施刺激亚元市场和亚元债券市场发展，成功地使新加坡成为区域性国际金融中心。这种金融中心的形成或构建模式可以用图2-2描述。

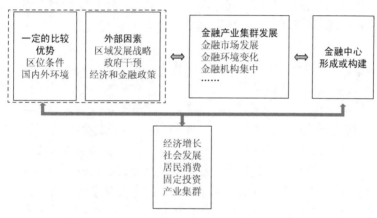

图2-2　金融中心的自上而下的形成与构建模式

在这种模式中，金融体系的扩张通常是在政府的有意扶持下，通过政府部门的人为设计、强力支持而产生的，金融体系的产生和发展具有一定的超前性。政府通过制定经济和金融政策，制定适当的金融制度，吸引金融机构集聚。通过金融机构空间集聚，以及金融机构集聚状态中各市场主体相互作用产生"技术溢出效应"和"稠密市场效应"，伴随着规模经济效益，产生与之相适应的金融体系。金融体系不断发展，使金融机构进一步在空间上集聚，最终形成金融中心。这种金融中心形成模式在本质上是通过金融体系的超前产生和发展刺激经济增长，发挥金融发展对经济增长的先导作用。

（三）混合模式

从表面上看，金融中心形成的两种模式似乎截然不同，但这两种模式之间既有区别又有联系。两者之间的区别首先表现在它们适应的条件不同。金融中心的自下而上模式强调金融中心主要是伴随着经济和金融发展而自发实现的，是金融发展自身规律的结果，外在因素在其中（至少在初期）不是起主要作用的因素；

而政府驱动模式则正好相反，它是在金融发展水平不高、区位经济实力不强和金融环境不好的条件下，通过外在因素的作用，并利用区位条件和国内外有利形势而创造出区位优势，从而产生的金融机构集聚，形成金融中心。其次，二者起作用的主要因素不同。自下而上模式主要是经济和金融自身发展因素在起主要作用，自上而下模式则主要是外在因素（政府）根据区位条件创造出有利的金融环境，使其适应金融机构预期收益最大化目标，从而有效影响金融机构选址决策，实现金融机构集聚，形成金融中心。最后，二者所实现的现实目标不同。自下而上模式是对区位经济发展水平的集中反映，是经济和金融发展的结果，而自上而下模式则相反，是通过金融的超前优先发展，发挥金融发展对经济增长的主导作用，利用金融的中介作用来刺激经济增长的。

然而，金融中心形成与构建的两种模式之间的区别不是绝对的，二者存在一定的联系。首先，这两种模式都存在区位优势，伦敦、纽约和新加坡都是如此。其次，二者都对金融发展水平有一定要求，都是金融发展规律的表现。自上而下模式也同样都对金融发展水平有一定要求，归根到底，金融中心的政府驱动模式不能够完全独立于金融发展水平。历史地看，经济增长对金融发展具有决定作用；而发达的金融体系对经济增长具有反作用，可以推动经济的进一步发展，也就是说，金融中心的自上而下模式归根到底要以金融发展为基础，而外生作用具有反作用，在一定条件下，可以加速促进金融中心的形成和发展。最后，在金融中心形成的不同阶段两种形成模式可以同时起作用。由于反集聚因素的存在，金融中心发展到一定程度，金融机构的经营成本以及金融机构进一步集聚的成本过高，这时单凭内在因素难以促进金融中心进一步发展，甚至可能导致金融机构迁移出去，这时政府可以通过制定有关政策等措施，减少以至消除反集聚因素，实现金融机构集聚的深化，推进金融中心的进一步发展。例如，伦敦在 20 世纪 80 年代的改革，就成功地减少以至消除了反集聚因素，促使伦敦金融中心复兴。新加坡在通过政府驱动模式成功地发展成为国际金融中心后，外在因素的影响也逐步降低，而内在因素开始起主要作用。

因此，学者们通过归纳总结，提出了混合模式。该模式是指在市场需求导向和政府推动两种"合力"作用下金融中心快速形成和构建的模式。由于当地经济社会的快速发展和金融环境的改变，对金融服务在"数量"与"质量"上都产生了更高的要求，对金融机构集聚与金融产业集聚发展的驱动力要求很强。但金融中心自下而上的形成模式是一个漫长曲折的过程。为了弥补经济发展对金融引致缺乏时间效率的缺陷，当地政府采取一系列的优惠政策与干预措施，强有力地推动本地金融市场的形成与壮大，最终加速了金融中心的形成。可以说，金融中心的混合形成模式符合当今经济社会快速发展的需要，是当今市场需求与政府引导的理想模式。该模式既弥补了自下而上模式缺乏时间效率的缺陷，又克服了自上而下模式构建金融中心过程中的盲目性，更有利于经济欠发达地区金融中心快速形成与构建。

（四）三种模式的比较

以自下而上模式形成与发展的金融中心，是按照金融市场发展规律成长期，自然发展的结果。该模式的金融中心形成与发展的原动力和主驱动力是经济的发展，并与经济发展相伴而生、密不可分，是被动产生的。其形成路径为：经济发展→带动金融需求→反作用经济发展→推动金融发展→推动金融中心的形成和发展。这种形成模式一般产生于欧美经济发达的资本主义国家，需要经过漫长的历史过程。由于发展过程的曲折性和不确定性，这种形成与发展模式缺乏时间效率。以自上而下模式形成与发展的金融中心，是国家或地区有意识构建的结果。其根本动力来自政府的推动力量。其形成与发展的路径为：政府主导推进→营建金融市场→刺激经济发展→推动金融产业发展→金融中心构建。这种模式一般发生在二次大战后的新兴工业国家或地区，最典型的如新加坡。新加坡政府通过"大力发展离岸业务，对新元使用严格管制，为金融业发展推出优惠税收政策，金融业实施严格高标准的监管"把新加坡建设成了国际性的金融中心。在经济发展相对落后、金融体系尚不完善的情况下，政府着眼于金融建设以带动经济发展是政府推进模式的产生与形成的根本原因。这种模式对于相对落后的国家或地区在较短时间内发展和繁荣本国或地区的经济具有重要的现实意义。以混合模式形成的金融中心是在"经济拉动力"与"政府推动力"共同作用下的结果。它形成和发展的"原动力"来自两者的"合力"。其形成与发展的路径为：经济拉动＋政府推动→推动金融发展→刺激经济发展→推动金融发展→金融中心的形成和发展。

第三节 研 究 评 述

国内外学者对集聚的形成进行了多层面、多角度的解析与阐释，这些研究为解释集聚形成提供了多样化的视角。但是也存在一些不足之处：①尽管部分文献也研究了集聚形成过程中的主要动力元素，如创业家精神、企业衍生、技术创新等内部机制，但是由于缺乏一个明确的理论框架，未能系统而全面地剖析集聚的形成，所以难以全面揭示集聚的形成机制；②绝大多数研究都是基于"同质性"和"机械性"的假设，而回避了企业异质性以及知识、制度等的"地方特性"的事实，这显然与客观现实不一致；③尽管有些研究关注到了不同阶段集聚生命周期的不同特征，但是不同要素在集聚生命周期不同阶段的作用机制和效果是不一样的；④形成集聚的因素不是天然生成、固定不变的，而是后天形成、不断变化的。更为重要的是，这些形成要素之间并不是孤立的，而是彼此之间相互影响、共同演化的。因此，集聚的形成是一个历史过程，应将其置于动态的、演化的视野中去理解（Boschma et al.，2009）。

产业集聚的研究集中于制造业。由于制造业主要从事生产、营销和向最终消费者进行分销等活动，而生产性服务业主要从事向其他企业和组织提供定制化的服务，有时候是新的信息、专业技能和知识，所以用解释制造业集中现象的集群理论可能并不适合于生产性服务业。随着服务业在经济中的比重和分量持续上升，将集聚的研究从制造业延伸到服务业是有益的（尹来盛和冯邦彦，2012）。金融业集聚属于服务业集聚范畴，既与制造业集聚有共性，又有其独特性。21世纪应该是金融资本占主导的世纪，因此经济地理学应像20世纪关注工业地理一样关注金融地理（Clark，2005）。已有金融地理的研究集中在信息对金融中心影响、区域金融发展影响因素、区域金融中心重组、银行业空间系统变化等方面（李小建，2006；李小建等，2006；彭宝玉和李小建，2010；林彰平和闫小培，2006），对金融产业集聚的研究相对薄弱，且金融集聚的研究主要依托于制造业普遍运用的传统区位理论、产业集群理论、新经济地理学理论、产业区理论及新产业区理论，主要从区域因素（政策与制度扶持、高端人才集聚、产业发展需求）、规模经济、信息因素、外部性等角度来解释金融产业集聚的机制，这些研究从不同角度与不同层面解释了金融产业集聚的规律与机制。而实际上金融产业集聚的过程是一个十分复杂的过程，也是多元因素相互作用、不断协同的过程，单从一个方面并不能十分有效地来解释金融产业集聚的机制与机理，需要关注其集聚的多元动力与机制。与此同时，与市场机制比较完善的发达国家与地区的金融产业集聚机制相比，中国的金融产业空间集聚具有较强的政策导向作用，并且中国特殊的制度与文化环境对金融产业集聚也起着十分重要的作用，因此很难直接应用到经历了重大社会和经济变革并与西方具有截然不同文化的中国。将发达国家及地区的经验和一般规律应用于中国复杂的现实也是不符合实际的，"地方特性"的事实需要引起我们的关注。另外，国内针对特定金融集聚区或特定金融机构，以及就金融业中的某个或某几个具体细分行业的微观实证研究比较少见（李小建等，2006），尤其缺乏通过实地调查问卷和访谈方式的研究（尹来盛和冯邦彦，2012）。

|第三章| 从金融集聚、金融集群到金融中心：理论分析框架构建

第一节　演进与逻辑关系

一、金融产业集聚是金融产业集群的前提

集聚的动因可以归结为三个方面：首先，是由于规模经济作用，如马歇尔用外部经济和规模经济效应来解释产业集群现象；其次，是市场机制和区域文化影响的结果，金融机构集聚是在具有一定的产业活动背景和社会文化基础上，由市场机制的作用、政府管理的引导、独特的区域文化和历史背景等多种因素共同作用下形成的；最后，知识集聚和信息外溢，金融机构集聚与金融机构的知识结构存在着相关性，通过集聚的形式可以获得外部性规模效应来替代本身可能存在的内部规模不经济。金融机构利用其自身中介（信息提供商）的作用，使得投资者与通过银行进行间接融资的企业家之间信息交流充分，从而提高了整个价值投资链的利润。

新古典区位论把区位选择过程描述为是理性人的利润最大化地点的选择过程，它包括两个方面的内容：一是经济人的利润最大化行为，二是满足利润最大化行为的区位。然而，许多研究表明，非经济性因素尤其是企业家的偏好、当地的社会经济环境，在区位选择过程中起很大的作用，且企业规模越大，其影响越显著。因此，除了这种制度创新以及企业组织演变以外，区别于其他区位的某些要素禀赋和人文特征，将是集群出现的重要因素。克鲁格曼（Krugman, 1991）认为，一些经济活动的出现是由偶然事件促发的。然而，撇开经济或区位因素，这些经济活动的出现可能与当地的习性（一种文化）或者行为者的偏好是有关系的，而并非是偶然的。

产业集聚是指同一产业在某个特定地理区域内高度集中，产业资本要素在空间范围内不断汇聚的一个过程。产业集群指具有垂直和水平联系的相关产业的企业和支持机构的地理集聚（王缉慈等，2006），是有交互关联性的企业、专业化供应商、服务供应商、金融机构、相关产业的厂商及其他相关机构等组成的群体。尽管产业集群与产业的地理集聚存在紧密的联系，但并不是说"具有垂直和水平联系的相关产业的企业和支持机构的地理集聚"就是产业集群。产业集聚只是产

业集群形成的一个必要条件，而非充要条件，产业集群是产业集聚的高级阶段。从金融机构由于这些原因使其在某个特定地点出现，在这里逐渐发展成所谓的支柱产业。这种地位蕴藏了较其他产业而言较高的企业利润，其他产业企业就在利润的驱动下，进入金融产业或者把有关产业剥离形成金融企业，这个过程就是金融产业的专门化过程，围绕着金融专门化，金融关联类企业（与金融产业有前后向联系的企业）、金融依附类企业及所有企业所必需的基础设施，形成金融机构的空间集聚，并在金融机构集聚自我强化效应的作用下形成金融产业集群。

从本质上讲，金融产业集群是金融机构集聚网络与区位禀赋网络（包括经济、社会、人文因素）相互渗透、相互融合而成的网络组织。在这种相互渗透、相互融合过程中，区域空间的异质特征起了主要作用。金融机构集聚使得金融产业内部形成的供需条件优于分散的产业分布，促使金融机构的成长以及吸引新金融机构进入。在集聚经济效应的作用下，围绕着金融产业出现了金融关联类产业、金融依附类企业及有联系的机构（如大学、标准代理机构和协会）等，它们的出现又反作用于金融机构集聚，加速了金融机构集聚的最终出现。当金融机构集聚达到一定规模时，金融机构的成长和新进入者会加强金融机构集聚力度，从而加速金融产业内的集聚优势，提高金融产业内的生产率与创新能力的提高。在这个过程中，集聚区不但吸引了金融机构集聚，而且还吸引了与金融产业相关的金融服务机构、金融研究机构及金融信息的集聚，这样，金融产业集群就形成了。当金融产业集群达到一定的饱和度时，市场高进入成本和竞争会阻碍金融机构的成长和新金融机构的进入，影响金融产业集群的进一步深化，金融产业规模和集聚效应趋于稳定，达到一个动态的均衡。可以说，金融机构集聚是金融产业集群的基础（陈铭仁，2010）。

二、金融产业集群是区域金融中心建设的基础

1. 金融产业集群为金融中心提供强大的金融资源支持

强大的金融资源支持不仅指金融资源总量的巨大，还包括金融资源利用效率的不断提高。金融产业集群最重要的功能是集聚金融资源，它具有突出的整合利用不同资源的能力，将相关的金融存量资源要素有效地转换为从事金融活动的资本。因此，金融产业集群有助于区域金融资源的整合，进而利用强大的金融资源支持为区域金融中心的建设服务。

2. 金融产业集群为金融中心获取更多金融资源支持

金融产业集群具有分工协作的正面经济效应，即金融集群通过金融机构内部分工在集群内的社会化，从而获取外部规模经济和外部范围经济的能力。因此，区域金融中心可以通过金融产业集群获得更大限度的金融资源支持，并最大限度

地发挥金融资源的作用，使其价值达到最大化。

3. 金融产业集群增强金融中心核心竞争力

金融产业集群所具有的竞争优势有利于形成地区金融中心的产业优势，并进一步形成区域中心的核心竞争力。它主要表现为大量相关金融机构空间集聚形成良好的金融产业氛围及产业综合竞争力，进而形成金融中心。在人力资源方面，反映金融产业集群的区域核心竞争力的是其内部的金融人才；在专业资源方面，反映区域核心竞争力的主要是金融资源；而在创新能力方面，反映核心竞争力的就是金融机构及其所属金融人才进行创新活动获得金融创新产品的能力。

4. 金融产业集群提供完善的金融服务

金融产业集群内部拥有国内的各类金融机构，并且能够不断吸引国内外有影响力的金融机构入驻。以金融产业集群为依托的区域金融中心既集聚了银行、证券、保险各类型的金融机构，又包含了股权市场、债权市场、产权交易市场、担保市场、信托市场、区域期货市场以及新型的农村金融等市场体系，形成了一个良好的循环发展系统，从而在不同的情况下为不同的客户提供完善的金融服务。

5. 金融产业集群推动区域经济发展

金融产业集群能够对经济发展产生相当重要的贡献作用。金融产业集群大部分是通过利用该区域的资源、市场、人才等优势使其不断壮大，充分利用集群内金融机构之间的信息共享和分工协作提高效率，服务于该地区并不断辐射周边地区，逐渐成为该区域的支柱产业，促进区域金融中心良性发展，带动区域经济的快速增长。同时在横向上，金融产业集群还能够带动相关产业，以及文化、教育、信息、服务等行业的发展，进而促进该地区经济的协调发展。

三、区域金融中心：金融集聚、集群的功能提升与辐射增强

（一）金融产业集聚、集群与金融中心形成具有统一性

区域金融机构集聚效应，使得区域内某个城市发展为金融中心成为可能。伴随金融机构的空间集聚产生了集聚经济效应和溢出效应，这些效应进一步促使金融机构的空间集聚，并在金融机构集聚自我强化效应的作用下形成金融产业集群。金融产业集群通过金融的中介作用，将金融集群的影响力向外扩散，使得金融集群的影响力的地理范围从一个城市或一个区域延伸到一个国家、周边国家甚至全球。这种影响力又反过来加强了中心区域的金融集群，这时的金融集群不仅包括了金融产业集群，而且还与区域甚至区域外围的其他产业的发展密切联系起来，集群还常常包括许多政府机构和提供专业化培训、信息、研究和技术支持机构（如大学、中介服务机构和培训机构），而其中金融产业占据了核心地位，这个城市就

成为金融资产定价中心、金融资产交易中心、金融信息集散中心和金融相关服务中心，这个城市发展为金融中心就水到渠成了。

从金融中心静态功能的角度看，由内向外，一个金融中心必定是金融资产定价中心、金融资产交易中心、金融信息集散中心和金融相关服务中心，这是向外发掘金融中心第一层的功能；进一步向外发掘，可以发现，金融中心的各种功能必然包含着金融产业集群，这是金融中心的第二层功能；而金融产业集群的背后必然伴随了大量的金融机构集聚，而且通过金融的中介作用，其服务范围不仅包括了金融产业，而且还包含了实体经济的各种产业，这是金融中心的第三层，也是金融中心得到确立的前提和基础，是金融中心的一种本质属性。这种金融中心是功能型金融中心。它的这种影响力进一步深化，扩散到周边国家或地域，也同时为金融中心提供了广阔的腹地，有力地支持了实体经济的发展，实体经济各产业与金融产业相互促进，推动了区域经济的发展。如果这个金融中心没有强大的实体经济为支撑，没有广阔的腹地，或者说金融机构空间集聚并不是为实体经济服务的，那么这种金融中心就是名义上的金融中心，可见这种金融中心最终要受到缺乏经济腹地的限制。这个静态功能性过程可以用图3-1来表示。

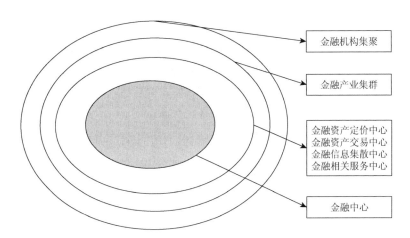

图 3-1　金融业集聚、集群与金融中心的静态功能示意图

从金融中心形成的过程，即从动态过程来看，区域经济发展和规模经济、市场机制和区域文化以及溢出效应等因素，有力地推动了金融机构空间集聚，金融机构集聚的规模经济和溢出效应产生了金融产业集群，进而使区域的中心城市成为金融资产定价中心、金融资产交易中心、金融信息集散中心和金融相关服务中心，其影响力进一步扩散，金融成为该中心城市的核心产业，这个中心城市就成为金融中心（图3-2）。

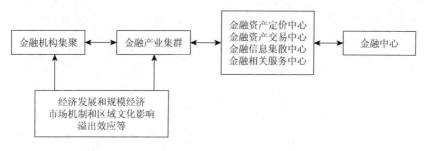

图 3-2 金融业集聚、集群与金融中心形成的动态过程

金融机构是金融中心的细胞，金融机构选址是实现金融机构集聚的起点。研究表明，影响金融机构选址的主要因素包括区位因素（包括地理区位及环境、交通通信、交易成本等因素）、国家和区域经济发展情况及其发展潜力、金融市场发展程度及其发展潜力、政治法律因素（包括地方政府的经济政策及其稳定性、制度环境等），以及路径依赖等。金融机构一般有相似的要素需求和存在的条件，这是金融机构在选址决策问题上趋同的根本原因，对这些要素和条件的需求，以及这些要素和条件的非普遍可得性，使得金融机构集聚形成金融产业集群，进而形成金融中心，金融中心与金融机构集聚相互强化，使得金融中心进一步发展。这就是金融机构集聚过程与金融中心形成过程的一致性规律。因此，金融中心的形成过程，就是金融机构的集聚过程，金融机构集聚是一个地区或城市成为金融中心的前提和基础。

从金融产业内生集聚的动态过程来看，在区域经济增长产生对金融需求的增长，从而刺激金融机构增加，以及在规模经济、市场机制和区域文化及溢出效应等各方面因素的综合作用下，实体经济对金融的需求不断扩大，有力地推动了金融业的发展；金融业发展必然会刺激金融市场的繁荣，以及金融制度的变化。金融机构在规模经济和溢出效应等金融发展规律的作用下，形成金融机构集聚，金融相关服务业的出现导致金融产业集群，中心城市金融业的影响力进一步扩散，金融业成为该城市的核心产业，进而使区域的中心城市成为金融资产定价中心、金融资产交易中心、金融信息集散中心和金融相关服务中心，这个中心城市就成为金融中心。这个动态过程可以用图 3-3 来表示。

然而，金融产业发展路径依赖的复杂性决定了这个过程不是唯一的，外生因素的积极作用，可在一定程度上改变金融产业集聚的路径或速度。从金融产业外生集聚的动态过程来看，金融产业的外生集聚路径是与金融体系的需求引导形成模式相对应的形成和发展模式。政府通过有关经济和金融政策及相关优惠措施，改善金融环境，增加对金融机构的吸引力，大大提高金融机构选址的预期收益；通过推动金融产业的迅速发展，提高社会资源的配置效率，增加储蓄，刺激投资，

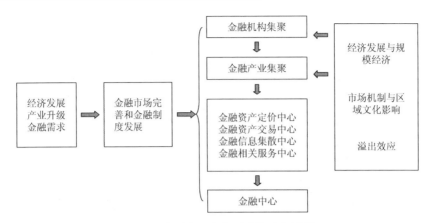

图 3-3   金融中心自然形成的动态过程

有力地推动经济发展。因此，政府可以根据区域的实际情况制定合适的区域经济和金融发展战略，优先发展金融产业，加速推动金融机构集聚，进而使该区域金融产业获得跨越式发展，形成金融中心，这是政府驱动型金融中心的形成过程。这个动态过程可以用图 3-4 来表示。

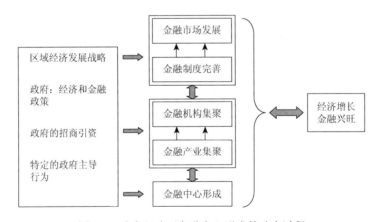

图 3-4   政府驱动下金融中心形成的动态过程

将这两种金融中心形成模式综合起来，金融中心和金融机构集聚过程可以用图 3-5 表示。

如果从静态的角度来看，对金融中心的分析要从其规律性出发，从抽象到具体的展开；然后再分析它和其他规律同时起作用相互交错在一起的表现，才能深入了解金融中心的规律。按照从现象到本质、从简单到复杂、从内容到形式的方法，金融中心的含义是逐步展开的。撇开金融中心的外在形式，一个金融中心必定具备金融资产定价中心、金融资产交易中心、金融信息集散中心和金融相关服

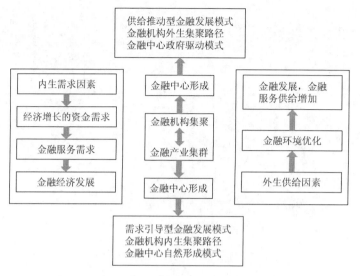

图 3-5 金融产业集聚与金融中心形成的两种动态过程

务中心的全部或者部分功能，这是向外发掘金融中心功能的第一层。进一步向外发掘，可以发现，金融中心要具备金融资产定价中心、金融资产交易中心、金融信息集散中心和金融相关服务中心的全部或者部分功能，必须形成一定的产业集中度及相关产业衍生出来的辅助性产业，如金融交易中介服务、金融咨询服务等，也就是说，金融中心的各种功能必然包含着金融产业集群，这是金融中心的第二层功能。毋庸置疑，金融产业集群必然伴随了大量金融机构的集中，即金融机构集聚，其服务范围不仅包括金融产业，而且还包含了实体经济的各种产业，这是通过金融的中介作用实现的。这是金融中心功能的第三层，也是金融中心得到确立的前提和基础，是金融中心的一种本质要求。因此，金融中心的形成过程，就是金融机构的集聚过程。这是从现象到本质、从外部到内部的分析。金融中心的静态功能可以用图 3-6 来表示。

上述的这种金融中心是功能型金融中心，其对国内经济的影响力进一步深化，扩散到周边国家或地域，也同时为金融中心提供了广阔的腹地，有力地支持了实体经济的发展。实体经济各产业与金融产业相互促进，推动了区域经济的发展，形成了国际金融中心。如果这个金融中心没有本国强大的实体经济为支撑、没有广阔的国内经济腹地，或者说金融机构空间集聚并不是为本国实体经济服务的，那么这种金融中心就是名义上的金融中心。这种金融中心的发展和对国际金融的影响力最终要受到缺乏经济腹地和国内金融需求规模较小的限制。

在分析金融中心时可以按照从现象到本质和从外部到内部的分析方法，这种方法有利于掌握金融中心的本质属性；而在分析金融中心的形成过程的规律性并

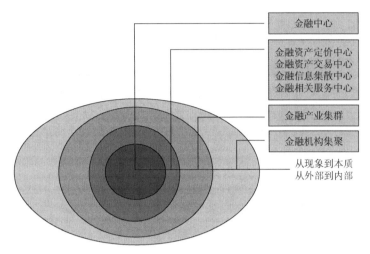

图 3-6　金融中心的静态功能透视图

利用这个规律性为指导，实行政府驱动模式的金融中心建设时，却要抓住金融中心的本质属性，要根据从内部到外部、从本质到现象的实施方法，制定正确、适当的金融中心发展战略。

（二）金融中心与金融产业集聚、集群具有相互强化效应

金融产业集聚具有自我强化效应。随着金融机构集聚程度的提高和集聚区域的进一步扩大，其外部效应和辐射效应更加显著，规模效应也更加显著并使得众多企业受惠，对整个国家和地区的影响力进一步提高，集聚区内的金融机构以及其他产业的企业的综合竞争力进一步增加，而且对区域外的企业的吸引力进一步增强，这反过来又增强了该区域金融产业集聚。金融机构和其他实体企业在该区域的集聚，使得集聚区内专业化分工程度提高，区域内金融产业规模进一步扩大，相关企业数量和规模进一步发展，区域内竞争和合作都得到增强，区域内的金融创新能力和产品开发以及技术进步又进一步增强，集聚效应更加显著，集聚区进入加速发展的轨道。在金融产业集聚区域，形成了一个金融网络，这个网络也随着机构集聚程度的提高而变得更加复杂和完善。在网络效应的作用下，集聚区内金融机构的专业化程度逐步加深，金融机构之间的联系更加密切，金融机构规模不断扩大、数量增加。为了开拓市场、增强个体的竞争力，相互之间合作也必然增加。同时，随着区域金融机构总体实力的增强，金融及其相关产业的就业必然增加，金融服务人才集聚，强化了金融机构集聚的网络效应。

网络效应也促进了金融创新。在金融机构集聚区域，由于市场竞争加剧和对金融服务、金融产品的需求增加，金融机构之间形成了一种既相互竞争又相互合作的态势。集聚效应降低了金融创新的成本和风险，丰富了金融创新所需要的知

识，提高了金融创新的收益，使得金融创新系统有效性增加。因此，规模效应、网络效应、创新效应和技术进步等都有自我强化的作用，形成一个相互促进、自我强化的正反馈系统。而且金融中心本身也对金融机构集聚有一种强化效应。金融中心具备了适合金融机构发展的各种环境，进一步吸引了金融机构在金融中心的落户，增加了金融中心的金融机构集聚程度，并通过这种集聚程度的增加进一步强化了金融中心的地位和影响力，这样，就实现了金融中心和金融机构集聚的相互强化。

第二节　理论分析框架

演化经济地理学（evolutionary economic geography，EEG）是经济地理学最新的一次转向，它主要借鉴了演化经济学中的思想，以动态演化的视角来分析经济现象的演化规律以及经济现象的空间分布规律，特别重视"产业-空间"的协同演化。在转向"演化"之前，经济地理学中最近的两次理论创新分别是制度经济地理学（IEG）和新经济地理学（NEG）（Boschma et al.，2006）。制度经济地理学的研究主要由地理学背景的学者主导，其分析方法类似于制度经济学（Hodgson，1998），其基本主张是空间上不均衡的经济分布主要是由区际制度差异所导致的（Martin，2000）。而新经济地理是以克鲁格曼为主的经济学家创立的，其主要观点是经济活动的空间不均衡分布主要是由生产要素的不同流向所导致的。然而，不管是制度经济地理学还是新经济地理学都没有在经济活动的变化研究中强调历史的重要性（没有时间维度），也就是没有告诉我们经济景观是如何随时间发生演化的。为了能够全面深入地理解技术进步、竞争优势的动态变化、经济重建和经济增长，用演化的视角去研究经济演化过程是很有必要的。

最早明确将演化经济学的概念和演化思考同经济地理学联系起来并探讨二者之间的关系，是由荷兰乌特列支大学经济地理系 Boschma 等（1999）做出的。他们在《演化经济学杂志》（*Journal of Evolutionary Economics*）合作发表的《演化经济学与经济地理学》一文，标志着创建"演化经济地理学"的开始。在该文中，两位作者比较系统地讨论了演化经济地理学的一些研究议题，即运用演化经济学的关键概念，如选择、路径依赖、机会和收益递增等，来解决经济地理学的两大主题：一是从技术变化来研究区域环境的空间特性对新型多样性的（潜在）影响。在这一研究中，演化思考可以用于描述和解释：①区域情景中的本地化（即区域特定的）的"集体"学习过程；②在日益变化的世界中区域所面对的调整问题；③作为演化过程的新突现产业的空间组成，其中收益递增的空间含义（即集聚经济）导致了空间锁定。二是新型多样性影响空间系统的长期演化问题。这方面包括运用"产品生命周期"理论解释新技术的空间演化，以及运用"区位机会窗口"模型解释技术变迁的"空间蛙跳"（spatial leapforgging）。

演化经济地理学是通过产业的动态变化来研究经济活动空间布局的（Boschma and Frenken，2009），常用的分析方法是产品或产业的生命周期理论（Klepper，1996）。这些理论的主要观点是在产品或行业生命周期的不同阶段，经济活动将会发生空间上的聚集过程和空间上的分散过程，且其变化强度是不相同的。生命周期的初期，技术变化和市场的不确定性使得竞争异常激烈，从而企业的进入和退出概率都比较高。由于历史事件、非对称竞争、市场操控等原因，很难预测何种企业将会生存或何种企业将遭淘汰。由于市场竞争很激烈（也就是市场选择过程），如果从技术创新转移到生产过程创新，厂商进入率大幅下降而退出概率仍然较高，会逐渐提高市场的集中度。尽管不同行业的生命周期模型不尽相同，但生命周期理论可以解释产业的空间演化过程（Klepper，2001；Klepper and Simons，2000）。

可以用三种方法来解释产业的空间演化过程。第一种方法是解释进入者的区位选择战略（Arthur，1994），第二种方法是解释衍生过程（Klepper，2001；Boschma and Wenting，2007），这两种方法是常用的方法。阿瑟的模型主要强调了路径依赖原理，而衍生模型主要强调了企业的惯常组织程序以及信息复制原理。第三种方法被称为区位机会窗口（WLO）方法（Boschma and Lambooy，1999）。该方法为解释产业的空间演化和锁定效应提供了分析框架。该方法认为，在任何时点上，技术、劳动纠纷或市场机会都有可能引发区域的重大创新。而这些引发因素的空间分布则是无限且随机的，WLO方法主要解释以创新为基础产生的新产业为什么会锁定在特定区域的问题。其主要结论是，基础创新需要不同的劳动技能、技术程序、供应商和消费者的联系以及制度来强化竞争优势。任何区域都无法建立具有本地化特征的适宜的制度环境来满足新企业的需求，但产业聚集区通常具有了多样化的劳动力、产业、企业和制度（Boschma and Lambooy，1999），这种聚集对吸引新的产业具有很大的优势。一旦出现产业聚集过程，产业就开始通过建立供应商和消费者网络、研究机构、产业组织、技能培训等活动来改变其区域环境，Storper和Walker（1989）称这种过程为产业化过程。此时，经济空间系统已进入了新的阶段，那些能够吸引新的产业并发展特定区域资本的区域将得到优先发展。有时，这些区域的发展优势如此之大以至于新进入者只能选择这些核心区域，而其他区域会走向衰落，从而导致产业活动的地理集中。

一、区位机会窗口

20世纪80年代以来，许多主要经济区域空间系统的变化在很大程度上受到区域发展基础的改变。新产业在美国的阳光地带等新的增长地区出现和发展，与此同时，还要避免那些曾经处于主导地位的经济中心如东北部老工业城市"铁锈地带"（Rust Belt）的衰败。在此背景下，美国地理学家艾伦·斯科特、迈克尔·斯波多和理查德·沃克在 20 世纪 80 年代后期提出了区位机会窗口理论来应对这些区域发展动力（Scott and Storper，1987；Scott，1988；Storper and Walker，1989）。他们批评区域经济学家和经济地理学家的历史决定论观点解释新兴产业的地理空间部分。他们拒绝接受 Norton（1979）等区域经济学家的观点，认为新兴产业将选择出现在可以最大限度地减少生产要素成本（如工资和土地成本），并实现利润最大化的那些地方，仿佛崛起一个新的行业是一个完全理性和资源配置的过程。他们也对一些经济地理学家提出的静态区位因素（如生活和良好的基础设施的质量）的观点进行了批判（Scott，1988）。

斯科特提出了新产业在某些空间成长的解释，这些解释深深植根于进化论的思维。他们认为新的行业只会产生在自己的空间。正如 Myrdal（1957）指出的，一旦有新的产业达到一个临界质量的地方，自我强化的机制就会应运而生，因为行业不断增长的需求将改变当地环境的支持：创建新的机构、新的研究机构和教育设施，建立一个专门的劳动力市场，专门的资金和其他投入品供应商将会出现。换句话说，马歇尔本地化外部性可能应运而生成为一个行业的发展空间，以维持其进一步发展。而更多的进入者找到本地，地方化经济的强大影响变得越大。因此，工业生产空间（而不是周围的其他地方）经过一段时间后，地方化经济会导致产业集中在一个区域。

这并不是说新兴产业可以在任何地方产生和发展（Boschma and Lambooy，1999；Brenner，2004）。从贴近进化视角来说，斯科特认为区域特定位置的特征仍是可能条件，但并不足以决定新兴产业的位置。产业集聚的出现，也与来自本地、国家和全球力量是否匹配有关。新产业的出现往往是技术交叉和产业融合的结果，现有技术、制度和文化结构部分地决定了新技术产生的可能性。由此可见，无论是技术的变迁，还是制度的调整，都不能脱离以前的发展轨迹。硅谷所在的圣弗朗西斯科湾区最早就是美国海军的研发基地，硅谷的起源，可以追溯到早期无线电和军事技术的基础。同样，1982 年，中国科学院计算研究所王洪德创办北京京海计算机机房技术开发公司，1983 年，中国科学院物理研究所陈春先等科技人员创办北京华夏新技术开发研究所及其他早期公司，主要从事科技成果的转化和推广工作，形成"中关村电子一条街"，为中关村最初的雏形（刘卫东，2013）。

以产业生命周期为基础，斯科特、斯波多等经济地理学家提出了区位机会窗口的概念，用以分析产业在特定空间的形成与发展。从演化经济地理学的视角出发，新产业的发展需要劳动技能、技术程序、供应商和消费者的联系以及制度环境来强化竞争优势，而已有组织和机构无法满足这些条件，那些拥有多种熟练劳动力、产业、企业和制度"蓄水池"的区域由于集聚经济的存在，具有了产业发展的优势。一旦产业发展到一定程度，自我强化机制发挥作用，产业就会开始通过建立供应商和消费者网络、研发机构、技能培训等活动来改变当地支撑环境。经济空间系统进入了新的阶段，那些能够吸引新的产业并发展特定区域资本的区域会将得到优先发展。

二、企业/机构衍生

近年来，企业衍生被认为是解释产业空间分布的重要机制（Arthur，1994；Cantner and Graf，2006；Klepper，2007；Buenstorf and Klepper，2009）。所谓的衍生，指的是由现有企业的员工在相同行业或者相关行业创立的新的企业。大量的研究表明，企业衍生在产业的空间集中确实发挥了至关重要的作用（Koster，2006）。对此有两种解释，第一种解释认为，在行业生命周期的早期阶段，能产生更多衍生企业的区域往往能够主导这个产业的发展。这是因为能够产生一个新的衍生企业取决于一个区域内已有企业的数量：进入这个区域的衍生企业越多，产生更多衍生企业的可能性就越大，因为衍生企业在区位选择上更倾向于同他们的母体公司在同一区域（Arthur，1994）。企业的区位选择在很大程度上受制于先前的选择。由于有限理性，很多企业选择创建者所在地区作为生产区位，同时由于创建者的网络关系，衍生企业通常也布局在母公司所在区域（Klepper，2001）。第二种解释认为，衍生过程是隐性知识从母体企业向衍生企业转移的重要机制，这些知识对于衍生企业技能的发展起到积极的促进作用。Klepper（2007）认为，在相同或相关产业具有前期经验的企业家，往往比没有经验的企业家具有更好的上位表现。此外，Klepper指出"成功孕育成功"。在对美国汽车产业的纵向研究中，Klepper证实了那些成功的母体的确产生了很多的成功的衍生企业。衍生企业在一定程度上继承了母体企业的产品和市场，如果进行了高水平的研发活动，而这些研发活动是母体企业没有关注到的，这时就有可能出现新的产业。在一些大型公司，如果公司决定削减投资组合活动，整个部门可能因为它们成为公司战略的多余部分而被拆分出去。衍生企业，无论是从企业还是大学衍生出来，基本上都是选择在母体机构的临近地域。衍生企业更倾向于进入与母体机构相同的领域，或是与其相关性更大的产业领域。

由于衍生的过程基本上是一个局部现象，它可以为产业的空间集聚提供另一种解释。这意味着，从理论上讲，我们可以解释一个产业的空间集聚，而无需引用特定区位特征。因此，企业衍生和地方化经济为一个产业的空间集聚提供了不同的解释。但是，二者也可以发挥共同作用（Boschma and Frenken，2003），这也是比较合理的。在演化框架下，空间聚集不仅是产业演化过程的结果，同时也影响产业的进一步演化过程。这种递推关系至少可以从以下两个方面来解释：首先，产业活动的空间聚集产生聚集经济，培育创业和创新，还可能导致相关行业的出现；其次，空间聚集会加剧企业间竞争，因而企业更加难以进入。这种负反馈机制意味着空间聚集不会无限制地进行下去。通常，正的外部性体现在产业生命周期的初级阶段，而负的外部性体现在产业集中度超过某个临界值之后。对某种行业而言，如果需求是局部的，而知识溢出是全局的，那么负反馈机制的强度大于正反馈机制的强度，从而导致空间分散。如果竞争是全局的，而知识溢出是局部的，那么情况正好相反。

Boschma 和 Wenting（2007）对于英国汽车产业的发展进行了纵向研究，他们的研究发现，来自相关行业的衍生企业在产业生命周期的第一阶段成活率较高，而原有汽车产业的企业的衍生企业在产业生命周期的后一个阶段表现更好。Boschma 和 Wenting（2007）没有发现地方化经济对于企业存活具有积极影响，地方化经济在产业生命周期的第一个阶段没有关系，即使是在区域内相关产业的新创立企业表现更为突出。然而，事实证明，地方化经济在进入生命周期的后期阶段对企业的生存产生不利影响。换句话说，英国汽车行业的空间集聚越多，集群中的进入者存活率就会越低。这可能是由于新进入者将会面临集群企业的激烈竞争和较高的集聚成本（Staber，2001；Otto and Kohler，2008）。

三、制度厚度

演化经济地理学汲取了制度经济地理学的思想，而制度经济地理学认为经济行为的差异在很大程度上源于区域制度的不同（Hodgson，1998；Whitley，2003）。区域制度的差异可以是企业中的企业文化形式，也可以是区域层面中的法律框架、非正式规则、政策、价值和准则等形式，这些因素导致企业利润、交易成本、区域经济增长和地区收入分配等差异的形成，从而进一步导致经济行为体的空间分布差异（胡志丁等，2012）。在演化经济学中，制度被理解为一个相对稳定的实体，它的作用类似于企业层面的惯常组织程序。制度是过去社会实践的结晶，它能够指导个体行为，如投资决策、创新、技能培训等，制度又是历史信息的传承者。制度的时空差异主要表现为随时间的变迁制度的区际差异，制度对经济代理人的影响通常表现为对经济代理人的一种约束。制度差异因此也被解释为区域选择环境的差异，从而影响本地代理人的行动。Berman 和 Bui（2001）曾研究了制度变化对企业绩效的影响。他们研究制度对加利福尼亚州炼油企业减排目标的影响后发现，低排放指标不仅导致排放量的减少，而且也提高了加利福尼亚州企业的生产效率，因为加利福尼亚州企业不得不采取新的更环保的技术来组织生产。这意味着，不同的区域制度环境改变了区域内个体的行为。演化经济学称这种过程为群体选择过程（Gowdy，1994）。

制度因素对产业空间演化产生重要影响，特别是政府的政策对产业布局产生引导、强化和限制等作用，这种影响在计划经济体制下显得愈加突出；在市场经济体制下，政府的政策引导也依然重要。管制理论强调，资本主义发展过程是嵌入于制度和受社会管制的（Tickel and Peck，1995）。在演化框架中，需要讨论的不是某种特定的制度是如何影响某个特定区域的产业发展，而是讨论制度是如何随着新产业的出现协同演化过程的。这种协同演化的视角是很重要的，因为创新导致的新产业的发展需要由改革旧制度和建立新制度的支撑（Freeman and Perez，1988）。中国处于快速发展与转型期，在社会经济运行及其制度和治理机制上存在许多独特性，产业的形成和发展在某种程度上是特定区域制度与政策安排的结果。如何通过制度创新培育出适应产业发展需要的制度环境，进而促进企业聚集机制的发挥，成为影响新产业形成与发展的重要因素。

产业空间集聚是一个综合要素共同作用的过程，各要素在发展历程中的作用和影响力不是固定不变的，而是发展变化的。在硅谷形成的早期，美国国防部对尖端电子产品的大量需求对硅谷集成电路、计算机产业的发展起到了很大的促进作用，使许多年轻的高技术公司得以生存和发展壮大。后来民用市场开发成功之后，政府采购所占营业额比例逐渐下降，风险投资的作用取代了军方投资，在硅谷逐步占了主导地位。此外，中关村科技园初创时期，企业主体是初创型企业和小微企业，财税及金融部门以税费减免、负税收、优惠利率等方式，给予小微企业以资金融通便利，助推中小企业上市，随着企业的壮大、园区的发展，政府补贴这种一次性"输血"只能解决一时之需，转变发展方式，提高创新能力，提高小微企业造血功能，才是其获得发展的根本。换句话说，政府主导模式须逐步让位于企业为主体的发展模式。

四、区域产业分枝

经济地理学在新的产业部门产生方面的研究相对较少。当前，新兴产业的出现吸引了学术界和政府部门的关注，因为新产业同创新和创业活动紧密相关，可以为未来经济增长提供平台和重要机遇（Feldman and Lendel，2010）。新兴的演化经济地理学相关文献认为，新产业更倾向于产生在与现有经济活动具有一定的技术相关性的区域（Boschma and Frenken，2011；Tanner，2014）。Boschma 和 Frenken 用区域分支（regional branching）概念，形象地描述与现有产业具有一定的技术相关性的新产业的产生与出现。在实证与案例研究层面，区域分支概念已经被多次证实，如瑞典地区的长期经济发展与演化（Neffke et al.，2011a）、西班牙新兴产业的出现（Boschma et al.，2013）、欧洲燃料电池产业出现等（Tanner，2014）。

区域分支的概念对于经济地理学理解在一个区域内已经存在的产业基础上如何形成新的经济增长路径具有重要意义。首先，在时间尺度上，区域分支理论关注于新产业是如何产生的，这个是以前的经济地理学文献所缺乏的。其次，区域分支关注于多样性和相关多样化带来的知识溢出影响，而不仅仅是专业化的影响（马歇尔外部性）。对于政策制定者，区域分支的概念补充了集群、产业集聚等的大量文献，因为它可能带来更多的战略性区域创新政策。基于集群的相关政策过分强调企业间的网络联系和互动，而区域分支理论更为关注与已经存在的产业结构认知临近的支撑网络，因此可能对政策制定者提供一些新的建议。

由此，本书构建了融区位机会窗口-企业/机构衍生-区域产业分枝-制度厚度"四位一体"的分析框架（图 3-7），剖析郑东新区金融业空间集聚现象。在制度环境与静态集聚经济的作用下，产业发展的区位机会窗口打开；当迈过关键门槛后，收益递增应运而生，伴随着知识溢出、基础设施和信息共享等使更多企业集聚在这一区域，在企业/机构衍生机制作用下，金融机构数量不断增多；在此基础上，区位机会窗口再次打开，区域产业分枝机制的发挥使行业新业态/产业门类出现、行业发展水平和质量不断提升。金融机构数量增加、新业态/新产业门类出现与行业发展质量提升共同促进了金融业空间集聚。区位机会窗口打开、企业/机构衍生、区域产业分枝等机制的发挥，与产业发展所处的制度环境、制度厚度紧密相关。

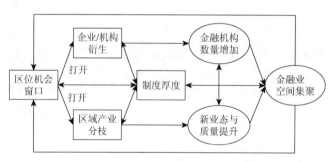

图 3-7　"四位一体"的理论分析框架

|第四章|我国金融中心的空间格局及变化特征

　　经济活动在全球的不均衡分布是一种客观现象,是经济地理学及相关学科研究的一个重要议题。随着全球化与国家管制的放松,更多的社会财富、国际资本及金融服务进一步向大城市和城市密集地区(城市群)集聚。而金融集聚一旦形成,会持续带来集聚地及周边地区金融交易的增长、投资的繁荣和产业的扩张,创造大量的就业机会和财政收入,并通过资金融通和资本运作来促进资源在全国甚至全球范围的配置。因此,一个城市或区域的金融业集聚水平与发育程度影响着其中心城市在全球、全国和区域城镇体系中的功能和地位。自20世纪90年代以来,有关金融集聚的理论与实证研究逐渐增多。国外学者主要从金融集聚的产生及其原因、金融产业集聚的演化、金融产业集聚竞争力、金融中心与金融资源流动等方面进行研究,并提出了金融地理学、区域金融等理论。以此为基础,国内学者主要从金融资源论、金融集聚与区域经济发展、金融集聚与金融监管等方面展开研究。随着我国金融改革的日趋深化,国内金融市场一体化建设进程加快,许多城市提出了促进金融产业集聚、建设金融中心城市的战略构想。

　　为科学认识我国不同规模和层级的中心城市在促进金融产业集聚、建设金融中心城市这一重大战略的基础、条件和可行性,本书选取我国内地286个地级及以上中心城市为样本,将因子分析与GIS空间分析相结合,通过2010年度数据的计量分析,并与2005年相比较,综合评价不同中心城市金融业的集聚水平与发育程度,划分其等级与类别,并运用ArcGIS分析技术展现我国金融集聚的空间分布格局及其变动趋势。

第一节　指标选取与数据来源

　　由于金融资源禀赋存在显著的空间差异,经济发展水平、社会分工状态在地域上也存在明显的非均衡性和区域性特点,金融资源集中于条件优越的城市和地区,从而形成不同层次的金融产业集聚。为考察我国不同层级中心城市金融集聚水平及其空间格局,本书把样本集中在我国内地在《中国城市统计年鉴》中有系列统计数据的286个地级及以上中心城市。由于西藏及部分地级中心城市缺乏数据,本书不包括西藏及这些中心城市。数据口径为中心城市的市辖区。

对于金融集聚水平的测度主要有单指标法与综合指标法。单指标法常用金融业区位熵、空间基尼系数、HI 指数等来衡量，如任英华等（2010）、李正辉和蒋赞（2012）分别利用区位熵表征了全国各省份金融集聚程度，并考察了影响金融集聚的因素；石沛和蒲勇健（2011）利用区位熵研究了全国各省份的金融集聚程度与产业结构的空间关联机制；丁艺等（2010）利用金融业区位熵计算了中国省级金融集聚与经济增长的关系；徐沈（2011）利用空间基尼系数、HI 指数和行业集中度对我国金融集聚进行了分析。综合指标法则主要涉及构建金融集聚的指标体系，如丁艺等（2009）分别从金融总体规模、银行业、证券业、保险业 4 个方面选取了 23 个指标建立了金融集聚程度评价指标体系，对中国 31 个省（自治区、直辖市）[①]金融集聚程度进行了评价；马丹（2007）从经济规模、金融聚集程度、金融基础设施等方面构建了金融产业集聚的评价指标体系；梁颖（2006）则建立了国际金融集聚地的宏观评价指标体系。此外，胡坚和杨素兰（2003）、张泽慧（2005）、王仁祥和石丹（2005）、黄解宇和杨再斌（2006）等分别从金融中心的角度构建了不同的评价指标体系；殷兴山等（2003）、倪鹏飞和孙承平（2005）等分别构建了城市金融竞争力的评价指标体系。

在借鉴上述文献的基础上，本书基于金融发展背景、金融活动规模、金融活动密度及金融服务活跃程度等四个方面构建金融集聚水平测度指标体系。其中，金融发展背景包括经济活动总量、城市人口规模及经济发展水平，反映城市总体经济规模和发展水平；金融活动规模为城市的金融机构存贷款规模、居民储蓄规模及行业从业人员规模；金融活动密度从人均金融发展水平和区域金融活动密度两方面考察；金融服务活跃程度也即金融深度，为金融生产规模与地区生产总值的比值，反映城市经济货币化程度和资本活跃程度（表 4-1）。全部数据来源于相关年度的《中国城市统计年鉴》。

表 4-1 中心城市金融集聚水平测度指标体系

指标体系	指定定位	指标选择
金融发展背景	经济活动总量	地区生产总值
	城市人口规模	年末总人口
	经济发展水平	人均地区生产总值
金融活动规模	金融机构存款规模	年末金融机构存款余额
	金融机构贷款规模	年末金融机构贷款余额
	居民储蓄规模	城乡居民储蓄年末余额
	行业从业人员规模	金融业从业人员总数

---

① 不包括中国港、澳、台地区。

指标体系	指标定位	指标选择
金融活动密度	人均金融发展水平	年末金融机构存款、贷款余额总和/年末总人口
	金融活动密度	年末金融机构各项存款、贷款余额总和/城市辖区土地面积
金融服务活跃程度	金融深度	年末金融机构各项存款、贷款余额总和/地区生产总值

第二节　金融集聚水平因子分析

本书选用 2010 年、2005 年两个年度的数据资料，运用 SPSS 软件对我国内地 286 个中心城市的金融集聚水平进行因子分析。选择这两个年份，主要是考虑到我国各城市对金融业的普遍重视是从我国加入 WTO 后才开始的，2010 年和 2005 年分别为我国"十一五"计划和"十五"计划的结束年份，在时间上具有代表性。另外，这两个年份中本书所选指标数据具有较好的可获得性与完整性。

计算两个年度上述 10 个指标的相关系数矩阵并进行统计检验，发现大部分指标相关系数较高，各变量呈现较强的线性关系，适合因子分析，可以从中提取公共因子。

在进行 KMO 检验和巴特利球形检验（Bartlett Test of Sphericity）时发现，2010、2005 年两个年度的巴特利球形检验统计量观测值分别为 5210.310、5468.269，相应的概率 p 接近 0。如果显著性水平 α 为 0.05，由于概率 p 小于显著性水平 α，应拒绝零假设，认为相关系数矩阵与单位阵有显著差异。同时，两个年度的 KMO 检验值分别为 0.807、0.822，原有变量适合进行因子分析（表 4-2）。

表 4-2　巴特利球形检验和 KMO 检验

检验		2010 年	2005 年
KMO 检验		0.807	0.822
巴特利球形检验	χ^2	5210.310	5468.269
	df	45	45
	p	0.000	0.000

从表 4-3 可以发现，这两个年度的因子分析相关性检验、因子提取及因子载荷有着高度的一致性，这在一定程度上验证了上述指标体系选择的适用性及因子含义的稳定性。

表4-3　因子解释原有变量总方差情况

年份	序号	原始特征值			平方加载提取和			平方载荷旋转和		
		总计	方差	累计值	总计	方差	累计值	总计	方差	累计值
2010	1	6.836	68.358	68.358	6.836	68.358	68.358	5.629	56.292	56.292
	2	1.232	12.322	80.681	1.232	12.322	80.681	1.955	19.554	75.847
	3	1.126	11.256	91.937	1.126	11.256	91.937	1.609	16.090	91.937
	4	0.377	3.774	95.711						
	…	…	…	…						
2005	1	7.093	70.928	70.928	7.093	70.928	70.928	5.521	55.215	55.215
	2	1.137	11.372	82.300	1.137	11.372	82.300	2.042	20.416	75.631
	3	1.021	10.211	92.511	1.021	10.211	92.511	1.688	16.880	92.511
	4	0.383	3.826	96.337						
	…	…	…	…						

采用回归法计算2010年指标的因子得分系数，并用方差最大方法对因子载荷进行正交旋转，使得因子更具有命名解释性（表4-4）。可将评价指标体系中的10个指标降维为规模因子、质量因子和活跃程度等3个因子，这3因子解释中心城市金融集聚水平的累积方差贡献率达到91.937%。规模因子在年末金融机构贷款余额、年末金融机构存款余额、金融业从业人员总数、城乡居民储蓄年末余额、地区生产总值、年末总人口等6个指标上载荷较高，反映出城市的金融活动总量、经济规模、人口规模及行业从业人员规模，该因子方差贡献率达到56.292%，也说明金融集聚的最大影响因素是城市的经济总量与人口规模。质量因子在人均地区生产总值、人均金融存贷款余额2个指标上载荷较高，其因子方差贡献率为19.554%，反映城市的经济与金融发展水平与质量。活跃程度因子在金融深度、金融活动密度上载荷较高，其因子方差贡献率为16.090%，反映城市的金融服务的活跃程度与金融活动密度。

表4-4　因子载荷矩阵（2010年）

指标	项目		
	1	2	3
年末金融机构贷款余额	0.942	0.23	0.191
年末金融机构存款余额	0.938	0.201	0.197
金融业从业人员总数	0.938	0.183	0.186
城乡居民储蓄年末余额	0.930	0.244	0.213
地区生产总值	0.926	0.324	0.098

续表

指标	项目		
	1	2	3
年末总人口	0.907	0.087	0.075
人均地区生产总值	0.140	0.951	−0.168
人均金融存贷款余额	0.456	0.724	0.428
金融深度	0.111	−0.092	0.957
金融活动密度	0.444	0.469	0.559

如果以每个因子的方差贡献率为权数，对每个因子权数进行加权归一化处理，就可以得到因子的综合得分，计算公式为

$$F = 0.612F_1 + 0.213F_2 + 0.175F_3$$

其中，F 为金融集聚水平；F_1 为金融集聚规模；F_2 为金融集聚质量；F_3 为金融集聚活跃程度。

金融集聚指数各因子及综合得分的均值为 0，标准差为 1，其潜在的含义为因子得分越高，金融集聚水平越高，因子得分越低，金融集聚水平越低。若金融集聚指数为正值，则表示高于所有样本中心城市的平均水平，其金融活动影响力超出了所在的城市区域，具有省域乃至更大区域范围的金融服务能力；若金融集聚指数为负值，则表示低于所有样本中心城市的平均水平，其金融活动的影响力较小，并仅局限在城市所在区域。

第三节　中心城市金融集聚的等级与规模分布

一、中心城市金融集聚的空间分布

计算并考察 2010 年、2005 两个年度各中心城市金融集聚指数，用 ArcGIS 软件对 286 个中心城市的金融集聚指数进行空间分布展现（图 4-1，图 4-2），可以发现，我国金融集聚最为显著的区域主要集中在经济发达的长三角、环渤海和珠三角地区，上海、北京、天津、广州、深圳为全国性金融集聚服务中心城市。但值得注意的是，长三角地区只有上海一个中心，环渤海地区为北京、天津主副双中心，珠三角则为广州、深圳并列双中心。其他区域如东北地区的沈阳、中部地区的武汉、西南地区的成都和重庆、西北地区的西安是所在区域金融集聚指数较高的中心城市。东部沿海经济发达省份中心城市金融集聚指数高于全国平均水平的城市较多，广大中西部、东北地区往往只有省会或副中心城市的集聚指数较高，其他的地级城市金融集聚指

数普遍低于全国平均水平。这说明在全国尺度上，我国金融活动倾向于向全国经济中心、区域经济中心及省会城市等规模等级较高的中心城市集聚，其金融服务能力相应地面向全国、大区及所在省域。而一般意义上的地级中心城市在接受其上一级中心城市金融辐射的同时，其金融服务则主要局限在城市所在的地市。

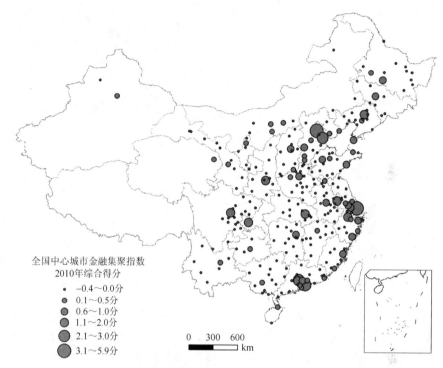

图 4-1　中心城市金融集聚水平空间分布示意图（2010 年）

二、全国中心城市金融集聚等级分类

根据全国中心城市金融集聚因子在 2010 年度的综合得分情况，可以将全国地级以上中心城市的金融集聚水平划分为全国性金融中心、全国性金融次中心、区域性金融中心、省域金融中心及地方金融中心五种类型。2010 年，上海、北京金融集聚指数分别高达 5.91、5.76，远远高于其他地市，其金融集聚规模与影响力具有全国性乃至世界性金融中心的意义，两者又是长三角、环渤海两大经济区的核心，其全国性金融中心地位无可争议。深圳、广州和天津的金融集聚指数分别为 2.89、2.82、2.11，其金融集聚水平也明显高于其他城市，深圳、广州为珠三角经济区的核心城市，天津为京津冀经济区的副中心城市，可以将三城市列为全国性金融次中心。重庆、杭州、成都、武汉、南京、西安、沈阳等城市的金融集聚指数相对全国性金融

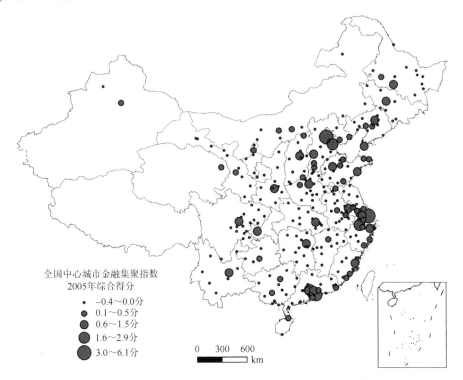

图 4-2　中心城市金融集聚水平空间分布示意图（2005 年）

中心较低，却又明显高于一般意义的省会中心城市，将其定为区域性金融中心城市，其金融影响力具有跨省域的大区意义，如重庆、成都为中国西南地区金融中心，武汉为中部地区金融中心，西安为西北地区金融中心、沈阳为东北地区金融中心。佛山的金融集聚指数也明显高于一般意义的省会中心城市，它虽然不是跨省域金融中心，但由于广州、佛山一体化进程的加快，二者联合将促使广州向全国性金融中心城市迈进。其余省会城市如郑州、长沙、济南等，以及包括大连、宁波、东莞、青岛、苏州、无锡、温州、厦门等在内的重要中心城市，金融集聚指数均高于全国平均水平，在其所属省域具有较强的金融中心功能，可以定为省域中心城市。除了上述几种类型，其余的地级以上中心城市如常州、唐山、绍兴、晋城、珠海、中山、汕头、南通、烟台、鄂尔多斯、淄博、大庆等，其金融集聚指数基本上都低于全国平均水平，只具有属地金融中心意义，可定为地方金融中心（表 4-5）。

表 4-5　全国中心城市金融集聚水平等级划分（2010 年）

城市金融地位	综合得分	城市
全国性金融中心	＞5 分	上海、北京
全国性金融次中心	2～5 分	深圳、广州、天津

城市金融地位	综合得分	城市
区域性金融中心	1～2 分	重庆、杭州、成都、武汉、南京、西安、佛山、沈阳
省域金融中心	0.5～2 分	其余全部省会城市及大连、宁波、东莞、青岛、苏州、无锡、温州、厦门
地方金融中心	<0.5 分	常州、唐山、绍兴、晋城、珠海、中山、汕头、南通、烟台、鄂尔多斯、淄博、大庆等地级城市等

三、中心城市金融集聚的规模分布

将 2010 年中心城市金融集聚指数按其市辖区人口规模进行分类汇总，得到各中心城市金融集聚水平的规模分布情况（表 4-6，图 4-3）。可以发现，中心城市金

表 4-6　全国中心城市金融集聚水平规模分布（2010 年）

城市级别/万人	综合得分总和/分	单个城市平均得分/分	城市数量/个
>1000	16.45	4.11	4
800～1000	2.11	2.11	1
600～700	2.82	2.82	1
500～600	7.45	1.06	7
400～500	2.52	1.26	2
300～400	3.96	0.66	6
200～300	7.94	0.35	23
100～200	−8.34	−0.10	82
50～100	−23.64	−0.21	114
20～50	−10.58	−0.24	44
<20	−0.50	−0.25	2

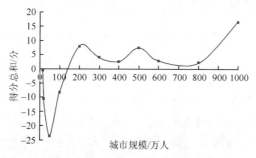

图 4-3　全国中心城市金融集聚指数规模分布示意图（2010 年）

融集聚与其人口规模有着极强的相关性（图 4-4）。城市规模与等级越高，城市的金融集聚指数越高，其金融服务能力就越强。从全国尺度上考察，金融活动主要集聚在 200 万人以上的特大城市，大于 200 万人的中心城市其金融集聚指数大都为正值，反映了其金融服务能力具有区域乃至全国意义；小于 200 万人的中心城市其金融指数基本上都为负值，其金融服务能力为地方意义。

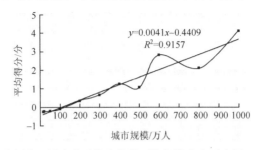

图 4-4　全国中心城市金融集聚指数平均规模分布示意图（2010 年）

四、中心城市金融集聚各因子的空间分布

金融集聚 3 因子得分的空间分布情况如图 4-5～图 4-7 所示。规模因子指数较高的中心城市主要集中在长三角、珠三角、京津冀、成渝等四大区域，反映这四个区域的经济活动规模庞大，为全国金融活动最重要的四个经济区。从金融集聚质量因子来看，除了长三角、珠三角、环渤海区域的重要中心城市，内陆地区人均经济发展水平较高的一些省会中心城市及部分工业化城市，如大庆、鄂尔多斯、鞍山、包头、克拉玛依、马鞍山、十堰、玉溪、铜陵等，金融集聚质量指数也相对较高，反映出专业化的工业活动对金融服务的较强需求。从金融集聚活跃程度及金融集聚深度指数的空间分布来看，指数较高的中心城市主要集中在山西、京津冀、长三角、珠三角等地区，反映出上述地区金融活动比较活跃，其各级中心城市的金融密度及金融机构存贷款金额相对当地地方生产总值比例较高。

五、主要城市金融集聚及省域集中度分析

为分析金融活动在主要中心城市集聚的程度，本书将全部省会及计划单列城市的金融集聚指数及其在所属省份中的集中度进行汇总（表 4-7）。集聚规模因子指数最高的为上海、北京，分别高达 9.37 和 9.08，其次为深圳、广州、天津和重庆，规模指数为 3～5。集聚质量因子指数较高的有广州、深圳、杭州、成都、大连、宁波等城市。集聚深度因子指数较高的有北京、杭州、成都、西安、郑州、石家庄、太原、福州等综合性中心城市。上海、深圳、广州、天津、重庆等工业化程度比较高的城市，由于其地区生产总值规模较大，金融活跃程度相对同等级别的城市偏低。

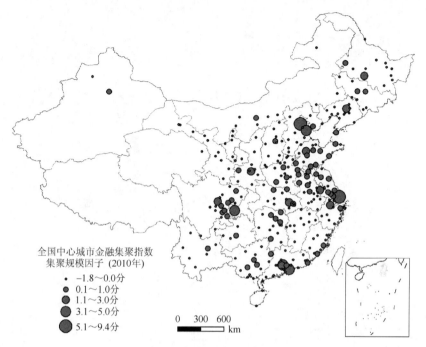

全国中心城市金融集聚指数
集聚规模因子（2010年）

· -1.8~0.0分
· 0.1~1.0分
○ 1.1~3.0分
○ 3.1~5.0分
○ 5.1~9.4分

0　300　600
━━━━ km

图 4-5　中心城市金融集聚指数规模因子空间分布示意图（2010）

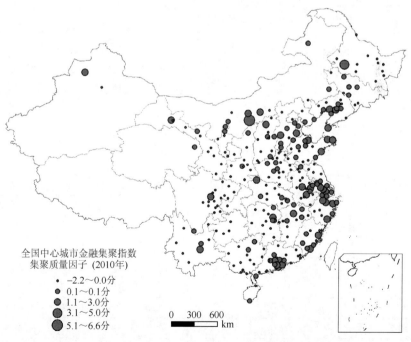

全国中心城市金融集聚指数
集聚质量因子（2010年）

· -2.2~0.0分
· 0.1~0.1分
○ 1.1~3.0分
○ 3.1~5.0分
○ 5.1~6.6分

0　300　600
━━━━ km

图 4-6　中心城市金融集聚指数质量因子空间分布示意图（2010 年）

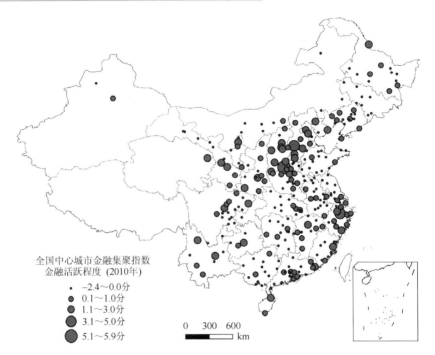

全国中心城市金融集聚指数
金融活跃程度（2010年）
- · −2.4~0.0分
- · 0.1~1.0分
- ● 1.1~3.0分
- ● 3.1~5.0分
- ● 5.1~5.9分

0　300　600
——— km

图4-7　中心城市金融集聚指数活跃程度空间分布示意图（2010年）

表4-7　全国主要中心城市金融集聚指数及其所在省域的集中度（2010年）

城市综合得分在全国位次		2010年金融集聚指数				
		规模因子	质量因子	深度因子	综合得分/分	省域集中度/%
1	上海	9.37	0.13	0.84	5.91	100
2	北京	9.08	−0.24	1.45	5.76	100
3	深圳	4.01	1.62	0.51	2.89	34.17
4	广州	3.61	2.31	0.66	2.82	33.34
5	天津	3.54	0.40	−0.81	2.11	100
6	重庆	4.28	−2.22	−1.53	1.88	100
7	杭州	1.93	1.64	1.90	1.87	50.83
8	成都	1.56	1.13	1.74	1.50	100
9	武汉	1.82	0.64	0.42	1.33	100
10	南京	1.77	0.53	0.59	1.30	39.09
12	西安	1.61	−0.44	1.35	1.13	100
13	沈阳	1.56	0.51	−0.21	1.02	49.04
14	郑州	0.67	0.18	2.97	0.97	92.84
15	大连	0.75	2.12	0.23	0.96	46.51

城市综合得分在全国位次		2010 年金融集聚指数				
		规模因子	质量因子	深度因子	综合得分/分	省域集中度/%
16	长沙	0.45	2.08	0.97	0.89	100
17	宁波	0.55	2.07	0.62	0.89	24.14
18	济南	1.10	0.73	0.30	0.88	42.68
20	青岛	0.35	2.61	0.33	0.83	40.10
21	石家庄	−0.26	1.35	3.62	0.76	55.49
23	哈尔滨	1.17	−0.19	−0.16	0.65	83.27
25	太原	0.21	0.73	1.84	0.61	68.85
26	福州	−0.05	1.19	1.98	0.57	55.43
27	合肥	0.00	1.86	0.72	0.52	100
28	长春	0.80	0.33	−0.26	0.52	100
30	南昌	−0.04	1.23	1.47	0.49	100
31	厦门	0.08	1.26	0.82	0.46	44.54
32	昆明	0.27	0.02	1.42	0.42	100
35	南宁	0.39	−0.12	0.63	0.32	100
40	乌鲁木齐	0.20	−0.04	0.75	0.24	100
41	兰州	−0.08	−0.03	1.67	0.24	100
42	贵阳	0.05	−0.56	1.74	0.22	100
48	西宁	−0.60	0.41	2.45	0.15	100
49	呼和浩特	−0.14	1.14	−0.07	0.15	33.23
51	海口	−0.24	−0.42	2.06	0.12	100
61	银川	−0.32	0.14	1.07	0.02	100
因子权重		0.612	0.213	0.175	1.000	—
方差贡献率/%		56.29	19.55	16.09	91.94	—

注：本表所列城市为国家计划单列城市和省会城市，不包括拉萨；省域集中度为该城市占所在省份综合因子正值得分比例

东部沿海除了上海、北京、天津三个直辖市由于统计口径的原因，集中度为100%，其他具有双核心中心城市的地区，如广东的广州-深圳、浙江的杭州-宁波、山东的济南-青岛、福建的福州-厦门、辽宁的沈阳-大连等，双中心在省域的集中度也相对较高，基本上占据了全省绝大部分的金融集聚份额。广大中西部省份的省会中心城市则几乎集中了全省的全部份额。这进一步说明，金融集聚具有强烈的向心性特征，表明一个省域的金融服务中心主要集中在其省会及副中心城市。

第四节　全国中心城市金融集聚的空间格局及变化

　　汇总 2010 年、2005 年我国各地区地级以上中心城市金融集聚的综合得分和正值得分，并进行其变化对比（表 4-8，图 4-8，见彩图），可以发现，从两个年份得

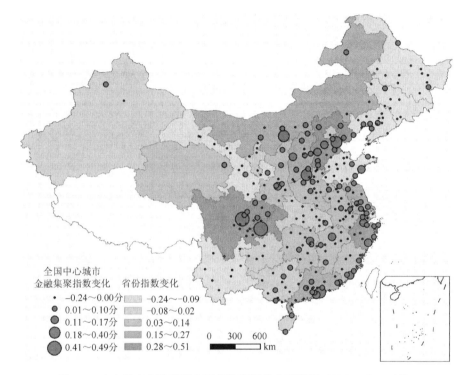

图 4-8　中心城市金融集聚水平变化空间分布示意图（2005～2010 年）

分大小看，金融集聚指数较高、金融服务能力强的区域依次集中在沪苏浙、京津冀和广东省，然后是成渝、辽宁和山东等省份，而中西部的其他省区金融集聚能力较弱。从 2010 年相对 2005 年的变化情况看，大部分省份金融集聚指数变化率都比较小，全国尺度上只有约年均 1% 的增幅，体现出金融业地理不平衡发展具有显著的路径依赖的特征。尽管如此，金融业的空间重组过程仍会导致地理格局的一些明显变化。其中，金融集聚指数增幅较大的省份依次有浙江、重庆、四川、河北、天津、内蒙古、江苏、山西、广东、湖南、陕西、江西、福建、河南、安徽等，而上海、山东、北京及东北三省则出现减小趋势。这反映出金融集聚有以上海、北京这两大全国性金融中心为核心，向邻近区域扩散的趋势，并进一步向中部和近西部地区经济有活力的中心城市进行传播，但远西部地区的金融集聚水平

则有相对下降的趋势。值得注意的是，2005 年上海与北京、北京与天津在金融集聚指数得分上分别有 0.34 和 3.97 的分差，但到 2010 年，分差分别缩小到 0.15 和 3.65。在国家推进上海国际金融中心和北京世界城市建设的战略背景下，上海和北京金融集聚水平的相对下降应该引起决策者的重视。同时，东北三省金融集聚水平的相对下降和中部六省以及成渝地区的整体上升形成了鲜明的对照；在环渤海地区，辽宁、山东金融集聚水平的相对下降与河北、天津的整体上升形成了鲜明的对比。

表 4-8　我国各地区金融集聚水平变化情况表（2010 年、2005 年）

区域	省份	2010 年		2005 年		2010 年–2005 年所得
		综合得分	综合得分正值汇总	综合得分	综合得分正值汇总	
东北地区	黑龙江	−1.86	0.78	−1.59	0.89	−0.11
	辽宁	0.49	2.09	0.70	2.18	−0.09
	吉林	−1.37	0.52	−0.98	0.63	−0.11
中部地区	湖南	−1.81	0.89	−1.79	0.75	0.14
	湖北	−1.21	1.33	−0.93	1.33	0.00
	河南	−2.03	1.04	−1.62	0.95	0.09
	安徽	−3.15	0.52	−2.57	0.45	0.07
	江西	−2.02	0.49	−2.09	0.37	0.12
	山西	−0.41	0.88	−1.00	0.70	0.18
东部地区	沪苏浙	11.38	12.91	10.95	12.45	0.46
	上海	5.91	5.91	6.15	6.15	−0.24
	江苏	2.55	3.33	2.34	3.14	0.19
	浙江	2.92	3.67	2.46	3.16	0.51
	京津冀	8.81	9.25	7.92	8.64	0.61
	北京	5.76	5.76	5.81	5.81	−0.05
	天津	2.11	2.11	1.84	1.84	0.27
	河北	0.94	1.37	0.28	0.99	0.38
	广东	5.87	8.46	5.83	8.30	0.16
	山东	0.18	2.06	0.71	2.15	−0.09
	福建	−0.40	1.03	−0.29	0.92	0.11
	海南	−0.05	0.12	−0.16	0.11	0.01
西部地区	成渝	−0.74	3.38	−1.53	2.49	0.89
	重庆	1.88	1.88	1.39	1.39	0.49
	四川	−2.63	1.50	−2.92	1.10	0.40

续表

区域	省份	2010 年		2005 年		2010 年–2005 年所得
		综合得分	综合得分正值汇总	综合得分	综合得分正值汇总	
西部地区	内蒙古	−1.08	0.44	−1.47	0.21	0.23
	广西	−3.25	0.32	−3.08	0.30	0.02
	陕西	−1.01	1.13	−1.22	1.00	0.13
	云南	−1.54	0.42	−1.21	0.57	−0.15
	甘肃	−3.19	0.24	−2.89	0.33	−0.09
	贵州	−0.57	0.22	−0.44	0.25	−0.03
	青海	0.15	0.15	0.08	0.08	0.07
	宁夏	−1.33	0.02	−1.17	0.08	−0.06
	新疆	0.14	0.24	0.16	0.28	−0.04
全国		0.00	48.93	0.00	46.41	2.52

注：本表不包括西藏

　　从整体上来看，中国中心城市金融业集聚的空间格局与全国经济发展的总体格局是高度吻合的，较好地体现了经济活动集聚与扩散的等级规模分布特征。中心城市是各类服务业集聚的区域中心，作为高端服务业的金融业，其空间集聚特性更加明显，尤其是全国性经济中心城市的金融集聚程度特别高。在国家层面上，加快金融服务向全国或大区域经济中心如上海、北京、深圳、广州、天津等特大城市集聚的政策导向，将会进一步提升这些城市的金融中心地位。但是，在各地都普遍支持金融业发展的新的政策背景下，在省域层面，努力提高金融业向省会及区域中心城市的集聚规模与水平，建立与省域经济发展水平相适应的区域金融服务中心，对促进区域经济发展和省区之间的协调发展也十分重要。在全国经济转型大背景与金融业改革深入发展的新时期，由于我国存在着经济结构与发展水平的巨大区域差异，金融业服务能力在向东部沿海三大经济区空间集聚的同时，中西部地区部分经济发展水平较高、经济发展活力较强的地区，如中部六省以及成渝地区也集聚了相对较强的金融服务能力。这一方面是上海、北京等沿海金融中心的近域扩散与等级扩散的结果，另一方面也是这些地区发挥经济、人口、资源、区位等区域特色，自我发展与主动吸纳东部产业转移的结果。

第五节　我国金融业集聚格局及变化特征

　　发展金融产业、促进金融产业集聚、建设金融中心城市，是现阶段我国众多省份和城市普遍实施的一项重大战略。但金融业与制造业和传统的服务相比，在空间上具有更为明显的集聚特征。本书通过对我国内地 286 个地级以上中心城市金融业集聚水平的因子分析和 GIS 分析，揭示了我国金融业集聚的空间格局及其变化特征。研究得到如下结论：

第一，通过两个年度金融集聚水平相关指标的因子分析，可以将中心城市金融集聚的因子降维成规模因子、质量因子和活跃程度 3 个因子。2010 年、2005 年两个年度的因子分析结果有着高度的一致性，显示了本书所采用因子分析方法的适用性，也表明计算结果有着良好的稳定性。

第二，研究构造的金融集聚指数各因子得分及其综合得分的均值为 0，标准差为 1，因子得分的高低代表着金融集聚水平的高低。金融集聚指数表征了中心城市金融业对外服务能力的大小。如果金融集聚指数为正值，则表示高于全国中心城市的平均水平，其金融活动影响力超出了所在的城市区域，具有省域乃至更大区域范围的金融服务能力；若金融集聚指数为负值，则表示低于全国中心城市的平均水平，其金融活动的影响力较小，并仅局限在城市所在区域。

第三，根据金融集聚因子的差异，可以将全国地级以上中心城市的金融集聚水平划分为全国性金融中心、全国性金融次中心、区域性金融中心、省域金融中心及地方金融中心五种类型。前两种类型目前仅有上海、北京、深圳、广州、天津 5 个城市，体现出金融集聚在国家层面高度集中在长三角、环渤海和珠三角地区，但三地区具有明显不同的等级结构特征。长三角地区只有上海一个中心，而环渤海地区为北京-天津主副双中心结构，珠三角地区为广州-深圳并列双中心结构。

第四，金融集聚与其城市规模有着极强的相关性，全国金融活动主要集聚在 200 万人以上的特大城市。各省份的金融集聚中心一般为其省会城市及其副中心城市，并且集聚了省域绝大部分的金融服务功能。

第五，2010 年与 2005 年相比，各中心城市金融集聚指数变化幅度相对较小，全国尺度上只有约年均 1%的增幅，体现出金融业集聚的空间格局具有显著路径依赖的特征。但伴随着金融业的地理重组过程，也出现了由全国性金融中心向邻近区域扩散的趋势，并向中部和近西部地区的中心城市不断传播，但上海、北京、东北地区、山东和远西部地区金融集聚水平的相对下降需要引起关注。

第五章 | 郑东新区金融产业发展的特征

第一节　郑东新区金融业发展历程

一、郑州金融业的历史基础

近代郑州铁路的兴建及因之带来的各行业的蓬勃发展为金融业的兴起提供了绝佳的契机，并为其日后的迅速发展打下了坚实的基础。郑州成为交通中心后，各地商人等接踵而至，各地的货物也大都以此为吞吐集散地，各行业渐次兴起，逐渐使郑州成为河南的商业贸易中心，近代郑州的金融业就是在这样的大形势下发展起来的。随着郑州开埠、铁路兴建与棉花等行业的发展，中央银行、中国银行、交通银行、实业银行、大陆银行、金城银行、通商银行、西北银行等全国性商业银行先后在郑州设立分支机构，加之河南农工银行、郑县银行等地方性银行，达 29 家之多。并且由于对存户态度灵活、手续简便，银号在这一时期也发展起来，郑州金融业达到了黄金时代。而随后受连年战乱、天灾人祸以及世界经济危机（1929～1933 年）的影响，尤其是在抗日战争期间，郑州两度沦陷，几成孤岛，各银行先后撤走，地方银行和银号也都挟资逃至西安，银行和银号消失殆尽，郑州金融业遭受致命打击。直至 1948 年郑州解放，郑州金融业才进入一个新的发展历程。新中国成立后，河南省会迁至郑州，加之其是陇海、京广两条南北大通道的交汇处，商贸业迅速发展，金融业在这一时期也获得了一定程度的恢复与发展。据统计，郑州市金融存款余额由 1950 年的 768 万元增加到 1978 年的 15.87 亿元，金融贷款余额由 1950 年的 140 万元增加到 1978 年的 14.45 亿元；而市辖区金融存款余额由 1950 年的 698 万元增加到 1978 年的 14.77 亿元，金融贷款余额由 1950 年的 90 万元增加到 1978 年的 11.23 亿元。四大国有银行网点数量在 1951～1978 年增加了 35 家，并主要集中于市区内的主要干道上，靠近当时的主要国有工厂和行政区政府区位，沿建设路、棉纺路、金水路形成零星线状格局（李小建和周雄飞，2006）。

二、改革开放后郑州现代金融业的奠基

改革开放以来，郑州确定了以商贸城建设为龙头促进经济全面发展的战略目标，并于 1992 被辟为内陆开放城市，实行沿海开放城市政策，1997 年被批准为商

贸中心改革试点城市，郑州迅速成为内陆地区的一大商品集散中心和商贸中心。在此背景下，郑州金融业进一步发展与壮大，中国农业银行河南省分行、中国银行郑州分行、中国建设银行河南省分行、中国工商银行河南省分行相继成立，四大国有专业银行恢复与建立，标志着郑州金融由一元向多元转化的开始。随后，全国首家城市信用社在郑州出现，交通银行郑州支行、中国农业发展银行河南省分行成立、国家开发银行河南省分行、中国信达资产管理公司郑州办事处、中国华融资产管理公司郑州办事处、中国长城资产管理公司郑州办事处、中国东方资产管理公司郑州办事处成立、中国银联股份有限公司郑州分公司、中国银监会河南监管局成立先后成立，郑州银行业不断发展壮大。在这一时期，证券（期货）业也获得了一定程度的发展，郑州市证券公司与河南省证券公司相继成立；郑州市百货文化用品股份有限公司作为一家股份试点企业，向社会发行股票，河南省第一家投资基金——豫园基金设立，河南第一家上市企业——郑州白鸽集团股份有限公司在深圳证券交易所上市，河南省证券管理委员会、中国证监会河南监管局相继成立。特别是被誉为中国第一市的郑州商品交易所成立，其作为全国三家期货交易所之一，郑州价格迅速成为我国粮食的指导价格，其小麦和棉花已纳入全球报价体系。同时，中国人民保险股份有限公司河南省分公司（分设为中保财产保险有限公司河南省分公司和中保人寿保险河南省分公司）、中国人寿保险公司河南省分公司、中国保险业监督管理委员会郑州办事处、河南保监局也相继成立，保险业逐渐发展起来。在这一阶段，银行机构的空间分布呈局部集中和整体扩散的特征。例如，四大国有银行的网点除了在市中心区与散布各主要街区和主要道路之外，开始随城市外延而向外扩展，高收入区、大客户区（如金水路、黄河路及其周围地区，大学路、陇海路一带）银行网点更加集中化，形成东西两大片集中区（李小建和周雄飞，2006）。

第二节　郑东新区金融业内部结构

2013 年度，郑东新区驻区金融机构各项存款余额为 25 855.34 亿元，占全省的 70.41%，各项贷款余额为 15 108.17 亿元，占全省的 64.31%。驻区保险机构实现保费收入 466 亿元，占全省的 50.84%。全年实现金融业增加值完成 94.64 亿元，同比增长 27.6%，占三产增加值的 51.17%，占 GDP 的 43.49%。

2014 年第一季度，驻区金融机构各项存款余额达 28 352.11 亿元，占全省的 71%，各项贷款余额达 16 178.55 亿元，占全省的 64%，驻区保险机构实现保费收入占全省的 51.77%。金融业增加值占比明显提升。2014 年第一季度，金融业增加值完成 21.84 亿元，占三产增加值的 55.5%，占 GDP 的 48.78%，比去年同期分别提升了 3.24 个和 6.38 个百分点。围绕"两圆一带一方块",在环形中央商务区（CBD）、环形龙湖金融中心,以及连接 CBD 和龙湖金融中心之间运河两侧建筑群区内累计入驻各类金融机构 207 家,其中人民银行、河南证监局等机构 2 家,汇丰银行、渣打银行、东亚银行 3 家境外银行,中国银行、中国农业银行、中国工商银行、中国民生银行、广发银行等 8 家全国性银行省级分行,中国人寿、中国人保等 20 余家保险机构,以及中原证券、中原信托、郑州银行等本地法人金融机构汇聚于此。此外,全省仅有的 2 家法人期货机构（万达期货、中原期货）,以及 13 家期货营业部扎根于此;并且郑州商品交易所、万达期货先后设立了研究所、博士后工作站,集聚了一批金融创新人才,万达期货还创建了大宗商品风险管理综合金融服务平台（图 5-1）。

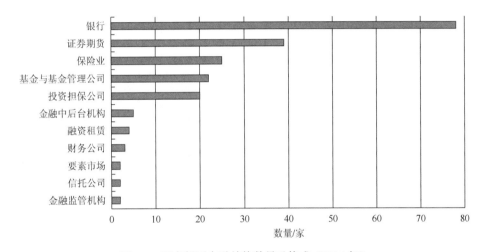

图 5-1　郑东新区金融结构数量及构成（2014 年）

在国家政策及金融城建设的指导下,以郑东新区金融集聚核心功能区建设为契机,郑东新区目前明确提出了建设金融机构集聚中心、要素市场交易中心、商品期货定价中心、金融后台服务中心及金融服务改革创新试验区的战略目标,积极构建国家区域性金融中心（表 5-1）。

表 5-1　郑东新区定位及发展策略

	中心定位	发展策略
国家区域性金融中心	金融机构集聚中心	积极引进境内外金融机构和金融人才,培育中介服务,吸引跨国公司区域结算中心;延伸金融服务产业链条,提高金融服务水平,增强金融集聚效应和辐射效应
	要素市场交易中心	设立中期票据市场、券商自营柜台交易市场、区域性股权交易所、产权交易中心,形成中原地区主要金融资源交易中心;创办大宗农产品、电子零组件、稀贵金属等交易市场,构建统一有序、规范的大宗要素交易平台

续表

	中心定位	发展策略
国家区域性 金融中心	商品期货定价 中心	进一步提高郑州商品交易所交易活跃度，增强在国际金融市场的定价权；研究开发具有区域优势的战略性期货产品
	金融后台服务 中心	规划建设金融后台服务园区，吸引金融机构和跨国公司后台服务项目、服务外包企业；引进第三方支付平台、探索设立云计算公共服务平台，发展金融电子商务产业金融服务
	金融服务改革 创新试验区	在国家政策支持下，积极探索构建新金融服务体系，争取先行先试政策

一、银行业

依托郑州市优良的金融产业基础，郑东新区吸引了大批优秀的国内外银行在这里设立分支机构。2013 年，郑东新区银行机构数达到 78 家，其中包括东亚银行郑州分行、汇丰银行郑州分行、渣打银行郑州分行等 3 家境外银行，中国银行、中国农业银行、中国工商银行、中国建设银行、中国民生银行、广发银行等 8 家全国性银行省级分行，河南省农村信用社联合社、郑州银行、郑州市市区农村信用合作联社等本地银行总部 3 家，各银行机构支行 62 家。此外，还有中国人民银行郑州中心支行、河南证监局等金融管理和监督部门。截至 2013 年 12 月底，驻区金融机构各项存款余额为 25 855.34 亿元，占全省的 70.41%，较 2010 年实现存款余额总量翻番，占全省比例提高了 28.51 个百分点；各项贷款余额为 15 108.17亿元，占全省的 64.31%，较 2010 年实现贷款余额总量翻番，占全省比例提高了27.07 个百分点（表 5-2）。

表 5-2　郑东新区金融系统存贷款余额指标（2010～2013 年）

年份	金融系统存款		金融系统贷款	
	余额/亿元	占全省比重/%	余额/亿元	占全省比重/%
2010	10 585.4	41.9	6 028.2	37.24
2011	10 837.84	40.48	6 398.85	36.26
2012	22 159.25	70.7	12 995.11	64.07
2013	25 855.34	70.41	15 108.17	64.31

外资银行发展速度迅速。郑州市开放的商业环境、活跃的经济氛围吸引了汇丰银行、东亚银行、渣打银行先后进入，并且发展业绩突出。东亚银行郑州分行自 2010 年 12 月入驻郑东新区，半年内即实现赢利，2013 年存款余额 29.05 亿元，贷款余额 24.95 亿元，实现利润 0.54 亿元；汇丰银行郑州分行自 2008 年 10 月入

驻郑东新区，2013 年存款余额 8.32 亿元，贷款余额 23.99 亿元，实现利润 0.52 亿元；渣打银行郑州分行自 2013 年 11 月入驻郑东新区，2014 年 4 月实现赢利。

交通银行、浦发银行、广发银行、平安银行等多家知名中资银行得到了良好发展，实现了良好的商业业绩。交通银行河南省分行在全国银行、证券、保险等系统中，培养出中国民生银行董事长董文标等数十位省级以上机构领导；在交通银行系统乃至全国银行系统是第一家开放 VIP 银行理财室，第一家开通银行电视频道，第一家开放机场贵宾候机室，第一家手机银行，第一家自助银行，第一家网上银行，创造了多项"第一"。广发银行郑州分行是最早在广东之外设立的中心管辖行，在当地市场所占份额已连续多年位居广发银行系统第一位，是广发银行系统内第一家存款突破 200 亿元人民币的分行。招商银行郑州分行 2013 年零售综合业务和信贷业务荣获系统内"十佳分行"称号；2013 年私人银行业务居全行第二位。浦发银行郑州分行自成立之日，郑州分行存款余额、贷款余额、账面利润连续四年以上居郑州、天津、大连、济南分行四家新设分行第一位，开业后，连续三年存贷款增量居浦发银行系统内第一位，人均效益居前三位。平安银行郑州分行 2013 年贸融业务全年业务量达到 31.53 亿元人民币，在总行关键指标考核及总行综合考核中，位列全行第一位。民生银行郑州分行开业当年存贷款余额双双突破 100 亿元人民币，资产总额突破 300 亿元人民币，在民生银行系统内，人均存款、人均贷款人均利润等指标连续多年位居第一。

二、保险业

2013 年，河南省保险业实现保费收入 916.52 亿元，财产险保费收入 243.55 亿元，居中部六省第一位，全国第九位，同比增长 21.98%；人身险保费收入 672.98 亿元，居中部六省第一位，全国第五位，同比增长 4.91%。基于郑东新区完善的保险业环境、广阔的保险业市场，中国人寿保险、新华人寿保险、平安财产保险、太平人寿、中国人民人寿保险等 26 家保险机构在郑东新区设立了省级分支机构，2013 年度，郑东新区保险业保费收入达到 466 亿元，占全省比例 50.84%。

三、证券业

截止到 2013 年,郑东新区共进驻证券机构 21 家,全年实现交易额约 4565.9 亿元。其中，中原证券是河南省内注册的唯一法人证券公司，主要进行投资银行、直接投资、自营投资、证券经纪、融资融券与股权质押融资等资本中介业务、资产管理、期货业务和衍生品等创新业务。在北京、上海、天津、深圳及全国各大城市设有 70 多家证券期货分支经营机构，还控股中原期货公司、中原英石基金公司，全资拥有中鼎开源创投公司及其控股的中证开元创投公司，初步具备了金融控股集团的基本框架。该公司成立十多年以来，各项业务发展很快，2014 年 6 月 25 日于香港成功上市，是中国内地 116 家证券公司中的第 4 家、省级证券公司中首家在香港上市的证券公司，也是河南省第一家上市的金融企业。据中国证券业协会公布 2013 年度证券公司会员经营业绩排名中，中原证券总资产、净资产、净资本、营业收入及净利润分别排名第 44、51、52、40、1 位。[①] 此外，2014 年上半年，区内上市公司本地股本总数达到 25.17 亿股，上市公司 A 股流动总市值达到 78.54 亿元，上市公司总资产达到 401.21 亿元。其中中原高速（600020）（河南省交通行业唯一一家上市公司，上海证券交易所上市交易）、中原环保（000544）（深圳证券交易所上市交易）两家上市企业，2014 年 10 月两家企业总股本分别达到 22.5 亿股、2.69 亿股，营业收入分别达到 14.52 亿元、2.53 亿元，净利润分别达到 31 186.30 万元、3563.53 万元（图 5-2）。

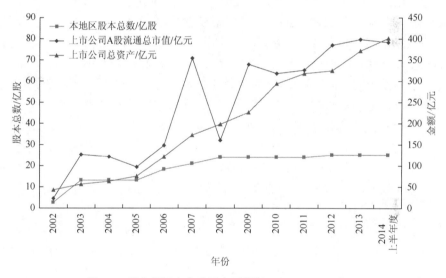

图 5-2　郑东新区上市公司主要指标（2002～2014 年）

第三节　郑东新区金融业空间布局

围绕郑东新区金融城核心空间布局的"两圆、一带、一方块"结构，截止到 2014 年 10 月，共集聚银行、期货、证券、保险等金融机构 224 家。其中，"两圆"的 CBD 集聚了中国人民银行、中国银行、中国农业银行等省级分行以及郑州粮食批发市场、郑州商品交易所、万达期货、中银保险、国信期货、中原证券、中原

---

① 中国证券业协会公布 2013 年度证券公司会员经营业绩排名情况，中国证券业协会网（http://www.sac.net.cn/hysj/zqgsyjpm）。

期货等国有银行与期货交易机构、证券、保险机构；龙湖金融中心内环建筑群主要集聚了恒丰银行、中国光大银行、中信银行、平安银行等股份制商业银行以及中原证券、百瑞信托、人财保险、中国人寿等证券期货、保险金融机构，外环建筑群主要布局外资金融机构、国有大型金融机构、法人金融机构；运河两侧主要集聚了中国平煤神马金融资本运营中心等金融机构前中台、投资类公司总部；"一方块"作为国家电子商务示范基地核心区，集聚了太平洋保险后台、中国人寿后台、中国民生银行后台、平安银行后台等金融机构数据中心、灾备中心、呼叫中心、电销中心、票据档案中心等金融后台机构。

第四节 郑东新区金融产业的网络特征

为考察郑东新区金融产业网络特征，本书分别设计了郑东新区金融企业联系网络调查问卷与郑东新区金融产业总体发展情况调查问卷。问卷通过郑东新区金融局进行发放与回收，并专门委派问卷小组，就企业填写问卷进行问卷答疑与辅助填写，时间共经历 1.5 个月（2014 年 8 月 24 日至 2014 年 10 月 9 日），共回收金融业总体发展情况调查问卷 85 份，企业联系调查问卷 72 份，去除无效以及重复调查问卷，分别剩余 71 份、55 份，占比重分别达到 83.5%、76.4%。

对于企业联系调查问卷，本书采用社会网络分析的专业软件（UCINET6.0）进行网络分析。我们对每一个企业的调查问卷所联系的企业进行梳理，将有关系的金融机构赋值为 1，无关系的金融机构赋值为 0。如此，对于有 n 个样本节点来说，就得到个 $n×n$ 的网络结构矩阵。本书共找出 63×63 个的金融机构关系网络矩阵。

反映网络结构特征的变量很多，本书只从网络的整体结构和个体结构两个层面分析一些主要的变量。整体网络结构的指标选取较为简单，主要针对网络密度（network density）做一分析，重点还在个体网络结构的分析上，个体网络结构主要测量单个节点的程度中心性（degree centrality）指标、外向程度中心性（out-degree centrality）指标、内向程度中心性（in-degree centrality）指标和中介度（betweenness）指标。

一、网络密度

网络密度是网络最重要的整体结构属性之一，其可用网络中节点之间实际连接对的数目与网络中所有可能连接对的比例来测度，一个高密度的网络可以被定义为由网络节点间大量的连接所组成。如果整体网是无向关系网，其中有 n 个行动者（节点），那么其中包含的关系总数在理论上的最大可能值是 $n（n–1）/2$。密度值为 0～1，越接近 1，网络越密集，反之越稀疏（图 5-3）。

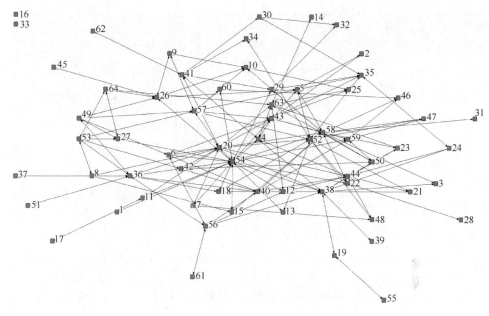

图 5-3　郑东新区关系网络图

总体上，涉及的 63 个金融机构形成了联系网络，联系条数共为 292 条，网络密度为 0.0724，网络密度较低，说明金融机构间的联系并不十分紧密。

二、程度中心性

程度中心性是一个重要的网络个体结构特征，它是测量网络中单个行动者（节点）结构位置的指标，用来衡量谁是这个团体中最具声望、地位、权利等的中心人物。程度中心性是指网络中与某一行动者连接的各类行动者的总数，当一个行动者与周围行动者联系越密切，其中心性就越高，在网络中就越重要（图 5-4）。

从网络中心性来看，金融服务业网络等级性明显。前五位金融机构的联系数占全部联系的 26%，具有一定集聚性，代号为 54（中国人民银行郑州中心支行）、20（河南证监局）、58（中国银行股份有限公司河南省分行）、38（郑州银行）的金融机构主体的联系数分别达到 22、17、15、11，分别占总数的 7.5%、5.8%、5.2% 与 3.8%，成为中心性较强的金融机构。而中国人民银行郑州中心支行与河南证监局是金融系统影响较大的金融机构，明显看出其在银行、保险和证券等金融网络结构中处于核心位置，等级性明显，反映东区金融服务业受政府制度作用和影响明显。

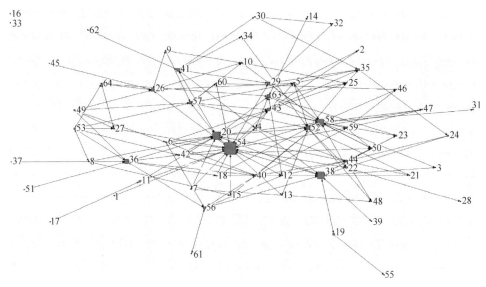

图 5-4　网络中心性的可视化表达

三、网络的联系性质

为考察金融机构的联系性质，调查问卷设置了金融机构与不同主体的联系情况这一选项。通过问卷统计分析，可以看出金融机构与上级总部或分支机构的联系比较频繁，选择较密切的样本比重达到 71.83%，较密切的 12.68%，两者共计84.51%；其次为政府业务部门，选择较密切的样本比重达到 38.03%，较密切的为32.39%，两者共计 70.42%；相关行业协会的联系也较为频繁，选择较密切的样本比重达到 32.39%，较密切的为 42.25%，两者共计 74.64%。总体上，上级总部-分支机构联系、行业协会-金融结构联系、政府业务部门-金融机构联系位居联系的前三位，这和上述郑东新区金融服务业受政府制度作用和影响明显的结论相一致，也表明了郑东新区金融产业发展处于初级阶段，政府推动、上级总部-分支机构的层次联系以及行业协会的支撑在其当前发展过程中十分重要（表 5-3）。

表 5-3　样本金融机构联系主体情况

机构	密切	较密切	有时	很少	从不	密切＋较密切
上级总部-分支机构	71.83	12.68	1.41	0.00	1.41	84.51
同行单位	26.76	39.44	18.31	4.23	0.00	66.20
相关行业协会	32.39	42.25	14.08	2.82	0.00	74.64
政府业务部门	38.03	32.39	15.49	2.82	0.00	70.42
相关服务企业	28.17	35.21	21.13	7.04	0.00	63.38

续表

机构	密切	较密切	有时	很少	从不	密切+较密切
教育培训机构	5.63	15.49	46.48	22.54	0.00	21.12
学术研究机构	4.23	12.68	46.48	18.31	2.82	16.91
猎头公司	2.82	14.08	29.58	28.17	8.45	16.90

四、网络的空间特征

为考察郑东新区金融产业集聚区的网络空间结构,本书在此对所调查样本在郑州市、河南省、河南省外的业务量占各自业务量的比重进行了计算。所调查样本中,郑州市市场份额大于 30%的样本比重达到 84.8%,市场份额大于 50%的样本比重达到 63.6%,市场份额大于 80%的样本比重达到 30.3%,市场份额大于 90%的样本比重达到 21.2%;河南省市场份额大于 30%的样本比重达到 51.5%,市场份额大于 50%的样本比重达到 30.3%,市场份额大于 80%的样本比重为 6.1%,市场份额大于 90%的样本比重为 6.1%;而省外市场份额大于 30%的样本比重、大于 50%的样本比重分别为 12.1%、6.1%,大于 80%的样本比重以及大于 90%的样本比重不存在。这表明郑东新区金融产业集聚区的市场联系网络主要以郑州、河南省为主,呈现出高度本地化的特征,而大部分企业的省外网络还未发展开来(表 5-4)。

表 5-4　调查样本不同区域、不同市场份额的比重

地区	>10%	>20%	>30%	>40%	>50%	>60%	>70%	>80%	>90%
郑州市	97.0	90.9	84.8	72.7	63.6	57.6	45.5	30.3	21.2
河南省	84.8	69.7	51.5	36.4	30.3	18.2	9.1	6.1	6.1
省外	33.3	15.2	12.1	9.1	6.1	6.1	3.0	0.0	0.0

五、金融机构的联系方式特征

通过调查问卷分析,金融机构通过客户在工作场所与工作时间以及建立相关业务交流方式制度等正式渠道成为其与客户进行交流的主要方式,关系的正式化与正规化特征明显(表 5-5)。

表 5-5　样本金融企业与客户交流方式

交流方式	数量/次	比重/%
与客户在工作场所、工作时间进行沟通交流	49	69.01
建立相关业务交流方式制度,征求代表性客户的意见	44	61.97

续表

交流方式	数量/次	比重/%
客户主动向企业提供创新的意见或建议	28	39.44
通过互联网向客户征求意见或进行相互交流	31	43.66

从郑东新区金融机构联系交流方式来看，企业间的直接业务关系交流比重达到 67.61%，其次为高层高层管理者之间的朋友、同学、同乡等社会关系交流，比重为 63.38%，本地行业协会或政府组织的会议等官方、半官方交流的方式也较高，达到了 60.56%，表明郑东新区金融企业在业务市场联系发展的同时，非正式的乡缘、血缘等也逐渐发挥作用，并且行业协会以及政府在其关系建构与交流过程中的作用十分关键（表 5-6）。

表 5-6 样本金融机构间交流方式

交流方式	数量/次	比重/%
企业之间的直接业务关系交流	48	67.61
高层管理者之间的朋友、同学、同乡等社会关系交流	45	63.38
本地行业协会或政府组织的会议等官方、半官方交流	43	60.56
家族或亲戚等亲缘关系交流	7	9.86

|第六章| 郑东新区区域性金融中心的构建机理

第一节 郑东新区区域性金融中心构建的基础条件

一、区域经济支撑

金融中心大都产生在经济中心，区域经济的快速稳定发展产生资金流动和金融交易的大量需求，是区域金融中心形成的重要保障。从全球看，伦敦金融业的发展依赖于英国强大的经济实力，纽约金融业的发展依靠美国在第二次世界大战以后的迅速崛起，东京的金融业得益于 20 世纪 80 年代日本经济的快速发展。从第四章我国金融中心的空间布局及变化特征的分析可知，国内金融中心，上海、北京、深圳在金融综合竞争力排名靠前，其实也是依赖于改革开放后区域经济的持续、稳定和高速发展。因此，一定的经济规模是区域金融中心产生的前提。郑州市经济总量的快速提升、向服务业发展阶段的转变、河南省巨大的经济腹地为郑东新区区域金融中心的构建，提供了区域经济支撑。

（一）区域经济总量增长快速，为金融产业发展提供坚实基础

一个区域性金融中心的建立，必须是以具有较强综合经济实力，较广的经济辐射力，较大的人流、物流、商流、信息流、资金流的中心城市为依托。郑州拥有较强的综合经济实力，具有良好的经济基础，近年来经济保持了较快的增长，GDP 总量从 2009 年的 3308.5 亿元增长到 2013 年的 6201.9 亿元，5 年间 GDP 总量几乎翻了一番，年均增速达 12.1%（图 6-1）。2013 年，郑州市紧紧围绕中原经济区和郑州航空港经济综合实验区上升为国家战略的重大历史机遇，突出"三大主体"工作，坚持开放创新双驱动，着力"保增长、调结构、促转型、惠民生"，加快推进郑州都市区建设，国民经济发展实现新的跨越。全年完成生产总值 6201.9 亿元，比上年增长 10%；人均生产总值 68 070 元，比上年增长 7.9%。其中第一产业增加值 147 亿元，增长 3.2%；第二产业增加值 3470.5 亿元，增长 10.4%；第三产业增加值 2584.4 亿元，增长 9.6%。2013 年，郑州市 GDP 总量比排名第二和第三位的洛阳市和南阳市的总和多 600 亿元，占河南省的比重近 1/5（图 6-2）。

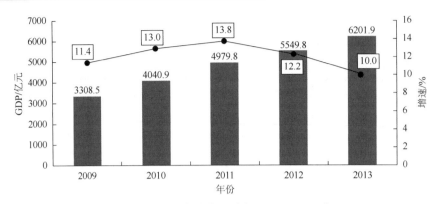

图 6-1　郑州市生产总值及增速（2009～2013 年）

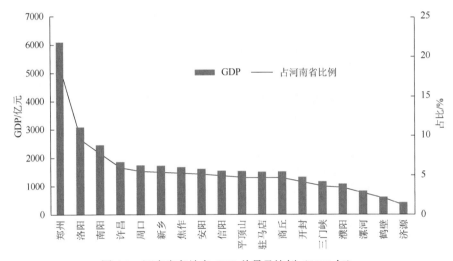

图 6-2　河南省各地市 GDP 总量及比例（2013 年）

2013 年，郑州市全部工业企业完成增加值 3101.4 亿元，比上年增长 10.3%。其中规模以上工业企业完成增加值 2857.7 亿元，增长 11.3%（图 6-3）；高技术业完成增加值 310.6 亿元，增长 32%。七大主导产业完成增加值 1932.1 亿元，比上年增长 13.6%；总量占规模以上工业增加值的 67.6%。其中汽车及装备制造业完成增加值 492.7 亿元，增长 10.7%；电子信息业完成增加值 320.8 亿元，增长 33.9%；新材料产业完成增加值 411 亿元，增长 12.3%；铝及铝精深加工业完成增加值 122.7 亿元，增长 9.9%；现代食品制造业完成增加值 501.3 亿元，增长 8.1%；家居和品牌服装制造业完成增加值 52.4 亿元，下降 3.5%；生物及医药产业完成增加值 31.2 亿元，下降 0.5%。

2013 年，郑州市完成社会消费品零售总额 2586.4 亿元，比上年增长 13%。2009～2013 年社会消费品零售总额年平均增长率达 15.9%。全市直接进出口总额 427.5 亿美元，比上年增长 19.3%（图 6-4）。其中进口 176.8 亿美元，增长 13.6%；

出口 250.7 亿美元，增长 23.7%。

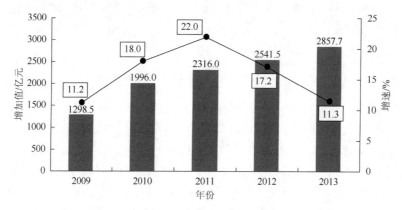

图 6-3 郑州市规模以上工业增加值及增速（2009～2013 年）

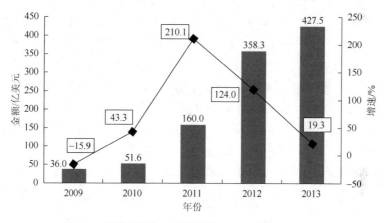

图 6-4 郑州市进出口总值及增速（2009～2013 年）

（二）人均 GDP 超过 10 000 美元，迎来服务业的发展机遇期

从世界各国经济发展的经验看，当一个国家人均 GDP 为 3000～10000 美元时，正是国民经济具备了相当实力，进入活跃、加速发展的重要阶段。按照 2005 年人民币对美元汇率，2006 年郑州市人均 GDP 已超过 4000 美元，2013 年已经超过 10 000 美元，正是处于这个重要的发展阶段，在这个阶段经济增长的依靠逐渐转向服务业增长，这对金融业的发展来说也是一个重要发展机遇期。

（三）产业结构逐渐升级，服务业生产比重不断提高

从 1990 年以来郑州市三次产业结构的变化情况来看，第三产业的比重总体上来看是不断上升的，由 1990 年 35%左右上升到 2013 年 41.6%。其中，交通运输、

仓储和邮政业增加值为 365.5 亿元，增长 5.5%；批发和零售业增加值为 457.8 亿元，增长 9.1%；住宿和餐饮业增加值为 193.9 亿元，增长 0.3%；金融业增加值为 487.4 亿元，增长 26.6%；房地产业增加值为 281.8 亿元，增长 6.9%。服务业的良好发展态势为金融业的成长和发展提供了支持。

（四）拥有广阔的经济腹地，为金融中心构建提供强有力的支撑

河南经济总量连续多年排名全国第 5 位，是全国重要的经济增长板块，以郑州为中心的中原城市群综合实力居中西部城市群之首。中原经济区是全国重要的粮食、能源原材料基地，人力资源丰富，正处于新型工业化、城镇化和农业现代化的关键时期。随着国际国内产业转移步伐加快，中原地区的区位、劳动力和能源原材料优势日益显现，承接产业转移的规模和速度也在不断提高，投资增长潜力巨大。当前，中原经济区人口 1.67 亿人，人均生产总值接近 5000 美元，处于居民消费结构升级的重要时期，市场需求庞大。中原经济区建设过程中快速增长和日益复杂与多样化的投资及消费需求是金融产业加快发展的坚实经济基础，同时，也对金融产业的规模、行业多样性、金融服务的灵活性和创新性提出了更高的要求，为区域性金融中心建设提供了广阔的经济腹地支撑。河南省 2013 年实现经济总量 32 155.9 亿元，在全国排名第 5 位，居中西部地区首位；经济总量占中部六省的比重达 25.3%，经济总量为山西、江西、安徽、湖南、湖北的 2.6 倍、2.2 倍、1.7 倍、1.3 倍和 1.3 倍（图 6-5）。2013 年，河南省实现规模以上工业企业利润总额达到 4410.8 亿元，位居中部六省第一位，占中部六省的比重达 36.3%，是排名第二位的湖北省的 2.1 倍，是排名最末的山西省的 8.1 倍（图 6-6）。2011～2013

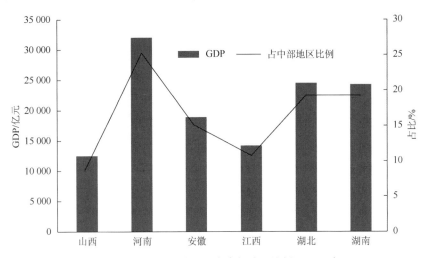

图 6-5　河南省 GDP 总量及在中部地区比例（2013 年）

年，河南省进出口平均增速达到 35.5%，2013 年实现进出口总额 599.51 亿美元，比上年增长 15.9%。其中，出口总额 359.92 亿美元，增长 21.3%；进口总额 239.59 亿美元，增长 8.6%。进口额、出口额均位居中部六省第一位。进出口总额分别为湖北省、湖南省、安徽省的 1.6 倍、2.4 倍和 1.3 倍（图 6-7）。近年来，河南省实际利用外资额保持较快增长，2011～2013 年，年平均增长率为 15.5%（图 6-8）。2013 年全年河南省新批准外商投资企业 344 个，实际利用外商直接投资 134.57 亿美元，比上年增长 11.1%。实际利用省外资金 6197.5 亿元，增长 23.3%（图 6-9）。

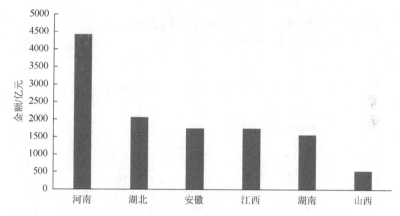

图 6-6　中部六省规模以上工业企业利润总额（2013 年）

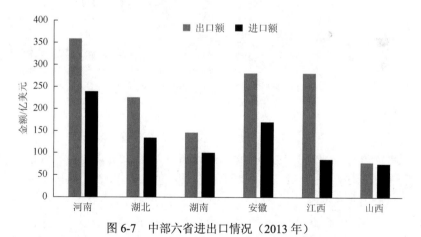

图 6-7　中部六省进出口情况（2013 年）

2013 年，河南省全部工业增加值 15 960.60 亿元，比上年增长 9.9%。规模以上工业增加值增长 11.8%。汽车、电子信息、装备制造、食品、轻工、建材等六大高成长性产业比上年增长 13.2%，对全省规模以上工业增长的贡献率为 64.0%。化工、有色、钢铁、纺织等四大传统支柱产业增长 12.1%，对全省规模以上工业增长的贡献率为

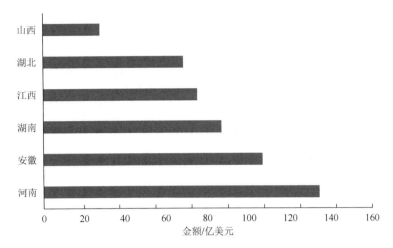

图 6-8　中部六省实际利用外资金额（2013 年）

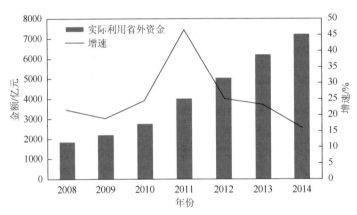

图 6-9　河南省利用省外资金及增速（2008～2014 年）

27.6%。高技术产业增长 29.1%。煤炭开采和洗选业、化学原料及化学制品制造业、非金属矿物制品业、黑色金属冶炼及压延加工业、有色金属冶炼及压延加工业、电力热力的生产和供应业等六大高耗能行业增长 9.7%，比规模以上工业增长速度低 2.1 个百分点。全年产业集聚区规模以上工业增加值比上年增长 18.1%，对全省规模以上工业增长的贡献率达到 73.7%。产业集聚区规模以上工业主营业务收入 31 263.81 亿元，增长 19.8%，占全省比重达到 52.6%，比上年提高 4.7 个百分点，对全省规模以上工业主营业务收入增长的贡献率达到 70.5%。产业集聚区规模以上工业利润总额 1906.68 亿元，增长 26.4%。郑州航空港经济综合试验区规模以上工业增加值比上年增长 36.1%，实现主营业务收入 1802.81 亿元，增长 39.6%；实现利润 40.03 亿元，增长 26.1%。河南省消费品市场流通规模不断扩大，居民购买力不断提升，为郑东新区的发展提供了雄厚的产业支撑和广阔的市场腹地社会消费品零售总额快速增长，2009～2013年年均增速达16.5%，2013年实现社会消费品零售总额12 426.61亿元，同比增长13.8%。

二、交通区位优势

郑州是中国重要的铁路、航空、高速公路枢纽城市，素有"中国铁路心脏"和"中国交通十字路口"之美誉，是承东启西、贯通南北的桥梁与纽带。郑州位于我国沿海发达地区与中西部内陆地区的结合部，地处国家两大一级发展轴——陇海-兰新经济带与京广深港经济带交汇处，起着承东启西、贯通南北的桥梁与纽带作用，是全国重要的铁路、航空、公路、邮政、电信和通信枢纽，东部地区产业转移和西部地区战略资源输出的重要通道。郑州作为中原经济区和郑州航空港经济综合实验区两大国家战略框架核心城市，以及跨境贸易电子商务服务试点城市，迎来了重大发展机遇。郑州新郑国际机场的两小时经济圈能够覆盖中国90%的国土和90%以上的生产能力、人口。郑东新区位于郑州市东部，规划面积260平方千米，高铁、城际铁路和地铁汇集，周边京港澳、连霍、机场高速公路环绕，交通条件极为便利，大量人流、物流、资金流和信息流在此汇集和分散，为金融集聚区的成长提供了肥沃的土壤（图6-10，见彩图）。

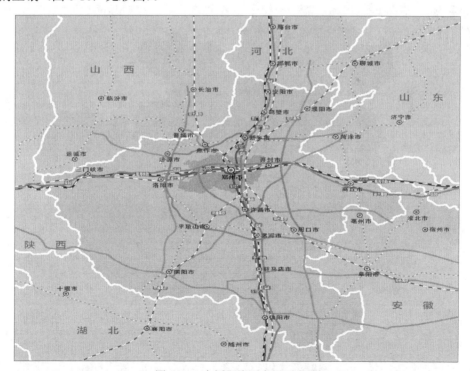

图6-10　中原经济区交通示意图

1. 便捷快速的高速铁路

位于郑东新区东侧的高铁郑州东站，是新建京港高铁（京广深港高铁）客运专线、新欧亚大陆桥徐兰高铁客运专线、京昆高铁（郑渝高铁）、京福高铁（郑合客运专线）与郑济高铁十字交汇的重要枢纽车站，是汇集高铁、城际、地铁、高速公路客运、城市公交、城市出租等多种交通方式，实现综合一体化快速衔接的现代化交通枢纽。交汇于郑州东站的北京至广州、深圳，郑州至西安的高速铁路客运专线已通车，至徐州高速铁路客运专线正在加紧建设。京广、徐兰两大高速铁路途经中国 13 个重要省份，30 多个城市被纳入郑州高铁"3 小时经济圈"。

2. 发达的高速公路

2013 年，河南省高速公路通车里程达 5858 千米，连续七年居中国第一。郑州是中国七个公路主枢纽之一，处于"高速公路、国道双十字交汇处"，中国最长的两条高速公路——G4 与 G30 交汇；中国南北、东西国道动脉——G107 与 G310 交汇。高速公路 1 小时覆盖包括洛阳、许昌等在内的中原城市群的 4545 万人口；高速公路 6 小时覆盖包括北京、武汉、西安、徐州等在内的 4.4 亿人口。

3. 便捷的航空运输

郑州新郑国际机场距郑东新区 38 千米，4E 级机场，是中国八大枢纽机场之一，中国干线运输机场和国家一类航空口岸。航空 2 小时覆盖除新疆、西藏、海南外的中国所有区域。国际货运航线数量位居中西部第一（图 6-11，见彩图）。截至 2013

图 6-11　郑州国际货运航线示意图

资料来源：郑州市铁路局网站；《郑州市 2013 年国民经济和社会发展统计公报》

年年底，共开通航线 143 条，其中国际货运航线 19 条，全货运航线 23 条。货邮吞吐量增速位居中国大型机场首位。2013 年，客运吞吐量 1314 万人，同比增长 29%；2013 年，货邮吞吐量 25.6 万吨，同比增长 69.13%。

三、对外开放优势

郑州设有新郑综合保税区、郑州出口加工区、河南公共保税物流中心等平台。近年来又设立了郑州航空港经济综合实验区，并开展了跨境贸易电子商务服务试点业务，建设了郑州国际陆港，开通了郑欧国际铁路班列。对外开放平台的快速发展大大促进了郑东新区的经济发展与对外交流（表 6-1）。

表 6-1　郑州市对外开放新通道与平台

跨境贸易电子商务	（1）2012 年 8 月，国家发改委批准郑州市跨境贸易电子商务服务试点项目，建设成郑州航空港经济综合实验区的重要支撑项目、提高对外开放水平和实现"买全球卖全球"战略目标； （2）2013 年 7 月，开始实货测试，截至 2014 年 7 月，共有 88 家电商、16 家物流商参与测试，京东商城、阿里巴巴等相继落户，已直通世界 13 个城市，在中国 6 个试点城市中排名第一； （3）通过构建跨境贸易电子商务综合服务平台，以解决通关难、结汇难、退税难问题； （4）与国内外知名电商、网商、物流商的合作关系不断推进，充分推进贸易电子商务产业及社会经济发展
郑州航空港经济综合实验区	（1）中国第一个航空港经济发展先行区，唯一以航空经济为主题的、进入国家层面的功能区规划，河南省三大国家战略之一； （2）位于郑州市中心城区东南约 20 千米，规划面积 415 平方千米，拥有省辖市级管理权限； （3）2013 年，实验区工业总产值达 1740 亿元，同比增长 42.6%； （4）定位为国际航空物流中心、以航空经济为引领的现代产业基地、内陆地区对外开放重要门户，积极承接国内外产业转移，建设联通全球的现代航空都市
国际陆港	（1）以郑州铁路集装箱中心站为核心，规划面积 6 平方千米； （2）功能分区包括集装箱中心站区、保税功能区、多式联运作业区、供应链管理服务区、电子商务服务区、邮政服务区、陆港商务区、冷链食品口岸、汽车整车进口口岸； （3）铁路港、公路港、空港、海港"四港一体"，定位为国家一类口岸、多式联运服务中心、中欧班列货运中心、智能物流信息中心，是郑州市打造丝绸之路经济带重要节点城市和中欧铁路物流中心的核心载体
国际铁路	（1）郑州坐拥亚洲最大的列车编组站及亚洲首座高铁客运十字枢纽站； （2）2013 年 7 月，郑欧国际班列正式开通，是中国唯一实现出境口岸多元化的亚欧班列； （3）采用"多线路、多出境口岸、多货源地、多式联运"的运营格局，开通了郑州到中亚、郑州到欧洲的亚欧国际集装箱物流通道，建立物流网络，打开了河南省由内陆经济转型为外向出口型经济的重要突破口； （4）集货半径 1500 千米，服务 20 个省市、8 个海港，成为中国中部、西北、华北、东北地区货物的主要集散地和中转站，连通欧洲、沟通世界的国际铁路物流大通道，使中西部地区承接东部产业转移的能力不断增强

四、人力资源优势

金融业属于高技术、高人力资本、高附加值产业，人力资本是金融集聚产生和持续的核心要素。河南省银行学校成立于 1950 年，当时中国还处于计划经济时代，各省市银行干部都出现断层，中国人民银行总行就在国内几个省份直接投资办起学校，河南省银行学校便是这种背景下的产物。河南省银行学校历经中国人民银行河南省分行干部学校、河南银行学校、河南金融管理干部学院等冠名，2001 年改制为中国人民银行郑州培训学院。该学院是人民银行总行的直属事业单位，是全国金融系统首家获准设立国家级专业技术人员继续教育基地的单位。该学院主要承担人民银行的干部培训任务，同时根据金融业发展的需要，适度开发和组织人民银行系统以外的培训和国际合作培训，建立了 400 多人的培训师资库，聘请了 100 多位知名专家、教授和高级培训师。在推动金融人才培养和金融事业发展中发挥了积极作用。学历教育时期，该学院累计培养约 3.4 万名学历生，他们中很多人走上了各级各类金融机构的领导岗位，成长为"一行三会"的金融高管、蜚声中外的银行家，该学院也因此被业界赞誉为"金融黄埔""郑州银行家现象""银行业的郑州现象"。

　　与郑州银行家现象同时为业内所关注的是银行界的"郑州现象"。即来郑州的股份制商业银行，包括交通银行、浦发银行、招商银行、广发银行、中信银行等，几乎每一家在河南的主要业务指标都在其本系统内排行前三名。这在业界，被称为"郑州现象"。2001 年来到河南的浦发银行，其郑州分行存贷款增量连续 3 年居全系统第一位。作为广发银行总行最早在广东之外设立的中心管辖行，1995 年广发银行郑州分行成立，开业 9 年来，其是广发银行系统内第一家存款突破 200 亿元的分行，在当地市场所占份额已连续多年位居广发银行系统第一位。2003 年，交通银行郑州分行的不良资产率为 3.1%，而交通银行全行的这一比率是 13.31%。2003 年，交通银行郑州分行资产规模突破 350 亿元，仅次于上海、北京，而其存款规模在郑州银行业中连续多年排位第二，仅次于工商银行，在国内城市当中绝无仅有。汇丰银行郑州分行 2013 年存款余额 8.32 亿元，存款余额年复合增长率达到 52%。渣打银行郑州分行从提出筹建申请到正式开业不足半年时间，创造了境外银行在内地开设分支机构的"郑州速度"，2013 年 11 月入驻郑东新区，2014 年 4 月即实现赢利。东亚银行郑州分行自 2011 年入驻郑州以来，在省市政府及郑东新区管理委员会支持帮助下，连续创造了系统内多项第一。基于优秀的业绩表现，东亚中国及监管机构特别批准郑州分行于 2013 年在郑东新区设立了河南省第一家外资银行支行——商鼎路支行。商鼎路支行开业不到 1 年，迅速实现赢利，存贷款规模及客户数量持续增长，连续数月在系统内同类支行综合排名中位居第一。2001 年，浦发银行同时设立郑州、天津、大连、济南分行，自成立之日，郑州分行存款余额、贷款余额、账面利润连续 4 年以上居 4 家新设分行第一位。开业后，连续 3 年存贷款增量居浦发银行系统内第一位，人均效益居前三位。招商银行郑州分行 2013 年零售综合业务和信贷业务荣获系统内"十佳分行"称号；2013 年私人银行业务居全行第二位。民生银行郑州分行于 2008 年 6 月开业，开业当年存贷款余额双双突破 100 亿元人民币，资产总额突破 300 亿元人民币；在民生银行系统内，人均存款、人均贷款、人均利润等指标连续多年位居第一。

第二节　郑东新区金融产业集聚与集群化发展

一、金融业形成阶段：区位机会窗口打开与强化

城市新区发展是一个高起点的城市化建设过程，是一项需要巨额资金、有序协调推进的综合性社会系统工程，能否筹集足够的资金、正确选择有效的开发模式事关城市新区建设的成败。城市新区建设过程也应当是自身金融业快速发展，并为新区开发建设提供资金来源的过程。首先，新区建设投资用地规模较大，配套要求较高，土地整理、道路建设的资金需求非常庞大，若包括建设项目配套的商业住宅用地储备计划，资金需求还将进一步增加。其次，入驻新区的企业对固定资产贷款、流动资金贷款等有着巨大的资金需求。

（一）郑东新区建设历程

进入 21 世纪以来，进一步拉大城市框架，扩大城市规模，加快城市化和城市现代化进程，不断提高城市辐射力及带动实力是郑州市构建国家区域中心城市过程中急迫需要解决的问题。2001 年，郑州市政府对《郑州市城市总体规划（1995—2010）》进行了规划修编与完善，打造了东起京港澳高速、西到中州大道、北临连霍高速、南接郑州经济技术开发区，总面积 115 平方千米的郑东新区远景规划。

经过 10 余年的建设，郑东新区扩区发展，现在管辖西起中州大道，东至万三公路，北起黄河南岸，南至陇海铁路，由 CBD、龙湖区域、白沙园区、综合交通枢纽区、龙子湖高校园区、沿黄都市农业区等六大功能组团组成，区域管理面积 260 平方千米，同时对连霍高速以北、中州大道以东区域实施规划管理，规划控制面积达到 370 平方千米。

CBD 是郑东新区的核心区，两环共 60 栋高层建筑群组成了立体的多维环形城市，两环之间是时尚、繁荣的商业步行街。金融服务、商务娱乐、信息科研等多功能复合的土地利用方式，使 CBD 具有"24 小时城市"的功能。环形建筑群中间的中心公园内布置有郑州国际会展中心、河南艺术中心和郑州会展宾馆等三大标志性建筑，以及大面积的生态绿地。随着众多金融机构和四百余家国内外知名企业的入驻，这里被誉为"中国最具投资价值的 CBD"之一。

　　龙湖是郑东新区的点睛之笔,与龙子湖、金水河、熊儿河、贾鲁河、东风渠等构成完整的城市生态水系。沿河两岸布建河川公园,生态环保的人工湿地,不仅实现了水资源循环净化的科学利用,更以多种水生植物保持了生物的多样性,形成贯穿全市、环抱城区的生态走廊。目前,作为龙湖地区先行区的龙湖南区已是现代气息浓郁、生态环境优美的宜居区。伸入龙湖半岛的CBD副中心,面积约1.1平方千米,两座240米高的城市之门、环湖特色写字楼、宾馆等组成另一个多维环形空间。CBD副中心通过长3.7千米的人工运河连接至CBD中心,从空中俯瞰仿佛是一支巨大的"如意",主要布局各类金融机构和大型企业总部,承载着郑东新区金融集聚核心功能区的产业重任。目前已开工建设工商银行河南省分行综合营业大楼、宇通金融中心、百瑞信托大厦、中原证券大厦、平安金融中心、国寿保险大厦、方正金融中心等。

　　综合交通枢纽区域形成了以金水东路为轴线的行政办公区、以商都路为轴线的大型商贸中心区、以郑州东站为核心的企业总部基地和区域级商业中心。位于该区域的郑州东站,集高速铁路、城际轨道交通、城市地铁、公路交通、城市公交等多种交通方式于一体的郑州东站,实现全程"零换乘",规模在全国首屈一指,是中国高速铁路核心枢纽之一。

　　龙子湖高校园区15所高校沿环状道路呈扇形环绕在龙子湖周围,学术交流中心、大型图书馆、科技研发机构等罗布于湖心岛上,生态水系景观和高等教育基地相得益彰。2013年已经入住师生20余万人。

　　科技金融园区是国家命名的郑东新区电子商务示范基地核心区,主要布局大型科研机构、企业研发中心和金融后台服务。目前,中国电子科技集团公司第二十七研究所、郑州日产研发中心和民生银行等一批金融后台服务基地已先期入驻。

　　白沙区域定位于行政服务区、公共文化服务示范区,同时配套金融后台和金融中介服务机构,构建金融创新平台和总部经济平台,扩充金融业的外延和内涵,为金融城建设提供配套保障。

　　沿黄农业区域积极发展有机农业、体验农业、设施农业,与沿黄生态旅游相结合,形成农业生态旅游、休闲观光的特色区域,打造郑东新区新型农村建设的示范区、全国领先的都市农业区。

　　依托多元产业的稳健发展,郑东新区已成为拉动中原经济区和郑州都市区经济发展重要力量。金融集聚核心功能区建设卓有成效。截止到2014年6月底,累计入驻金融机构207家,金融业增加值完成55.8亿元,同比增长16.7%,占郑东新区GDP的50.8%,驻区金融机构各项存款余额为29 589.69亿元,占全省的72%,各项贷款余额16 698.40亿元,占全省的64%。郑东新区已经成为全省乃至中部地区金融机构最集中、金融业态最丰富的地区之一。商贸服务业发展势头迅猛。结合郑东新区定位，提升商贸业发展层次，重点打造 CBD 商圈、商都路商圈和高铁商圈，丹尼斯七天地、红星美凯龙等商家相继开业，万豪、洲际等国际一线酒店品牌先后入驻，郑东新区在建和建成的五星级酒店客房数突破 1800 间，是郑州老城区的 1.5 倍。大型企业总部日益聚集。金融机构的聚集、良好的商务环境，吸引了大批企业总部入驻东区，包括苹果、惠普、通用、三星等知名企业在内，入区国内外 500 强公司分别达到 47 家、57 家，各类税收超亿元楼宇 17 栋，超千万楼宇 38 栋。大力发展电子商务，作为"国家电子商务示范基地"，入驻中华粮网、郑州粮食批发市场、河南省数字证书认证中心等十余家电子商务企业，电子商务企业已成聚集态势。科技研发产业优势明显。借助高校集中的优势，建立科研机构集聚区。全区已有各类研发（检测）中心 42 家，包括国家级研发中心 8 个。国家知识产权局专利审查河南协作中心落户郑东新区，成为全国第四个、中西部第一个专利审查协作中心。会展、文化产业发展迅速。郑州国际会展中心平均每 3 天就有一场展会，河南艺术中心平均每 2 天就有一场演出。

经过十余年建设，郑东新区已成为一座在国内外具有较强影响力、辐射力，功能完善、管理一流、经济繁荣、宜居宜业的现代化新城。截止到 2014 年上半年，郑东新区累计完成固定资产投资超 2200 亿元，绿化面积超 2000 万平方米，建成区面积近 100 平方千米，入住人口超 100 万人，成为河南省城市化的重要标志和展示城市新形象的"窗口"和"名片"。

从 2001 年开始酝酿谋划，到 2003 年的正式开发建设，郑东新区已经经历十余年的历史，其发展历程大致也经历了基本建设阶段、陆续投入与配套完善阶段以及快速发展与产业完善阶段；投资驱动模式也经历了政府推动、政府推动＋市场驱动等不同阶段，目前已进入市场驱动为主、政府微调的发展阶段。基础设施配套齐全，公共设施建设逐渐加快，功能日益完善，生活配套的多元化与数量得到了快速提高，区内道路、教育、医疗卫生、科技、餐饮、休闲等基本生活配套设施完善且整体质量较高，并且金融、总部经济、会展商务、现代物流以及旅游休闲等现代服务业获得了快速发展，区域的产业支撑能力与集聚能力快速提升，实现了政府主导向市场驱动的转变，市场作用机制与良性循环机制逐渐形成（图6-12）。

（二）郑东新区金融业发展与集聚

自 2003 年 1 月启动开发建设以来，在郑东新区大建设、大发展过程中，需要大量的资金。一是征地拆迁补偿安置，拓展产业发展空间；二是完善基础设施条件，满足项目落地需求；三是提升城市建设水平，改善园区发展环境，加大产业

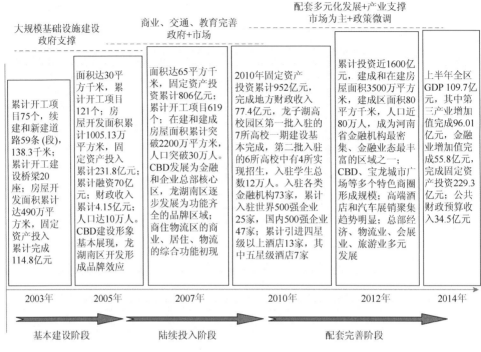

图 6-12 郑东新区发展历程与阶段

资料来源：根据郑东新区大事记和历年郑东新区年度总结报告整理

投资力度，推动高端产业发展。2003~2008 年，郑东新区开工建设基础设施和公益设施项目 267 个，累计完成固定资产投资 612.6 亿元。

城市新区建设的巨大资金需求以及新区基础设施建设完善、房地产等项目的逐步发展，吸引了商业银行的关注。2003 年 3 月，农业银行郑州市郑东支行成立，成为当时郑东新区唯一的支行级商业银行机构，向郑东新区发放第一笔融资贷款 15 亿元。2003~2008 年，郑东新区通过优化和盘活资产、包装基础设施项目、扩大融资规模等多元化运作方式，先后同中国农业银行、国家开发银行等 10 余家金融机构沟通，累计融资超过 100 亿元，为加快郑东新区建设提供了坚实的资金保障。

例如，某商业银行河南省分行行长认为：郑东新区建设规划面积 115 平方千米，一期开发 33 平方千米，投资金额 90.7 亿元，随着郑东新区的开发，一期投资的土地出让收益高达 178.5 亿元，扣除投资和银行贷款利息，净收益可达 62.7 亿元，因此郑东新区的建设项目成为多家金融单位竞争的重点，我行河南省分行营业部在新区建设投资项目上抢先一步，为以后的金融竞争占据了较为有利的位置。

2013 年，郑东新区新增政府性贷款和新增资本市场融资 134.08 亿元，用于搭建融资服务平台，为企业提供高效便捷的金融服务，使高端商贸业、总部经济、创意产业、会展经济等产业竞相发展。目前，该区四星级以上酒店达 18 家，客房总数占郑州市的一半。商都路商圈、CBD 商圈日趋成熟，累计建成丹尼斯七天地等 9 家大型商业网点。中华粮网等 10 余家企业先后落户，郑东新区国家电子商务示范基地呈现加快聚集态势。国家专利审协河南中心正式入驻运行，国家技术转移郑州中心也已申建成功。区内已集聚 47 家世界 500 强企业和 57 家国内 500 强企业。20 栋税收超亿元的楼宇和 38 栋税收超千万的楼宇林立于 CBD、金水东路沿线，初步形成了楼宇经济集聚带。河南省、郑州市的经济发展潜力及郑东新区建设取得的巨大成就，不断吸引相关金融机构入驻（表 6-2）。

表 6-2 郑东新区建设前后各大银行数量

单位名称	郑东新区建设前/家	郑东新区建设后/家	总计/家	郑东新区建设后数量占总数比例/%
工商银行	4	3	7	43
农业银行	4	3	7	43
中国银行	7	2	9	22
建设银行	0	12	12	100
郑州银行	6	2	8	25
邮政储蓄银行	1	3	4	75
农村信用合作社	1	9	10	90
民生银行	0	6	6	100

例如，某商业银行河南省分行行长认为：郑东新区必然会吸引海内外知名企业的关注和入驻，支持郑东新区就是与主流经济、主流企业相对接，实现银企共同发展。

又如，某商业银行郑东支行行长认为：自己面前的客户可分这么几类，即省市级行政事业单位总部以及永煤、中烟、中移动等大型企业集团总部；在业内大名鼎鼎的绿地、建业、鑫苑等极具价值的房地产开发商；入驻区内写字楼和进驻区内商铺的中小型成长性企业以及在高端写字楼工作和在高端社区居住的高价值个人客户，这些都是银行业务发展的"富矿"。

二、金融业发展阶段：企业/机构衍生与数量增加

企业/机构衍生，对于企业/机构数量增加以及实现集群化发展具有重要意义。不同于制造业的机构衍生，本书将企业/结构衍生界定为两个方面：第一，已有企

业/机构的新建营业网点以及分支部门;第二,现有企业/机构从业人员从原机构脱离,在本区域内建立新的金融及相关机构,并开展与原机构相同或具有紧密联系的金融业务。企业/机构的衍生,不仅使得企业/机构数量增加,而且密切了金融业内部不同机构之间的联系、交流和互动,为金融产业集群化发展起到了重要的催化作用。

1. 企业/机构新建营业网点以及分支部门

2003 年前,郑东新区共有工商银行、农业银行、中国银行、郑州银行、邮政储蓄银行、农村信用社等股份制商业银行网点 23 家。到 2013 年,新增建设银行、民生银行等股份制商业银行在郑东新区开展业务,共有银行网点 63 家。2003 年以来,新衍生的银行业网点及分支部门占郑东新区银行业的比重达63.5%(图 6-13)。

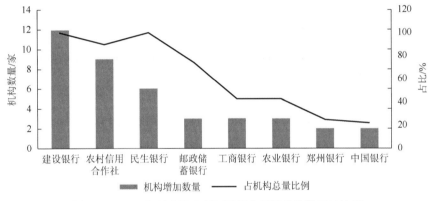

图 6-13　2004 年以来郑东新区银行业新增机构数量及比例

2005 年以前,中国建设银行股份有限公司在郑东新区没有一家分支机构。2005~2013 年,建设银行实现了从无到有与、从少到多的转变,先后在郑东新区构建了 1 家分行以及 11 家支行,成为郑东新区拥有分支机构最多的股份制商业银行。2012 年成立的中国建设银行郑州东区分行,是建设银行系统全国特批的一家高起点、高标准、高规模的综合性二级分行,这在全国省会城市金融同业都是一次体制性创新和突破。建设银行在郑东新区布局综合性二级分行,体现了股份制商业银行对于郑州以及河南省经济社会发展的强烈关注(表 6-3)。

表 6-3　中国建设银行股份有限公司郑东新区成立情况

单位名称	组织机构代码	成立年份	主要业务活动
中国建设银行股份有限公司郑州商都路支行	750708251	2011	银行金融服务
中国建设银行股份有限公司郑州聚源路支行	057218262	2012	金融服务

续表

单位名称	组织机构代码	成立年份	主要业务活动
中国建设银行股份有限公司郑州直属支行	169952920	2005	人民币存款
中国建设银行股份有限公司郑州中兴路支行	087452623	2013	吸取公众存款
中国建设银行股份有限公司郑州相济路支行	082257167	2013	存款贷款
中国建设银行股份有限公司郑州商鼎路支行	087450898	2013	吸收公众存款
中国建设银行股份有限公司郑州宝龙城市广场支行	05721478X	2012	公共存款
中国建设银行股份有限公司中牟郑开大道支行	057239338	2012	存取款业务
中国建设银行股份有限公司郑州郑东新区支行	750707136	2008	存取款业务
中国建设银行股份有限公司郑州祥盛支行	870030553	2005	金融服务
中国建设银行股份有限公司郑州东区分行	590812251	2012	金融服务
中国建设银行股份有限公司郑州东客站支行	06648401X	2013	吸收公众存款

2. 银行等机构衍生出投资基企业/资担保等相关企业/机构

小微企业是国民经济的重要组成部分，在安排就业、增加经济发展活力、促进民生改善等方面发挥着重要作用。支持小微企业发展是增强产业发展厚度和经济发展后劲的需要，也是有效拉动河南经济增长、助推中原经济区建设的需要。银行业企业/机构作为现代经济发展的核心，在支持小微企业发展方面承担着重要职责。但是，商业银行的贷款门槛较高，小微企业融资困难较大。而担保公司对于小微企业的贷款条件较为宽松。受到国际金融危机的影响，小微企业对于资金的需求催生了郑东新区投资担保公司的快速发展。而这些投资担保公司的主要业务人员，同相关企业/机构特别是银行的联系较为紧密，很多都是相关银行的业务人员。他们在掌握一些客户资源后，纷纷从银行脱离出来，创立投资担保公司。在2012年的高峰时期，郑东新区的投资担保公司曾达到130多家，后来经过清理整顿，目前郑东新区现有投资担保公司20多家。由于银行贷款门槛相对较高，银行也会将不符合其贷款程序的小微企业，介绍给相关的投资担保公司。同时，一些传统企业/机构的离职人员也开办了保险中介、银行卡服务、资产评估等金融相关产业公司机构。

例如，郑东新区某投资基金有限公司董事长认为：我们公司高层管理人员全部由资深的金融业从业人员和具有丰富管理经验的银行高级管理人员担任。60%的公司职员拥有金融业或相关行业从业经验。

又如，郑东新区某投资担保有限公司总经理认为：为了更好地服务广大客户，我们特别与交通银行、广发银行、郑州银行联手合作，为中小企业主、个体工商户等经营商户提供全程担保，打造便捷的融资担保渠道，提高资金运作效率。

三、金融业提升阶段：区域产业分枝与金融新业态、高端要素汇集

1. 集聚经济效应增强金融业发展活力

集聚经济对产业空间集聚产生重要影响，集聚经济通常被分为城市化经济和地方化经济，城市化经济主要源自不同产业多类企业的集聚，地方化经济主要源自同一或相关产业的空间集聚。郑东新区以总部经济为特征的楼宇经济渐成规模，税收亿元楼数量近 20 栋，在郑东新区设立公司或分支机构参与东区投资的全球财富 500 强企业 47 家，国内 500 强企业 57 家。高端商贸业稳步推进，累计入驻各类商贸企业 4868 家，年营业收入超亿元的商贸企业 50 家，超 10 亿元商贸企业 12 家。科技研发快速发展，累计入驻各类科技型企业 127 家、研发（检测）中心 42 家。电子商务、会展旅游、文化产业等业态发展迅速，较强的经济活力、较大的发展潜力吸引了更多的金融机构入驻。此外，中介服务机构快速发展。与金融配套的会计师事务所、审计师事务所、律师事务所、信用评级机构、资产评估机构、投资咨询、资金和保险经纪等专业中介机构等不断在郑东新区集聚。2014 年，河南省共有 A 类会计师事务所 50 家、B 类会计师事务所 150 家，提供审计、咨询等专业服务；郑州市共有律师事务所 150 多家，律师超过 2700 人，提供各类法律专业服务。随着入驻郑东新区的各类金融机构逐渐增多，金融相关中介服务机构不断完善、金融业态逐步丰富、金融创新不断深化，扩大了金融业市场规模、提升了服务效率，进一步加速了郑东新区金融业空间集聚和集群化发展，为金融新业态出现和金融创新、高端要素集聚奠定了基础。

2. 区域产业分枝催生金融新业态不断涌现

第一，"互联网＋金融"快速发展。2014 年 11 月，河南正信金融超市在郑东新区上线，这是全国第一家利用互联网技术、线上和线下同时开展业务的互联网金融超市。正信金融超市通过与银行、证券、担保、融资租赁等相关金融机构；评估公司、会计师事务所、律师事务所等服务机构的业务合作，为中小微企业提供银行贷款、证券融资、担保业务、财务审计、法律咨询、资产评估等服务，为投资人提供全方位、个性化的金融信息咨询服务。致力于打造中小微企业公共服务、百姓理财超市与金融信息服务中介"三位一体"的"互联网＋"金融混业信息服务平台。第二，建立区域性股权交易市场。2015 年 9 月，在郑东新区成立的中原股权交易中心开始正式运营，设置了挂牌交易板和企业展示板。该中心属于区域性股权交易市场，是主板、创业板、新三板之外的"四板市场"，为河南中小股份制企业登陆新三板和主板等高层次交易场所提供孵化服务和支持。对于促进中小微企业的融资、服务科技创新和技术转化、增强区域金融市场活力、建设

多层次的资本市场体系具有重要意义。第三，金融后台集聚发展。伴随着郑东新区金融机构集聚水平提升，中国民生银行郑州战略研发服务基地以及中国人寿、太平洋保险的数据中心、后援中心、电销中心、信息中心等后台机构落户郑东新区。国内保险公司前八强中已有 4 家确定在郑东新区建设全国或区域性后台服务中心。

四、制度厚度贯穿金融业发展全过程

有效的政府作用为金融集聚提供重要支持。政府对于金融集聚的产生具有很强的主导作用。政府通过划拨土地、建设基础设施、招商引资等方式形成金融集聚效应。郑东新区金融集聚核心功能区是典型的由政府投资规划形成的、不同于市场形成的金融中心，政府对于功能区建设的作用更为显著。其中招商引资、人才政策、税收政策等各项影响功能区建设的政策都有赖于政府的制定。

河南省委省政府将构建以金融业为主导的现代服务业体系，打造郑东新区区域性金融中心，作为增强区域竞争优势、打造中原经济区核心增长区的重要举措，打造国家区域性中心城市的重要支撑。河南省、郑州市政府高度重视金融产业发展和郑东新区区域性金融中心建设工作，设立了省市两级金融服务工作办公室，先后出台了《河南省人民政府办公厅关于郑州区域性金融中心建设规划纲要》（豫政办〔2007〕112 号）、《中共河南省委河南省人民政府关于促进金融业持续健康发展的若干意见》（豫发〔2007〕16 号）、《郑州市人民政府关于进一步加快郑州区域性金融中心建设的意见》（郑政〔2007〕33 号）、《郑州市人民政府关于鼓励外资金融机构落户郑州的意见（试行）》（郑政〔2007〕20 号）和《郑州市人民政府关于加快推进企业上市工作的意见》（郑政〔2009〕35 号）等一系列文件，制定了促进金融产业发展的优惠政策，并对郑东新区区域性金融中心建设做了详尽部署。省市两级政府及相关部门高度重视金融生态环境建设工作，先后发布了《河南省人民政府办公厅关于加强我省金融生态环境建设的意见》（豫政办〔2007〕63 号）、《河南省人民政府办公厅关于转发河南省金融生态环境建设评价办法（试行）的通知》（豫政办〔2011〕6 号）等一系列文件，对金融生态环境建设工作进行了详细部署。金融软件环境建设进一步完善，大小额支付系统、境内外币支付系统、支票影像系统、电子商业汇票系统和网银跨行支付清算系统均已开通运行，支付清算快捷高效。在国家、省、市的支持下，郑东新区推行开放、优惠的金融鼓励政策，使入驻企业同时享受多项政策叠加优势。郑东新区不断增强综合金融实力和辐射带动能力，吸引境内外金融总部企业，培育壮大本地金融总部企业，建设集聚各类金融机构、资金、人才、咨询的金融产业集聚区（表6-4，表6-5）。

表 6-4 各级政府部门对郑东新区构建金融中心的政策与法规

编号	政策与法规	支持内容
1	《国务院关于大力实施促进中部地区崛起战略的若干意见》	支持武汉、郑州、长沙、合肥等地区加快金融改革和金融创新。鼓励符合条件的金融机构在中部地区设立分支机构,支持地方性金融机构发展。规范地方政府融资平台建设。支持符合条件的中小企业上市融资和发行债券,支持中小企业融资担保机构规范发展。深化农村金融机构改革,扶持村镇银行、贷款公司等新型农村金融机构发展。支持农村信用社进一步深化改革,落实涉农贷款税收优惠、农村金融机构定向费用补贴、县域金融机构涉农贷款增量奖励等优惠政策。支持郑州商品交易所增加期货品种
2	《国务院关于支持河南省加快建设中原经济区的指导意见》	支持地方性银行、保险等金融机构发展,开展规范股权投资企业发展、完善备案管理工作的试点,支持符合条件的企业上市和发行债券。鼓励政策性金融机构加大信贷支持力度。支持农村信用社进一步深化改革
3	《河南省人民政府办公厅关于吸引金融机构进驻我省的意见》	加快郑东新区金融商务区建设。制定优惠政策措施,完善服务配套设施,鼓励和吸引在郑金融机构和将要入驻郑州的金融机构向郑东新区金融商务区集中,使之成为全省金融机构的集聚区、金融创新的示范区、金融服务的优质区和金融运行的安全区
4	《2013 年河南省政府工作报告》	繁荣金融主体,创新金融产品,强化金融监管,加快郑东新区金融集聚核心功能区建设,壮大金融产业规模
5	《河南省 2014 年国民经济和社会发展计划》	推进郑东新区金融集聚核心功能区等一批服务业项目建设,促进服务业发展提速、水平提升、比重提高
6	《河南省人民政府办公厅关于印发河南省银行业"十二五"发展规划纲要的通知》	加快推进郑东新区金融集聚核心功能区建设。在郑东新区打造金融机构总部集聚区,推动金融管理部门和各类金融机构的省级总部集聚,力争到 2015 年成为集聚各类金融机构、资金、人才、信息的区域性金融综合服务中心,发挥示范、辐射和带动作用
7	《郑东新区"十二五"规划》	定位于打造中原经济区现代服务业中心,围绕中原经济区和郑州航空港经济综合实验区的战略布局,提出构建"116"现代服务业体系:即重点发展一个主导产业(金融业)、一个支柱产业(高端商贸业)和六个特色配套产业(总部经济、科技研发、会展旅游、文化传媒、中介服务和电子商务)。将金融业作为郑东新区的核心主导产业

表 6-5 各级政府对金融业发展的扶持政策

项目	河南省	郑州市		郑东新区
	《河南省金融业发展专项奖补资金管理暂行办法》(豫财金〔2012〕1 号)	《郑州市人民政府关于鼓励外资金融机构落户郑州的意见(试行)》(郑政[2007]20 号)	《郑州市人民政府关于鼓励金融机构入驻郑州的意见(试行)》(郑政〔2011〕56 号)	—
新引进金融机构一次性奖励	所在地政府奖励资金的 50%(即 200 万元)	在郑东新区设立的外资金融机构总部、地区总部、分支机构或代表处给予一次性资金补助。注册资本 10 亿元人民币(含 10 亿元人民币)补助 1000 万元人民币;注册资本 10 亿元人民币以下、5 亿元人民币(含 5 亿元人民币)以上的,补助 700 万元人民币;注册	对银行业金融机构的法人机构,市政府按其注册资本的 1.5%给予一次性资金补助,最多不超过 1000 万元;省级分支机构补助 400 万元。对证券业、保险业等金融机构的法人机构,市政府按其注册资本的 1%给予一次性资金补助,最多不	100 万元

续表

项目	河南省	郑州市	郑东新区
		资本 5 亿元人民币以下、1 亿元人民币（含 1 亿元人民币）以上的，补助 400 万元人民币	超过 1000 万元，省级分支机构补助 200 万元。对直接隶属于金融机构总部单独设立的业务总部和金融后台服务中心，市政府给予一次性资金补助 400 万元	
购买办公用房补贴	给予一次性购房补贴，补贴标准为每平方米 1000 元人民币。除总部、地区总部外的其他外资金融机构，凡入驻郑东新区并在新区购买自用办公用房的，市政府按每平方米 500 元人民币给予一次性补贴	给予一次性购房补贴。法人机构每平方米补贴 1000 元，最多不超过 500 万元；省级分支机构每平方米补贴 500 元，最多不超过 200 万元	按照购房合同金额的 3% 进行一次性补贴，补贴金额最高不超过 600 万元
租赁办公用房补贴	需要租赁自用办公用房的，3 年内每年按房屋租金的 30% 给予租房补贴。除总部、地区总部外的其他外资金融机构，租赁自用办公用房的，3 年内每年按房屋租金的 15% 给予租房补贴	自其开业年度起连续 3 年给予租房补贴。法人机构每年按其办公用房租金的 30% 给予租房补贴，每年最多不超过 200 万元；省级分支机构每年按其办公用房租金的 15% 给予租房补贴，每年最多不超过 100 万元	自其开业年度起连续 3 年，每年按其办公用房租金的 30% 给予补贴，但每年最高不超过 200 万元
经营奖励	自开业年度起 3 年内，由市财政部门参照其实际缴纳营业税市级留成部分的 50% 给予奖励；自赢利年年底起，第一、第二年，按其实际缴纳所得税市级留成部分 100% 予奖励；第三至第八年，按其实际缴纳所得税市级留成部分的 50% 奖励外资金融机构用于业务发展	自开业年度起，第一年，市财政按其实缴营业税市级留成部分的 100% 予以奖励，第二至第三年，市财政按其实缴营业税市级留成部分的 50% 予以奖励；自赢利年度起 3 年内，市财政按其实缴企业所得税市级留成部分的 50% 予以奖励	区级财政贡献在 500 万元以上，以上年度区级财政贡献为基数，按新增量的 20% 进行奖励

第三节　郑东新区区域性金融中心的浮现

一、功能提升与辐射带动能力增强

近年来，郑东新区金融集聚态势迅猛，截至 2014 年 10 月，郑东新区已建成金融楼宇面积 110 万平方米，在建项目超过 300 万平方米；累计入驻金融机构 224 家（表 6-6），涵盖银行、证券公司、保险公司、期货公司、财务公司、信托公司、要素市场、股权投资基金、担保、小贷公司、融资租赁等各个业态。包括人民银行、河南证监局等金融监管机构，汇丰银行、渣打银行、东亚银行等境外银行，中国银行、农业银行、平安银行、民生银行、广发银行等 12 家全国性银行省级分行相继进驻。截至 2014 年 6 月底，郑东新区金融业增加值完成 55.75 亿元，同比增长 16.7%，占三产增加值的 58.06%，占 GDP 的 50.81%。金融业已成为支撑郑东新区区域经济发展的主导力量。驻区金融机构各项存款余额占全省的比重超过七成，各项贷款余额占全省的比重近 2/3。驻区保险机构实现保费收入占全省一半以上。金融保险企业税收完成 5.59 亿元，占税收收入的 20.77%，同比增长 40.8%（表 6-7）。

表 6-6　郑东新区现有金融机构类型与数量

机构	数量/家	细分	数量/家
金融监管机构	2		
银行业金融机构	87	全国性银行省级分行	8
		境外银行	3
		本地银行总部	3
		分行	3
		支行	68
		功能性中心	2
信托公司	2		
财务公司	3		
证券、期货业	49	证券法人公司	1
		证券营业部	27
		期货交易所	1
		期货公司	2
		期货营业部	18
保险业	27		
要素市场	2		
基金及基金管理公司	25		
金融中后台机构	3		
融资租赁公司	4		
其他	20		

表 6-7　郑东新区各项指标总量及占河南省的比重

类型	总量/亿元	占河南省比重/%
金融机构各项存款余额	28 352.11	71
贷款余额	16 178.55	64
保险机构实现保费收入	262.23	51.77

伴随着金融产业集聚与集聚核心区的发展，建设区域性金融中心应该大力

引进与金融交易相关的中介服务机构，完善金融交易产业链，培育良好的金融服务环境。郑东新区积极引进与金融相关的会计师事务所，审计师事务所，律师事务所，信用评级机构，资产评估机构，投资咨询、资金和保险经纪等专业中介机构。2013年，河南省共有 A 类会计师事务所 50 家；B 类会计师事务所 150 家，提供审计、咨询等专业服务。郑州市共有律师事务所 151 家、律师总数 2606 人，提供各类法律专业服务。此外，要素市场与期货交易蓬勃发展，郑州商品交易所为中国四大期货交易所之一，也是中西部地区唯一的期货交易所。目前，该所已上市交易的商品期货合约有十大类十四个合约。2013年，郑州商品交易所共成交期货合约 52 524.92 万手，成交金额 188 978.30 亿元，同比分别增长 51.4%和 8.85%；年末市场持仓 199.87 万手，同比增长 74.99%（图 6-14）。根据美国期货业协会（FIA）2013 年交易数据统计，郑州商品交易所位居全球衍生品交易所第 13 位。郑州商品交易所发布的粮食期货"郑州价格"是世界粮食市场的风向标，并逐步确立郑州商品交易所在国内和国际粮食市场上的定价权。郑州粮食批发市场是中国第一家全国性、规范化的粮食批发市场以及中国最大的小麦交易中心，也是中国唯一年交易量超千万吨的粮食批发市场。郑东新区创建了中国粮食批发市场、期货市场和粮食电子商务的基本运行模式，推进了中国现代粮食市场体系建设，创办了中国第一个粮食电子商务平台"中华粮网"，形成了具有指导意义的"郑州价格"。

金融后台服务支持体系因科技含量高、中高级人才密集、吸纳就业量大、提供数据集中和技术保障能力强、直接支持前台业务发展的特点，日渐成为金融机构业务发展的重要支撑。目前，全国银行机构的后台布局基本完成，作为全国电子商务示范基地，郑东新区着力引进保险公司的后台，如客服中心、电销中心、档案中心、数据中心、灾备中心、培训中心、呼叫中心等落户，为郑东新区金融产业的发展提供了配套服务，金融后台服务能力大大增强。中国民生银行郑州战略研发服务基地、中国人寿电销中心、太平洋保险后援中心、人保集团中部信息中心、建信人寿远程销售及服务中心、中华联合全国性共享后援中心等先后入驻金融服务园区。

二、金融产业-空间协同演化

郑东新区是一个以金融业为主导产业的现代化新区。经过十余年的不断建设和发展，已经初步构建了区域性金融中心，成为郑州市、河南省以及中原经济区金融发展的强力引擎。郑东新区区域金融中心的发展，体现了"产业-空间"的协同演化，走过了从金融产业集聚、产业集群到区域性金融中心的历程。

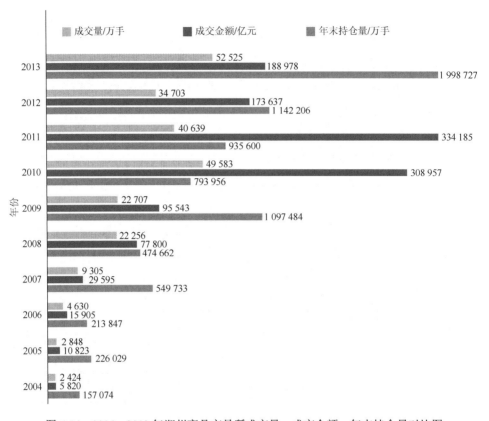

图 6-14　2004～2013 年郑州商品交易所成交量、成交金额、年末持仓量对比图

　　区域经济的快速发展、广阔的市场腹地和开放的对外合作环境是郑东新区区域性金融中心构建的基础。郑东新区所处的河南省是中国重要的经济板块，以郑州为中心的中原城市群综合实力亦居中西部城市群之首。随着中部崛起战略实施和国家产业转移，以及郑东新区周边经济的快速发展、开放的国际商业环境、多元化的外商投资和完善的产业结构使郑东新区的金融产业愈发活跃。城市新区建设的融资需求是郑东新区金融机构集聚最初动力。城市新区建设与其金融机构的发展是相互促进的过程，郑东新区建设中巨大的资金缺口以及丰厚的回报，吸引了以银行业为主体的金融机构在郑东新区集聚。明确的国家战略指导，以及河南省、郑州市、郑东新区三级政府政策扶持加速了金融机构的空间集聚。伴随着中原经济区建设、郑州都市区建设和郑州航空港经济综合实验区建设的快速推进，国家支持金融集聚发展与改革创新的指导意见和政策法规为郑东新区开展金融改革与创新提供了有效的政策指引与支持。河南省将郑东新区作为金融集聚核心区来构建，河南省、郑州市以及郑东新区三级政府出台了加快金融产业集聚发展的

政策法规加速了金融机构的空间集聚。金融机构衍生体现了金融产业集群化发展。伴随着金融业的不断发展，相关金融从业人员掌握的客户资源、信息资源与旺盛的市场需求相结合，不断衍生出投资担保公司、基金管理公司、融资租赁公司等金融机构。它们的业务与银行的机构联系密切，与银行从业人员交流较多，有效地加速了金融产业的集群化发展。进入者区位选择提升了金融产业集群化发展水平。郑东新区金融业发展水平提升，辐射和带动能力增强，也不断吸引外资银行、信用评级机构、资产评估机构等金融相关中介机构的入驻，使得郑东新区金融产业集群发展水平进一步提升，这又会吸引更多金融机构入驻。

金融产业与其他产业协同发展。郑东新区构建"116"现代服务业体系，突出一个主导产业（金融业），一个支柱产业（高端商贸业），六个配套产业（总部经济、科技研发、会展旅游、文化传媒、中介服务和电子商务）。郑东新区四星级以上酒店达 18 家，客房总数占郑州市的一半。商都路商圈、CBD 商圈日趋成熟，累计建成丹尼斯七天地等 9 家大型商业网点。依托龙子湖高校园区优势，入驻各类研发中心 14 个。全国第四个、中西部第一个专利审查协作中心——国家知识产权局专利审查河南协作中心落户郑东新区，郑州日产研发中心、诺西全球服务中心相继入驻。作为"国家电子商务示范基地"，目前郑东新区已入驻中华粮网、郑州粮食批发市场、河南省数字证书认证中心、郑州信大捷安信息技术股份有限公司等十余家电子商务企业，电子商务企业已呈聚集态势。到 2014 年，郑东新区内已集聚 47 家世界 500 强企业和 57 家国内 500 强企业。20 栋税收超亿元的楼宇和 38 栋税收超千万的楼宇林立于 CBD、金水东路沿线，初步形成了楼宇经济集聚带。

第七章 郑东新区与其他欠发达地区区域金融中心构建的对比分析

第一节 我国欠发达地区金融中心集聚水平分析与对比城市选择

经过十余年的不懈努力，郑东新区已成为河南省金融机构最为集中、金融业态最为丰富的区域。《国务院关于支持河南省加快建设中原经济区的指导意见》（国发〔2011〕32 号）对郑东新区提出了"加快推进郑东新区金融集聚核心功能区建设"的要求，河南省委省政府、郑州市委市政府高度重视，将金融集聚核心功能区的发展要求细化为：到 2014 年，郑东新区金融集聚核心功能区初步形成服务中原经济区的金融产业体系；到 2016 年，基本建成服务中原经济区的金融中心；到 2020 年，郑东新区将建成辐射中西部、面向全国、融入世界的金融服务重要节点。2013 年以来，郑东新区与人民银行研究局合作进行了郑东新区金融集聚核心功能区建设课题研究，编制了《郑东新区金融城建设发展规划》，明确了郑东新区金融城的发展定位为国家区域性金融中心、金融服务改革创新试验区、区域性要素市场交易中心、全国重要的金融后台服务中心和国际商品期货定价中心。从某种意义上而言，金融核心集聚区河南唯——一家，就是郑东新区，郑东新区构成了郑州区域性金融中心的核心内涵。

一、我国欠发达地区的金融中心集聚水平评价

根据第四章我国金融中心的分布和不平衡性研究，可以将东部发达地区和东北三省除外归为欠发达地区，之后评价我国中西部欠发达地区金融中的集聚特征，以对郑东新区金融中心构建提供横向对比和路径分析。由第四章评价结果可知（表 7-1），综合集聚水平的排名前 10 位分别为重庆（1.88）、成都（1.50）、武汉（1.33）、西安（1.13）、郑州（0.97）、长沙（0.89）、太原（0.61）、合肥（0.52）、南昌（0.49）、昆明（0.42），郑州位列第 5 位。由规模因子排名看，排名前 10 位的分别是重庆（4.28）、武汉（1.82）、西安（1.61）、成都（1.56）、郑州（0.67）、长沙（0.45）、南宁（0.39）、昆明（0.27）、太原（0.21）、乌鲁木齐（0.20），郑

州依然位列第 5 位，但得分与前 5 位相比明显差别很大，需进一步提升其整体产业水平。从质量因子排名看，排名前 10 位的分别是长沙（2.08）、合肥（1.86）、南昌（1.23）、呼和浩特（1.14）、成都（1.13）、太原（0.73）、武汉（0.64）、西宁（0.61）、郑州（0.18）、银川（0.14），郑州排名第 9 位，与前相比等级差别明显。从深度因子排名看，排名前 10 位的是郑州（2.97）、西宁（2.45）、太原（1.84）、成都（1.74）、贵阳（1.74）、兰州（1.67）、南昌（1.47）、昆明（1.42）、西安（1.35），郑州位居首位，领先于其他区域性中心城市。从省域集聚度看，除郑州（92.84）、太原（68.85）、呼和浩特（33.23）外，其他各城市的省域集中度均达到 100%，这表明郑州的集聚活动尚未完全覆盖至河南省全境，金融在空间上的集聚水平需进一步提升。

表 7-1　我国欠发达地区金融集聚指数及其所在省域的集中度（2010 年）

综合得分位次	城市	金融集聚指数				
		规模因子	质量因子	深度因子	综合得分	省域集中度/%
1	重庆	4.28	−2.22	−1.53	1.88	100
2	成都	1.56	1.13	1.74	1.50	100
3	武汉	1.82	0.64	0.42	1.33	100
4	西安	1.61	−0.44	1.35	1.13	100
5	郑州	0.67	0.18	2.97	0.97	92.84
6	长沙	0.45	2.08	0.97	0.89	100
7	太原	0.21	0.73	1.84	0.61	68.85
8	合肥	0.00	1.86	0.72	0.52	100
9	南昌	−0.04	1.23	1.47	0.49	100
10	昆明	0.27	0.02	1.42	0.42	100
11	南宁	0.39	−0.12	0.63	0.32	100
12	乌鲁木齐	0.20	−0.04	0.75	0.24	100
13	兰州	−0.08	−0.03	1.67	0.24	100
14	贵阳	0.05	−0.56	1.74	0.22	100
15	西宁	−0.60	0.41	2.45	0.15	100
16	呼和浩特	−0.14	1.14	−0.07	0.15	33.23
17	银川	−0.32	0.14	1.07	0.02	100

由第四章主成分的分析可知，规模因子反映出城市的金融活动总量、经济规模、人口规模及行业从业人员规模；质量因子反映城市的经济与金融发展水平与质量；深度因子反映城市的金融服务的活跃程度与金融活动密度。对照 3 种因子

反映的情况，不难发现，综合得分排名是由规模因子决定的，质量因子和深度因子虽然起到了一定的辅助作用，但整体影响不大。就这个角度而言，欠发达地区的中心城市金融实力仅仅体现经济规模的大小，其金融活动密度、金融服务活动等还有很大的提升空间，金融企业服务网络之间的联系需进一步加强，金融活跃程度需要进一步繁兴。

为进一步对比欠发达地区各中心城市的金融中心构建或建设情况，本书借鉴相关专业金融竞争力评价模型进行分析。2009~2014 年，综合开发研究院（中国·深圳）课题组连续发布了《中国金融中心指数（CDI CFCI）报告》，2014 年第 6 期对中国各城市的金融竞争力进行了评价。根据 2014 年《中国金融中心指数（CDI CFCI）报告（第六期）：走进武汉》可知，该评价机构从金融产业绩效、金融机构实力、金融市场规模、金融环境 4 个方面选取了 65 个指标构建了综合评价体系，见表 7-2。

表 7-2　金融中心指数评价体系

一级指标	二级指标	三级指标	四级指标
金融中心指数	金融产业绩效	金融产值	金融业增加值数额（亿元）
			金融业增加值三年平均增长率（%）
			金融业增加值占当地 GDP 比例（%）
		金融从业人员	金融从业人员总数（万人）
			金融从业人员三年平均增长率（%）
			占当地职工总数的比例（%）
		金融产业份额与密度	存款余额占 GDP 比重（%）
			本地证券交易量与 GDP 比重（%）
			保险深度（%）
			贷款余额占 GDP 的比重（%）
			境内股票市场累计融资量与 GDP 之比（%）
			保险密度（元/人）
	金融机构实力	银行机构实力	本地法人商业银行数量
			本地法人商业银行资产总规模（亿元）
			存款余额（亿元）
			贷款余额（亿元）
			商业银行支持数量（家）
			主要商业银行不良贷款比率（%）

一级指标	二级指标	三级指标	四级指标
金融中心指数		证券机构实力	本人法人证券公司数量（家）
			本地法人证券公司资产总规模（亿元）
			本地法人证券公司承销金额（亿元）
			本地法人证券公司经纪规模（亿元）
			证券营业部家数（家）
		基金机构实力	本地法人基金公司数量（家）
			本地基金公司资产管理规模（亿元）
		保险机构实力	本人法人保险公司数量（家）
			本地法人保险公司资产规模（亿元）
			保费收入（亿元）
			赔付支出（亿元）
		境外机构实力	外资银行在本地的分行数量（家）
			外资银行在本地营业性机构数量（家）
			本地法人合资证券公司数量（家）
			国外证券公司在本地的代表处数量（家）
			本地法人合资基金管理公司数量（家）
			外资保险公司在本地的分公司数量（家）
			本地法人合资保险公司数量（家）
			外资保险公司在本地的代表处数量（家）
	金融市场规模	市场成交	同业拆借市场成交金额（万亿元）
			回购市场交易额（万亿元）
			商业票据贴现总额（万亿元）
		股票发行	交易所上市公司家数（家）
			交易所上市公司总市值（亿元）
			股票市场成交金额（亿元）
			股票发行筹资额（亿元）
		债券交易	银行间债券市场现券交易额（万亿元）
			交易所债券市场交易额（亿元）
		其他交易	黄金交易额（亿元）
			外汇市场日均成交额（亿美元）
			产权交易市场年成交额（亿元）
			期货市场成交额（万亿元）
			权证市场成交额（亿元）

续表

一级指标	二级指标	三级指标	四级指标
金融中心指数	金融环境	金融人才环境	普通高等学校数在校学生数（人）
			普通高等学校数（所）
			"211工程"高校数（所）
			每一普通中学专任教师负担学生数（人）
			每一小学专任教师负担学生数（人）
		金融商业环境	每百万人电影院影剧院（座）
			每百万人群众艺术文化馆数（座）
			每万人公共图书总藏量（册）
			医院数（个）
			每万人拥有医院病床数（张）
			每万人拥有的执业医师数（人）
		金融生态环境	城市建成区绿化覆盖率（%）
			人均公园绿地面积（平方米）
			车均道路面积（平方米）

资料来源：综合开发研究院（中国·深圳）课题组（2014）

值得一提的是，由于该报告对中心城市的规模、金融产业发育程度、金融市场规模分析时，未将欠发达地区的太原、兰州、贵阳、西宁、呼和浩特、银川等6个中心城市考虑在内。根据上述指标体系，计算得出了我国中心城市的金融中心指数，评价结果见表7-3。

表7-3 我国欠发达地区金融中心指数评价体系

城市	金融产业绩效	金融机构实力	金融市场规模	金融生态环境	金融中心指数
重庆	52.19	29.61	0.88	196.09	35.94
成都	53.08	32.15	1.17	185.28	35.66
武汉	41.01	22.80	1.29	202.57	31.48
西安	40.60	18.25	0.01	173.57	27.64
郑州	33.19	15.55	4.61	146.63	24.26
长沙	26.24	15.40	0.02	164.57	22.67
昆明	33.65	12.86	0.02	141.69	22.09
合肥	29.58	13.05	0.04	150.39	21.78
乌鲁木齐	38.85	8.21	0.02	138.84	21.77
南宁	38.88	10.06	0.01	106.14	20.00

城市	金融产业绩效	金融机构实力	金融市场规模	金融生态环境	金融中心指数
南昌	28.31	9.56	0.04	128.58	18.88
太原	—	—	—	—	—
兰州	—	—	—	—	—
贵阳	—	—	—	—	—
西宁	—	—	—	—	—
呼和浩特	—	—	—	—	—
银川	—	—	—	—	—

由评价结果可知，金融中心指数排名由高到低分别为重庆（35.94）、成都（35.66）、武汉（31.48）、西安（27.64）、郑州（24.26）、长沙（22.67）、昆明（22.09）、合肥（21.78）、乌鲁木齐（21.77）、南宁（20.00）、南昌（18.88），郑州与第四章主成分计算结果一致，位居第 5 位。从金融产业绩效水平看，由高到低依次为成都（53.08）、重庆（52.19）、武汉（41.01）、西安（40.6）、南宁（38.88）、乌鲁木齐（38.85）、昆明（33.65）、郑州（33.19）、合肥（29.58）、南昌（28.31）、长沙（26.34），郑州金融产业绩效倒数第 4 位，整体金融产业的发展水平不高。从金融机构实力看，由高到低依次是成都（32.15）、重庆（29.61）、武汉（22.8）、西安（18.25）、郑州（15.55）、长沙（15.40）、合肥（13.05）、昆明（12.86）、南宁（10.06）、南昌（9.56）、乌鲁木齐（8.21），郑州市位居第 5 位，和金融指数排名一致，金融机构的竞争实力一般。从金融市场规模看，由高到低排名依次为郑州（4.61）、武汉（1.29）、成都（1.17）、重庆（0.88）、合肥（0.04）、南昌（0.04）、长沙（0.02）、昆明（0.02）、乌鲁木齐（0.02）、西安（0.01）、南宁（0.01），郑州金融规模实力超群，与第四章评价的深度因子排名一致，远远领先于其他中心城市。从金融环境水平看，由高到低依次为武汉（202.57）、重庆（196.09）、成都（185.28）、西安（173.57）、长沙（164.57）、合肥（150.39）、郑州（143.63）、昆明（141.69）、乌鲁木齐（138.84）、南昌（128.58）、南宁（106.14），郑州排名倒数第 5 位，金融发展的孕育环境水平较低。

从上述金融竞争力分析可知，郑州市整体水平位居欠发达地区第 5 位，金融市场规模实力很强，金融机构实力一般，金融产业绩效水平与金融环境水平较低。由此可知，郑州金融竞争力主要体现在外在规模实力的提升、金融机构的集中上，而内在金融企业之间的关联度、地方根植性、"学习场"氛围不足。也就是说，郑州金融中心的构建在"形"方面成绩斐然，在"魂"方面的内在联系不足，需要加强两者之间的有机联系，以提高整体金融竞争力。

二、对比城市选择

通过对我国欠发达地区中心城市的金融水平分析可知，郑州市整体发展水平位居第 5 位，集聚效应明显，发展态势良好。重庆、成都、武汉、西安一直位居前 4 位，整体金融产业发展水平相对较高，是郑州应努力发展的方向。从地理位置看，重庆、成都位居我国西南部，辐射带动成渝城乡统筹示范经济发展；武汉地处长江中游城市群的核心位置，辐射带动沿线地区快速发展；西安地处西北要塞和关中-天水经济区的核心位置，对整个西北地区的辐射效应明显；郑州地处中原腹地和中原经济区的核心位置，辐射带动中原地区金融产业发展，起承东启西和完善全国格局定位的作用。从现实情况看，排名前 4 位的各城市金融产业发展基础扎实，构建区域性金融中心的条件支撑基本具备，辐射带动各自影响区的效应显现。反观郑州金融中心，省域金融集中度不足 100%，对省内其他城市和周边城市的影响不够，未能发挥应有的辐射带动水平。从政府驱动构建方面，成都、重庆、武汉、西安所在省（自治区、直辖市）政府都积极推动各种金融中心的构建，在基础设施建设投入、政府招商引资、对外宣传推介等进行全方位的支持，投入了大量的人力、物力、财力和软环境支持，结合自下而上的金融产业发育进行区域性金融中心构建，发挥了不可替代的驱动作用。

结合整体水平、地理位置、辐射水平、政府构建等方面的情况，考虑辐射带动区域的可比性（去除重庆），本书选择成都、武汉、西安作为比对分析对象，并以上述三市为发展目标，对比分析四者金融产业发展的差异，找出郑东新区金融产业发展的问题所在，促进郑东新区金融中心的合理构建，发挥其应有的空间辐射带动作用，带动整个中原经济区金融产业的快速、健康发展。

第二节　郑东新区与其他类似城市构建区域
金融中心的对比分析

一、金融机构的集聚对比

通过各省（自治区、直辖市）年鉴搜集 2012 年成都、武汉、西安、郑东（郑州）金融机构方面的数据，汇总后见表 7-4。从金融机构数量情况看，郑东（郑州）在商业银行支持数量、本地法人证券公司数量、本地法人保险公司数量、外资银行在本地的分行数量、外资银行在本地营业性机构数量、外资银行在本地营业性机构数量、外资保险公司在本地的分公司数量等明显落后，须加大引进力度，提高金融机构的集聚数量。从商业银行、证券业、保险业、基金、股票等方面资产规模与产值情况看，明显落后于成都、武汉，与西安相比也有一定的差距。例如，在本地法人商业银行资产规模方面，成都为 5433.41 亿元，武汉为 3811.44 亿元，西安为 1983 亿元，而郑东（郑州）仅为 1120.05 亿元；在本地法人证券公司资产规模方面，成都为 336.31 亿元，武汉为 374.81 亿元，西安为 130.91 亿元，而郑东（郑州）为 107.75 亿元；由于郑东（郑州）没有一家本地法人保险公司，所以其资产规模产值为 0。从存贷款余额、本地法人证券公司承销金额等方面的数据看，与成都、武汉、西安也有一定差距。因此，在今后郑东新区金融中心构建方面，需要进一步引进各类金融机构，完善各类机构的覆盖率，提升金融机构的产值绩效，提高郑东新区金融产业规模（表 7-4）。

表 7-4　成都、武汉、西安、郑东（郑州）金融机构集聚情况对比表

地区	成都	武汉	西安	郑东（郑州）
本地法人商业银行数量/家	2	3	2	3
本地法人商业银行资产总规模/亿元	5 433.41	3 811.44	1 983	1 120.05
存款余额/亿元	20 354	13 131.59	12 125.5	10 448.3
贷款余额/亿元	15 630	11 575.84	8 635.22	6 974.1
商业银行支持数量/家	1 422	1167	1010	838
主要商业银行不良贷款比率/%	1.02	0.87	0.77	0.91
本地法人证券公司数量/家	4	2	3	1
本地法人证券公司资产总规模/亿元	336.31	374.81	130.91	107.75
本地法人证券公司承销金额/亿元	100.72	282.3	44.49	0
本地法人证券公司经纪规模/亿元	21 272.14	31 675.18	6 697.11	6 071.14
证券营业部家数/家	130	107	77	74
本地法人基金公司数量/家	0	0	0	0
本地基金公司资产管理规模/亿元	0	0	0	0
本人法人保险公司数量/家	4	2	2	0
本地法人保险公司资产规模/亿元	147.12	391.82	324.64	0
保费收入/亿元	343.95	175.28	173.21	178.46
赔付支出/亿元	95.37	46.15	47.55	47.7
外资银行在本地的分行数量/家	12	7	3	3
外资银行在本地营业性机构数量/家	30	13	14	4
本地法人合资证券公司数量/家	0	0	0	0
国外证券公司在本地的代表处数量/家	1	0	0	0

地区	成都	武汉	西安	郑东（郑州）
本地法人合资基金管理公司数量/家	0	0	0	0
外资保险公司在本地的分公司数量/家	14	13	8	8
本地法人合资保险公司数量/家	1	0	0	0

资料来源：综合开发研究院（中国·深圳）课题组（2014）

二、金融产业集聚水平的对比

为了分析各中心城市的金融产业集聚水平，可以通过金融产业发展的各项指标进行表面特征分析。由表 7-5 可知，从金融产业增加值数额总量看，郑州仅为 346.91 亿元，高于西安的 311.6 亿元，但距成都（740.6 亿元）、武汉（530.1 亿元）还很大的差距。从金融业增加值三年平均增长率看，郑东（郑州）为最低，仅为 10.27%，低于武汉、西安、武汉的 15.94%、14% 和 13.53%，金融产业增加值的步伐须进一步加快。从金融产业增加值占当地 GDP 比例看，成都、西安、武汉分别为 9.1%、7.14% 和 6.62%，而郑州仅为 6.25%。从金融从业人员总数看，郑东（郑州）从业总人员为 4.51 万人，金融从业人员三年平均增长率仅为 4.86%，金融从业人员占当地职工的比例仅为 2.78%，与其他三市相比，差距依然很大。从存款、贷款余额占 GDP 比重、本地证券交易量占 GDP 比重、境内股票市场累计融资量占 GDP 比重看，也明显低于其他三市。在保险深度、密度方面，虽然略高于武汉，但与成都、西安相比还有一定的差距。总体而言，郑东新区无论从金融产业产值规模、从业人员规模、存贷款余额规模、保险业规模、证券股票规模等，还是从增长速度、密度而言，都落后于其他三个城市，仍需做大做强规模，同时提高增长率和人均、地均金融产业产值。

表 7-5 成都、武汉、西安、郑东（郑州）金融产业发展情况对比表

四级指标	成都	西安	武汉	郑东（郑州）
金融业增加值数额/亿元	740.6	311.6	530.1	346.91
金融业增加值三年平均增长率/%	15.94	14	13.53	10.27
金融业增加值占当地 GDP 比例/%	9.1	7.14	6.62	6.25
金融从业人员总数/万人	7.21	6.03	6.9	4.51
金融从业人员三年平均增长率/%	14.21	5.33	7.46	4.86
金融从业人员占当地职工总数的比例/%	3.4	3.64	3.6	2.78
存款余额占 GDP 比重/%	250.08	277.72	164.07	188.26
本地证券交易量与 GDP 比重/%	248.08	213.9	279.55	191.17

续表

四级指标	成都	西安	武汉	郑东（郑州）
保险深度/%	4.23	3.97	2.19	3.22
贷款余额占 GDP 比重/%	192.04	197.78	144.63	122.42
境内股票市场累计融资量占 GDP 比重/%	8.27	12.68	7.37	3.41
保险密度/（元/每人）	2425.94	2025.12	1731.97	1976.08

资料来源：综合开发研究院（中国·深圳）课题组（2014）

从金融集聚水平的内在特征看，成都、武汉经济发展水平较高，地方经济实力强劲，具备金融产业中心发展的产业基础和腹地支撑，金融机构在这两个城市的集中度较高，有利于企业之间的产业集群网络形成，便于形成区域性或者更大范围的金融中心城市。西安、郑州金融中心的发展情况类似，虽有地方经济的支撑和广阔的腹地支撑，但金融产业发展的规模还不足，缺乏有竞争力的企业和产业绩效高的产业链支撑，金融机构的集中程度与金融产业集群发育度也不及成都、武汉。因此，在区域性金融中心构建的过程中还需进一步增加产业支撑的力度，也需要政府和其他非政府机构参与以增强力量。

三、金融产业集群发育的情况对比

金融中心的形成和发展是金融产业集聚发育和资金聚集的必然结果，因此通过分析各中心城市金融中心的发育情况，可更清楚地分析金融中心构建的情况。

在综合开发研究院（中国·深圳）课题组发布的《中国金融中心指数（CDI CFCI）报告（第六期）：走进武汉》中，成都综合排名位居中西部第二位，金融集聚水平很高，金融产业集群的各种效应不断呈现。从现实情况看，成都已形成由银行、证券、保险等传统金融机构为主导，村镇银行、小额贷款公司、融资性担保公司等新型金融机构为补充的多层次金融组织体系，金融机构的各类载体平台健全。由评价结果和指标数据分析可知，成都是欠发达地区金融机构种类最齐全、数量最多的城市，资金流入集聚的效应比较明显，金融中心集聚力日益增强。在各类金融机构集聚和金融资金链的作用下，金融企业之间的技术联系、业务往来加强，企业服务网络建设日趋完善，各种金融后台的支持效应不断显现，金融产业集群基本形成并体现出集群的各种效应。成都金融生态环境相比其他城市也明显占优势，近年来外资金融机构逐年增加，先后引进了小额贷款公司等新型金融组织，银行、证券、保险、信托等组织机构陆续健全，尤其是成都的银行、证券、保险业呈现加速集聚态势，更进一步促进了金融产业集群各种效应的发挥。此外，成都市积极推动跨区域的合作，加强多层次、多区域、多领域的交流沟通，成都银行先后在重庆、西安等地设 5 家分行，成都还聚集了众多金融后台服务中心和第三方金融服务外包机构，已发展成为西部最大的金融外包和后台服务外包中心，金融产业集群的外联范围不断增强。

在综合开发研究院（中国·深圳）课题组发布的《中国金融中心指数（CDI CFCI）报告（第六期）：走进武汉》中，武汉综合排名位居中西部第三位，金融集聚水平仅次于重庆与成都，金融产业集群的各种效应基本呈现。武汉充分发挥区域金融中心的资金"洼地"作用，吸引、吸附资金聚集，服务地方产业发展，武汉金融业也得到快速成长，金融中心建设的"武汉模式"逐现雏形，尤其是金融聚集能力不断得以强化，在"要素和投资驱动"的经济发展理念下，金融产业集群的产业链效应、价值链效应、技术链效应逐步呈现，区域金融中心的辐射能力和竞争能力不断提升。从金融机构实力水平、金融环境水平看，武汉市的金融机构实力仅次于重庆、成都，而金融环境却优于重庆和成都，足见武汉金融机构的集中效应和地方环境的吸引魅力。2010 年以来，为改变武汉市"金融"滞后的困境，使其金融体系更好地适应加快经济结构调整、发展方式转变以及提升国际竞争力的要求，在湖北省、武汉市金融产业发展规划中都明确将其打造成为金融机构密集、市场完善、功能齐全、服务高效、创新活跃、具有较强吸纳辐射功能的区域金融中心。近年来，武汉金融机构的集中程度进一步提升，金融集群的各种效应也必将进一步呈现。

就西安和郑州而言，武汉金融中心指数综合排名位居中西部第三位，金融集聚水平仅次于重庆与成都，金融产业集群的各种效应基本浮现。就西安、郑州的金融发展情况看，成都金融机构实力排名落后于重庆、武汉，金融体系尚不健全、金融监管体系相对完善，金融生态环境良好，金融产业发展态势很好。为进一步加快金融业的发展，西安市政府制定了《西安市金融业发展"十二五"规划》和《西安区域性金融中心发展规划（2013—2020 年）》，郑州市出台了《郑东新区金融城建设发展规划》，这些战略规划与政策措施无疑会增强金融对地区经济发展的增长点和政策保障力，也必将促进金融产业集群的进一步发展。

四、构建模式的对比分析

1. 成都的竞合型构建模式

由金融中心指数评价结果可知，成都、重庆位于西南部地区，地理位置优越，经济实力相当、城市建设水平较高、人口规模相当，地理位置相邻，具有相同的腹地范围。可以说，两者在区域金融的集聚与扩散实力方面不相上下，都具备成为区域金融中心城市的潜力与实力。因此，在市场作用下，成都可以采用竞合型模式进行西部地区金融中心的构建。成为区域内金融中心所带来的巨大经济、社会效益必然会引起成都、重庆构建区域金融中心之争，竞争的模式主要表现为以地方政府为主导的金融资源的竞争态势。事实如此，成都、重庆通过改善本地的融资环境、通过政策倾斜刺激金融发展，加快基础设施建设，发展经济提升城市金融竞争力等，避免了恶意竞争与减缓整体发展速度，金融中心发展指数名列前茅。因此，在该种发展模式下，政府必须综合考虑两个区域中心城市构建的现状与优劣，促进制订区域金融中心打造的引导计划，通过"强强联合"打造西部大区域金融中心。

2. 武汉的政府辅助型构建模式

由金融中心指数评价结果可知，武汉市在中部地区的经济实力较强，城市建设速度很快，金融产业集群的各种效应初显，金融竞争力较强，具备建设区域性中心城市的各种基础条件。一般而言，在中心城市的经济、金融都发展到一定的水平，有了一定的基础，但在其金融市场的竞争力还不充分，金融体系还不完善的情况下，政府可采用辅助型模式构建（徐盈之和孙剑，2009）。事实如此，武汉市政府出台各类政策并实施各类措施，发挥政府在金融市场发育、金融产业集聚、金融产业集群打造中的"看得见的手"的作用，不断完善金融市场、健全金融体系，形成了中部地区金融产业发展的集聚核心，也带动了整个长江中游地区的经济发展。武汉市这种通过"看不见的手"与"看得见的手"共同作用培育区域金融市场，加速区域金融的发展从而促进中心城市金融中心的形成模式（即政府辅助型构建模式）。武汉已经具备了构建为中部地区金融中心的条件，但从郑州、长沙、南昌、合肥的竞争态势以及西部重庆、成都的竞争实力看，其在金融发展水平、金融竞争力方面来讲，距离中部金融中心的要求还有一定的差距。在现阶段，武汉市仅靠自然发展过程与金融市场逐渐孕育是缺乏时效的，因此，武汉在构建区域金融中心的过程中，应采取政府辅助构建的模式，把武汉构建成中部地区的区域金融中心。

3. 西安、郑东（郑州）的政府扶植型构建模式

从中国城市体系和中西部的地理格局中，西安、郑州分别承担着西北部、中部地区的经济、社会、文化中心，同时位居地理要塞，辐射带动着一方的经济社会发展。但是，从现实情况看，两市整体经济发展水平相比重庆、成都、武汉等地区相对较低，金融产业发展的机构集聚实力、金融规模实力相对不强，导致区域内金融市场不是很健全，金融体系相对不完善，金融中心的功能效应不突出。在这种发展情况下，政府必须采取金融补救措施，出台相关的金融政策并实施金融战略，才能在完善本地金融投资环境与吸引金融资源集聚方面产生各种成效，从而促进区域性金融中心的形成。由前面金融中心的构建模式可以发现，如果仅仅依靠自然的机制带动金融竞争力提升，是个相对漫长的过程。因此，西安、郑

州所在的省级政府、地方政府可以发挥金融对经济的促进作用，通过金融政策的倾斜和各种国家优惠政策的争取，大力促进金融产业发展，通过吸引金融机构集聚和打造金融产业集群，从而产生两市在区域经济格局中的金融效应，进而带动本地经济的发展，最终达到区域金融与经济的协同发展。

五、综合对比分析

通过郑东（郑州）与我国欠发达地区的其他金融中心城市的对比分析可知，郑东（郑州）的金融集聚水平、金融产业集群发育、金融产业规模等明显落后于重庆、成都、武汉，与西安相比也有一定差距。从各项指标不难看出，郑东新区在构建中原地区的金融中心中面临着经济发展、金融制约等方面的因素影响，经济发展与金融中心构建不能很好地协同打造。国家出台的中原经济区战略、中原经济区规划、郑州航空港经济综合实验区规划等，充分显示了国家经济政策的倾斜。河南省制定出台《郑州区域性金融中心建设规划》《郑东新区金融产业集聚发展规划》《郑东新区金融城建设发展规划》，并由政府层面进行了《郑东新区金融投资环境研究报告》《郑东新区金融集聚核心功能区建设研究》，足见地方政府在金融中心构建方面的信心与力度。不可否认，在国家层面、省域层面、地方层面实施的各种政策优惠以及财力支持非常重要，但更为重要的是郑东新区自身对金融资源的利用和分配、金融机构实力的提升和金融产业集群的效应发挥，唯有如此才能更好地促进郑东新区金融中心的构建。如果郑东新区金融中心的金融资源利用率低，如果金融市场的活力、金融市场的规模效应、金融产业集群的链式效应不能很好地发挥，而中西部地区的重庆、成都、武汉在新一轮的金融产业竞争获取更多的金融资源与金融利益，那么郑东新区就会陷入低水平发展的路径依赖和锁定效应困境中。因此，在充分利用国家各类优惠政策的同时，河南省政府、郑州市政府要积极引导和创造优越的经济环境，培育灵活、畅通的金融市场，放松金融监管条件，发挥自身的区位优势、政策优势、基础设施优势，使郑东新区加速成为可与武汉、西安相媲美的区域性金融中心。

|第八章| 郑东新区区域性金融中心的构建路径

郑东新区区域性金融中心的构建不仅是河南省、中原经济区经济社会发展上的一件大事，更是中西部欠发达地区谋求金融产业集聚发展的一份河南担当。对于郑东新区区域性金融中心建设而言，没有成功的运转模式可以借鉴参考。然而，金融产业集聚、金融产业集群与金融中心构建有其自身发展的演变规律，唯有遵循两者相互促进的内在规律，才能创造新一轮的"郑东"奇迹，更好地发挥郑东新区在中原经济区建设的辐射带动作用。因此，结合前述章节即"金融产业集聚—金融产业集群—金融中心构建"的框架设计与理论脉络，总结国内外金融中心形成、发展的规律，明晰郑东新区金融中心发展的现状、问题、差距与挑战，按其发展规律统筹运转，才能真正完成郑东新区区域金融中心的构建。

第一节 国内外金融中心发展的经验借鉴

一、国内外金融中心发展的经验总结

（一）关键因素

根据前述的理论剖析，一个城市或地区要想发展成为或者构建成为金融中心，影响因素诸多且彼此交织，并且在不同时段的演化时期，区位条件、机遇背景、远景构想等条件下所起的作用不一致。概括而言，促进金融中心构建的关键因素为：

（1）金融产业集聚的产业支撑是构建的基础前提。无论是国际知名的金融中心纽约、伦敦，还是享誉国内的香港、上海金融中心，都是依托雄厚的经济发展实力建立起来的。在产业支撑的金融产业演化背景下，企业之间的协作、各种组织之间的交流网络以及各种"场"才能通畅运转，并进一步地促进一个地区金融产业集聚向产业集群化、金融中心形成的方向演化。

（2）金融市场完善与机构的集聚是构建的重要保证。金融市场是金融业务发生、交易的地方，金融机构是金融产业活动的载体支撑。完善的市场环境和大量彼此联动的金融机构促使着一个地区企业之间、产业之间有效地进行衔接，也是促进金融产业集群网络化联系的重要支撑。

（3）地方政府的行为支持和政策保障是金融中心构建的重要支撑。无论是伦敦早期金融市场的发展，新加坡抓住机遇后的金融中心打造，还是国内上海金融市场的逐步兴起，都离不开政府行为对金融市场的引导和各类政策的保障。

（4）较少的金融管制和畅通的金融自由度非常重要。金融管制严重的城市与地区，国外金融机构很难进入，即便进入也难以获得较大的发展，反而束缚了当地金融产业的发展。因此，金融管制的减少和金融自由度的提高有助于金融中心的形成和构建。

（5）市场机遇是金融中心构建的重大资源。新加坡当时就是抓住了亚洲美元这个机会，政府采取有利于亚洲美元发展的政策环境，使得新加坡金融中心能够短时间内在世界上有一席之地。

（6）独特的竞争力是金融中心赖以生存与发展之本。作为国际性、区域性金融中心，它必须具备一种功能优势，这种优势是该区域独有的，其他地区不能复制。不同级别的金融中心的独特竞争力的层次也不同。

（二）限制条件

相反，一个地区从国际金融中心变化为国内金融中心，或者说一个城市从国内金融中心变化为区域性金融中心，抑或一个地区被另外一个金融中心取代，与其所处的市场环境、经济支撑、金融管制、区位条件等方面的限制条件密切相关。概括而言，导致一个地区金融中心衰落的主要限制条件为：

（1）区位条件的限制。典型案例为悉尼，悉尼是一个影响力较强的金融中心，但它仍然只是澳大利亚而不是亚太地区的金融中心，其中地理位置是一个重要因素。以到达亚太地区其他九大城市的平均飞行时间来统计，香港仅为 300 多个小时，悉尼却为 900 多个小时。此外，澳大利亚银行业务的开放程度不如香港，税制也不如香港有吸引力。因而，在区位条件不占优势的条件下，金融市场环境或其他进金融配套不具备独特的吸引力，很容易被其他条件好的金融中心取代。

（2）市场机遇与区位机会的限制。建设金融中心的自身发展战略是重要的，外部机遇也是重要的。机遇稍纵即逝，为此需要在宏观上密切关注世界政治经济发展动态，发现和抓住机遇。新加坡的兴起就是一个力证，该国抓住了亚洲美元市场机会，放松国内金融管制，促使其货币市场、证券市场、外汇市场、离岸金融市场和金融衍生品交易市场等金融市场迅速发展为国际性金融市场。

（3）缺乏经济实力或经济腹地的支撑，限制了金融中心的发展。例如，佛罗伦萨衰落后，热那亚凭借其先进的信贷制度崛起。信贷制度是建立在他人剩余资金基础上的，国家并没有对信贷的实际控制力。之后，17 世纪凭借荷兰强大的国力支持，阿姆斯特丹迅速取代了热那亚，成为整个欧洲的商业中心、国际贸易中心及国际银行业和保险业中心，经营范围开始超越国界，向英国和其他国家发展。可见，金融中心必须建立在现实经济基础之上，包括国内经济、地区经济和国际经济。

（4）严格的金融管制导致金融中心地位的动摇。金融产业发展的市场自由化如同一把"双刃剑"，各有利弊，须适时调整。纽约作为国际金融中心一直在世界上独领风骚，然而在 1958 年后美元过剩，这就导致美国采取各种措施，如利息平衡税、约束条例等。虽然纽约国际金融市场渡过了难关，但依然给无管制的欧洲市场提供了机会。与此相对照，英国创造力虽然趋于衰落，但伦敦采取了明智的弹性的监管制度，加之以往积累的金融经验与能力，使之占有了欧洲货币市场的大部分业务，联手方能与纽约相抗衡。

（5）开放度低的金融市场会影响金融中心的稳定性。在非城市型国家或地区，金融中心容易受国家主体金融政策、体系与开放度的约束。由于这种约束，国际金融中心的发展战略必须是寻找在整体中的特殊性和在进程中的领先性，否则就不可能有金融迅速发展和金融机构集聚。金融中心城市需要根据国家整体的发展战略调整自身的发展规划。20 世纪 80 年代中期，日本成为取代美国的资本型输出国，也为日本成为国际金融中心创造了机会和平台，但由于日本政府管制政策的严苛，金融机构进出的门槛很高，外资金融机构不能同国内企业一样享受很好的金融待遇，从而在很大程度上制约了日本金融业的国际化发展。

二、国内外金融中心发展的启示

（1）发挥区位条件的优势作用。由金融中心形成与构建的形成条件可知，区位条件是可遇而不可求的先决条件，只有利用好所在地的区位优势才能发挥产业机构集聚、产业集群化发展的各种空间效应。因此，如果一个地区处在较好的交通要地和投资高地，那么就要完善其各类基础设施及配套建设，使其区位优势效应发挥到最大，从而减少金融机构的进驻成本和沉淀成本，也能为金融产业集群的形成铺垫好硬件支撑，为金融中心在空间上的辐射带动和外部影响创造条件。

（2）维护金融市场的高自由度和高效率。金融中心是一个完全竞争的市场环境，各种金融机构能自由进入或退出市场，各种金融交易自主进行，交易方式灵活便利，各种金融产品自由定价，各种信息公开获取，这样才促进金融产业集聚效应的产生和集群化发展。根据竞争市场理论可知，金融市场环境就是一个高自由度、高效率的金融市场。自由是国际金融中心生存和可持续发展的基本前提，安全、便捷和高效率是金融中心的基本特征。只有维持好了金融市场软件的高自由度和高效率，金融中心方得以形成、发展与成熟。瑞士、法兰克福、伦敦、纽约、香港、新加坡等都是靠高自由度、高效率才获得了长久发展的动力。而缺乏市场的自由度和高效率，金融中心的发展步伐就会变缓，东京就是典型的市场例子。

（3）发挥政策与优惠措施的快速促进作用。金融中心的建设和发展，离不开政府支持和各类优惠政策的扶持。英国政府在 20 世纪 60、70 年代出台的金融自由化政策，瑞士银行业的保密政策，都加速了金融中心的形成过程。中国香港和新加坡都是在政府的金融发展政策的主导下迅速发展起来的，虽然它们都有时区优势和地理位置优势，但是如果没有政府政策的支持，金融中心的形成就不会这么快。同样是因为政府政策的作用，东京金融中心的地位反而开始衰落。因此，金融中心形成的早期阶段需要地方政府提供具有竞争力的政策、制度环境及各类招商引资措施，鼓励金融机构作出迁移的决定，从而加快金融中心的产业集聚过程与集群形成过程，使金融中心尽早跨出金融机构聚集和协同效应支撑的自维持发展阶段。

（4）抓住金融市场的重大机遇和机会窗口。新加坡因为抓住了亚洲美元市场而奠定和巩固了亚太地区金融中心的地位，伦敦因为抓住了欧洲美元市场而使纽约无法被动摇其国际金融中心的地位。还有其他一些离岸金融中心，无不是因为抓住了机遇。在经济金融全球化的条件下，国际金融市场风云变幻，抓住了机遇就等于抓住了主动权。

（5）鼓励各种形式的金融创新。创新是社会发展的动力，是经济增长和发展的最重要源泉。创新理论的奠基人熊彼特概括了创新活动的本质和特征。金融中心同时也是金融创新中心，为了规避金融交易的风险，衍生品应运而生；为了提高监管效率，各种新的管理技术和手段不断涌现；为了扩大交易规模，各种新的交易方式与交易方法不断出现。此外，还有金融市场创新、金融体制创新、交易技术创新等。国际金融中心是各种金融机构的集聚地，金融机构的集中和金融活动的集中进行有正的外部性，追求利益最大化的内在动力转变成创新的驱动力，使金融创新活动层出不穷。金融创新保持了金融中心的活力，促进了金融中心的发展。

第二节　郑东新区构建区域性金融中心的定位分析

一、构建模式的定位分析

根据区域金融中心形成或构建模式分析可知，郑东新区区域金融中心的构建必须走"自上而下"或者"混合式"的构建模式，必须充分发挥政府在构建中的促进作用，营建金融中心形成的各类软件，提高金融机构的集聚水平，完善金融业态，健全市场化机制，促进金融中心的快速发育与实力提升。从第七章重庆、成都、武汉、西安的构建模式分析看，郑州金融中心的构建应选择政府扶植型构建模式。因此，从未来发展趋势而言，郑东新区的构建还应积极发挥政府在金融构建中的重要作用，沿着金融机构集中—金融产业集群形成—内在企业衍生—金融中心构建的模式发展，加速郑东新区区域性金融中心的构建。

二、功能地位的定位分析

《国务院关于支持河南省加快建设中原经济区的指导意见》明确要"加快推进郑东新区金融集聚核心功能区建设，适时申请开展电子商务国际结算业务"。在此基础上，河南省政府确定了"两圆、一带、一方块"的金融业发展空间布局，郑州市提出通过建设郑东新区金融城，加快金融集聚核心功能区的发展，郑东新区确立了以金融业为主导产业的现代服务业体系，全力打造郑东新区金融城。但从评价结果看，郑东新区在金融机构实力、金融产业市场规模等与其他城市相比还有一定差距，郑东新区打造区域性金融中心的目标也必须加快日程。因此，本书结合前述分析，将郑东新区金融中心构建的功能定位如下：国家区域性金融中心、金融服务改革创新试验区、区域性要素市场交易中心、全国重要金融后台服务中心、国际商品期货定价中心。

三、辐射范围的定位分析

从第四章、第七章的评价结果与区域实际看，成都、重庆正在组建双核以构建西部区域性金融中心，武汉在努力打造中部区域性金融中心的目标，西安也在积极构建西北地区金融中心，各方的竞争日趋竞争。在区域经济与金融产业发展的大格局中，郑东新区应立足中原地区区域性金融中心的构建，并努力成为与武汉北南呼应的中部区域性金融中心。

四、外联活动的定位分析

从第七章的评价结果与各项指标看，郑东新区的境外合资企业、境外企业相对发育不足，海外市场空间拓展不足，金融产业发展的国际化水平低。因此，在未来发展中，郑东新区应紧跟金融业发展的新趋势，通过多方措施引进国外金融机构入驻，畅通国际化发展的道路，为中原经济区和郑州航空港经济综合实验区建设提供坚强保障。

第三节　郑东新区构建区域性金融中心的制约因素与主要问题

一、制约因素

从产业集聚演化的视角与国内外金融城建设实践和郑东新区产城发展现实条

件来看，郑东新区要实现打造金融城、建设国家区域性金融中心的目标，还存在诸多问题与不足：

（1）金融市场化程度较低。多层次资本市场发展迟缓，证券化率较低。截至2012年年末，郑州市直接融资与间接融资比例为37：63，上市企业仅36家，在中部省会城市中居第三位，企业融资过度依赖银行信贷。银行信贷资金向大企业倾斜明显，中小企业融资困难较为显著。此外，外资金融机构数量少、规模小，业务占比较低，与上海、北京等国际化程度高的城市相去甚远，即使与一些中西部中心城市相比也有明显的差距。经济外向度不高导致金融产业的服务能力和影响力相对较低，制约了金融集聚、金融集群化效应的发挥，也制约了其功能性中心辐射效应的发挥。各类金融机构中，目前进驻郑东新区的外资银行仅有3家，进驻的外资金融机构不仅数量少，而且业务范围窄、资产规模小，对本地金融市场的创新带动和竞争压力贡献较小，对外向型经济的金融服务能力还有待提高，与上海等国际化程度高的城市相去甚远（上海陆家嘴金融贸易区入驻外资银行法人行18家，分行60家），即使与一些中西部中心城市（成都、武汉）相比也有明显的差距。

（2）金融业态不完整。目前，进驻郑东新区的金融机构以银行、证券、保险等传统金融机构为主，融资租赁、投资基金等新型金融业态发展相对迟缓，银行、证券、保险、期货公司是构成金融业产值的主要力量，基金公司数量和规模偏小，债券市场不发达，第三方支付、股权投资等新型金融业态尚未出现，与金融核心业务密切相关的法律、会计、评估等中介服务机构数量较少，发展水平有待提高，金融业态和配套产业还有待完善。此外，一些全国性大型金融机构尚未进驻，缺少全国性金融机构的区域性业务中心，进驻金融机构在业务审批、资金调配、资金运用等方面的自主权有限。

（3）金融服务的辐射能力不强。区域金融中心是各类金融产业、金融中介和金融机构的集中地，是合理、高效配置金融资源的场所，如果区域金融中心仅能发挥聚集功能，而不能实现辐射功能，则不可能持续存在和发展。从某种意义上说，区域金融中心的辐射功能是实现区域经济发展的根本所在。根据金融中心指数评价结果可知，郑东新区不仅与上海、北京、深圳等全国性金融中心城市存在较大差距，而且在中西部中心城市中落后于武汉和西安。目前，进驻郑东新区的金融机构以银行、证券、保险等传统金融机构为主，融资租赁、投资基金等新型金融业态发展相对迟缓。特别是一些全国性大型金融机构（如国家进出口银行等）尚未进驻，缺少全国性金融机构的区域性业务中心，进驻金融机构在业务审批、资金调配、资金运用等方面的自主权有限，金融业务的开展及活跃程度欠缺，还无法完全实现"由点的发展带动面的发展"，金融服务的辐射能力亟待提升。

（4）区域金融创新活力相对不足。区域金融中心汇集的金融机构众多，在改进服务质量、完善自身发展的同时，不断推出符合区域经济发展需要的金融工具和交易方式，率先进行金融创新，可以直接增强集聚功能和辐射功能。国发〔2011〕32号文、国发〔2012〕43号文虽然提出要"加快推进郑东新区金融集聚核心功能区建设"，"支持郑州加快金融改革和金融创新"，但尚未形成明确具体的政策实施意见，导致郑州乃至河南金融改革落后于国内其他主要城市和地区。目前，受国家政策辐射范围有限的影响，人民币国际结算、消费金融试点等大量金融改革创新政策未能落地郑州，先行先试效应滞后。河南省城市商业银行与农村信用社尚未建立有效的治理结构，地方法人保险机构组建进展缓慢，证券投资基金、消费金融公司、汽车金融公司等仍为空白。由于缺乏具有较大影响力的法人机构和全国性金融机构的区域总部，金融机构的业务创新缺乏自主性，难以根据市场需求变化及时开发新的金融业务，区域金融创新活力不足。

（5）信息处理能力弱。区域金融中心能迅速收集、处理、传播、储存金融市场的庞大信息，是金融信息生产、分配和消费的场所。由于规模效应的存在，尽管这个过程也带来交易成本的上升，但比起所节约的大量信息搜寻成本和由于信息不完全及严重的信息不对称所导致的市场交易断裂带来的效率损失要小得多。及时、准确、充分的信息收集和处理功能是区域性金融中心聚集功能、辐射功能、监管功能、金融创新功能和结构调整功能正常发挥作用的基础和关键。目前，郑东新区金融城金融信息平台少、处理能力弱，无法达到支撑信息化、智能型城市需要对大量金融信息处理的能力。承担金融机构系统信息收集分析、加工处理的机构一般为金融机构的单据处理中心、数据中心、灾备中心、运营中心等后台机构，目前郑东新区尚未有已建成投用的全国性金融机构的后台服务中心，而目前中西部城市的武汉、成都、合肥等地已经分别引进了21个、15个、18个金融后台项目。在监管部门、金融机构、金融产品需求方（包括企业、个人）之间提供信息服务的各类金融信息平台目前仍较为缺乏，河南省金融产品等平台提供的信息数量、质量还需进一步完善提升。此外，郑州金融城自身还需要搭建政策咨询、人才服务等信息服务平台，以便更好地发挥金融供需中介的桥梁和纽带作用。

二、主要问题

郑东新区金融业虽然取得了长足的发展与进步，但离区域性金融中心的要求还有很大的差距，在区域金融竞争加剧的形势下，面临着以下严峻挑战：

（1）金融产业发展落后于经济发展，金融业总体规模仍偏小，金融业增加值占地区生产总值的比重依然较低，与周边省份省会城市相比优势不明显，在中西部地区的影响力和辐射力还不够强。

（2）金融组织体系不健全。以银行、证券、保险等为主体的传统金融机构占绝对比重，而融资租赁、投资基金等新型金融业态发展相对迟缓。一些全国性大型金融机构尚未进驻，缺少全国性金融机构的区域性业务中心，使得金融机构在业务审批、资金调配、资金运用等方面的自主权受到制约。进驻郑州市的外资金融机构不仅数量少，而且业务范围窄、资产规模小，基本上没有给河南及郑州金融市场带来竞争压力。城市商业银行、农村金融机构、证券、信托等地方法人金融机构尽管已经通过改革取得明显进步，但仍然存在一些问题，与现代金融企业的标准还有一定的差距，市场影响力有限。作为中西部经济总量最大、人口最多的省份，河南至今尚无一家全国性法人商业银行，也没有法人保险机构。郑州商品交易所由于缺乏国家层面的政策支持，与国内其他商品期货交易所相比，在上市品种、市场、资金、人才的竞争上处于不利地位。金融中介服务发展滞后，与金融核心业务密切相关的法律、会计、咨询、评估等中介服务机构数量较少，发展水平有待提高。

（3）金融发展不平衡矛盾突出。多层次资本市场发展迟缓，资本市场融资规模在全国占比偏低，企业融资对银行信贷的依赖度过高，直接融资发展滞后；银行信贷资金向大企业倾斜明显，中小企业普遍存在融资困难；金融机构网点分布不均衡，主要集中于城市地区，县及县以下地区网点覆盖率低，金融服务严重不足。

（4）周边区域性金融中心竞争压力加大。全国大中型城市纷纷提出建设金融中心的目标，并制定了各具吸引力的扶持政策和措施，区域金融产业发展的竞争日趋加剧，郑东区域性金融中心构建面临更大的挑战。

第四节　郑东新区区域性金融中心的政策建议

综合郑东新区区域金融中心构建的定位与 SWOT 分析，将内部因素与外部环境进行逐一分析，之后根据轻重缓急或影响程度等排序方式，构造郑州新区区域金融中心构建的 SWOT 矩阵，如表 8-1 所示。根据表 8-1 中内部能力与外部因素组合的 SO、WO、ST、WT 分析，考虑金融产业集聚、金融产业集群化与金融构建的政府主导驱动模式规律，结合郑东新区金融产业发展基础与未来态势，提出郑东新区区域金融中心的构建路径：完善多层次金融市场体系、支持各类金融业态有序发展、促进金融机构集聚发展与金融产业集群发展、加强对外金融合作与交流、增强金融发展的政策支持。

表 8-1　郑东新区区域金融中心构建的 SWOT 矩阵

	优势（strength）	劣势（weakness）
内部能力 外部因素	● 金融腹地支撑优势 ● 金融产业发展优势 ● 区位与交通优势 ● 人力资源优势 ● 基础设施优势 ● 国家金融政策支持优势	● 金融体系尚不健全 ● 金融市场化程度较低 ● 地方金融实力弱 ● 金融改革创新相对落后 ● 经济外向度低 ● 金融竞争力不强 ● 金融专业人才支撑不足
机会（opportunities）	SO 分析	WO 分析
● 区域经济战略 ● 金融发展政策 ● 政府主导驱动 ● 金融发展潜力大	● 抓好金融发展机遇 ● 优惠政策的持续 ● 政府招商力度加大 ● 提高金融相关服务产业效益	● 健全金融市场体系 ● 鼓励多种形式创新 ● 加强与国际、国内其他区域合作 ● 提升金融竞争力 ● 加强金融专业人才培养
挑战（threats）	ST 分析	WT 分析
● 金融产业发展落后于经济发展，金融业总体规模仍偏小 ● 金融组织体系不健全 ● 金融融资发展不平衡矛盾突出 ● 各金融中心的竞争 ● 国际金融市场压力	● 继续提升各类金融机构、金融产业产值 ● 完善多层级金融市场 ● 拓宽融资渠道 ● 提升自身竞争力和加强对外合作 ● 参与国际金融市场分工	● 完善当地金融市场 ● 培养当地特色的金融产业链、企业网 ● 提升本地金融人才的各方面技能

一、完善多层次金融市场体系

根据前述分析，郑东新区的各类交易平台数量有限且功能不强，应多方筹措建立金融各类交易平台，构建多层次的金融体系。在今后发展中，一方面要以郑州商品交易所为龙头，鼓励设立各类功能集中型金融服务中心或服务平台，包括设立郑州金融资产交易所、股权交易所、中小企业产权交易所、各类商品现货交易所（如农资、配件、塑料制品等），争取恢复文化艺术品交易所。另一方面须鼓励各类银行机构、证券机构、基金公司、信托公司、保险公司继续在郑东新区集聚，高标准规划设计和建设金融机构经营管理场所，配套完善相关法律、财务、审计等中介服务，便利各类资本市场业务顺畅流转和运行，从而提高金融服务效率与扩大金融市场规模，以进一步巩固和扩大郑东新区金融产业集聚核心功能区的地位和作用。具体发展措施如下：

（1）积极提升期货市场实力和影响力。第一，根据郑东新区期货市场的现状，在做精做细已上市期货产品的基础上，推出符合郑州商品交易所功能定位和具有区域优势的期货品种。第二，根据期货市场航行加强科研开发支撑，加大商品期货新产品、商品指数期货和期货期权的研究开发力度，力争每年至少上市 2~3 个新产品，支持将具有区位优势的战略性期货产品（如煤炭、天然气、电力等）在郑州商品交易所上市，逐步把郑州商品交易所建设成为集农产品、能源、原材料、工业品、商品指数期货及期权的综合性、现代化的期货和期权交易所。第三，鼓励郑州商品交易所加强与中西部地区的合作，共同开发或上市区域特色大宗商品或期货产品，扩大郑州商品交易所的辐射功能和影响力。推进郑州商品交易所与中西部地区的合作，支持在中西部条件具备的地区设立期货交割仓库，完善交割库点布局，形成连接中西部、辐射全国的综合中心。第四，积极引进大型期货公司和机构投资者，促进与国外期货市场的合作，加大本地期货公司培育力度，进一步完善投资者结构。

（2）培育发展区域性货币交易市场。第一，要鼓励大型商业银行在郑东新区设立票据交易专营机构，积极向国家金融管理部门争取在郑东新区率先开展融资性票据业务试点，增强郑东新区区域性票据市场的投融资功能和影响力，逐步形成覆盖中原、辐射全国的区域性票据交易中心。第二，要积极创造开展电子商务国际结算业务的条件，加强与中国人民银行总行、商务部等部门的沟通协作，促进世界 500 强企业在郑东新区设立结算中心，吸引国内外著名的商业银行在郑东新区设立金融电子商务中心，提高郑东新区国际贸易外汇结算业务的便利度。第三，着力扶持和引导本地中小金融机构积极参与货币市场交易，利用全国性货币市场融通资金、改善资本资产结构、拓宽地区融资渠道和优化融资结构，提高资金流动性与经营能力。第四，支持驻地在郑东新区的龙头商业银行充分发挥沟通协调职能，对中原经济发展建设或城镇化建设的一些重大项目和大企业的大额融资，牵头组建贷款银团，分散郑东新区区域性金融中心构建中的信贷风险。

（3）建立健全要素市场体系。第一，要努力培育发展区域性产权交易平台和金融服务平台，探索中小企业股权流转新途径，争取设立区域性股权交易市场支持郑东新区纳入国家"新三板"扩容试点，丰富要素市场层次，提升金融服务功能。第二，进一步拓宽中小企业、文化及创意企业的抵（质）押物范围，研究开发适应中小企业、文化及创意企业特点的金融产品，积极发展保单融资、知识产权质押融资、票据质押融资、股权质押融资、供应链融资、小企业联保融资。第三，着力于多方合作，积极创造条件，逐步开展 PE 份额、企业股权、租赁资产、信托产品、票据资产以及保险理财类等金融性资产的公开交易创新业务，为各种金融资产提供从登记、交易到结算的全程式服务。第四，探索建立农村土地使用权交易市场，推动农村土地使用权有序流转，推进农业产业化经营和城乡统筹协调发展，实现与郑州商品交易所、郑州粮食批发市场等方面的优势互补。第五，建立私募股权交易和柜台交易市场，大力引进和培育风险投资基金、创业投资引导基金、创业投资基金、私募股权投资基金等股权投资机构，以及基金管理机构和中介机构，设立股权投资引导基金，实现股权投资基金向系列化和高端化发展。

第六，借鉴天津等城市的成功经验，努力建立文化产权交易所，加快广播影视、演艺娱乐、新闻出版、动漫游戏、文化创意等重点文化产业发展，扶持具有中原特色和国家水准的重大文化项目，打造全国重要的文化产业基地，弘扬中原文化。

（4）推进农村金融市场创新。第一，鼓励金融机构开发和推广适合"三农"的金融产品，大力发展小额信贷和微型企业专属金融服务，积极推行大型农用生产设备、林权、"四荒"土地使用权等抵押贷款和应收账款、仓单、可转让股权、专利权、商标专用权等权利质押贷款，探索开展房屋、土地承包经营权抵押贷款。第二，培育农村保险市场，发展政策性农业保险、农业再保险，探索农村信贷与农业保险相结合的银保互动模式，完善风险分担机制。第三，开展信用村、镇建设活动，建立完善政府扶持、多方参与、市场运作的农村信贷担保机制，缓解农村地区"贷款难""担保难"的问题。

（5）扩大股票市场融资规模。第一，积极培育支持和指导中小企业创造条件，通过全国性、区域性股权交易市场实现资金融通和投资退出，促进中小企业解决上市前的融资难题。第二，加强上市后备企业培育工作，对后备企业给予项目、资金、建设用地等方面的政策支持，强化区域金融企业特别是中小企业财务规范的培训力度，积极做好企业外部融资的基础性工作。第三，引导上市企业改善公司治理结构和财务水平，加强市场运作，增强其通过配股、增发、可转换债券等途径进行再融资的能力。第四，为区内金融企业提供各种企业上市服务，通过竞争形成优良的企业金融服务环境和企业金融服务中心，进而吸引中原经济区及中西部其他地区的各类企业来新区寻找优质金融服务，从而打造企业上市的优质金融服务品牌。

（6）扩大债务融资规模。2012年，郑东新区金融集聚区通过股票市场筹资229.4亿元，通过债券融资664.8亿元，债券融资额已经超过股票融资。因此，在今后融资规划建设中，一方面应继续加大利用债券融资力度，引导符合条件的企业通过发行企业债券、公司债券、中期票据、短期融资券、区域集优、中小企业私募债筹集资金，努力扩大企业债务融资规模。另一方面应支持符合条件的企业发行可转换公司债券，鼓励本地法人金融机构创造条件申请发行次级债等资本性债务工具，鼓励区位证券企业积极向国家申请在郑州市开展资产证券化试点，努力推动中小企业发行集合债券、区域集优债券和私募债等。

二、支持各类金融业态有序发展

（1）打造辐射中原地区的区域金融总部中心。根据金融产业集聚与金融产业集群化的总部经济、枢纽经济需求，一方面要吸引金融控股集团公司和国内外银行、证券、基金、期货、保险、信托、财务公司等金融机构在郑东新区设立法人机构总部或地区总部，鼓励金融机构设立隶属于总部的管理总部、业务运营总部、国际业务部、私人银行部、资金营运中心、票据中心、银行卡中心、研发中心、投资与决策中心、营销中心等具有区域总部功能的机构，集中开展金融决策、金融创新、资金调度、授信管理、资产管理、产品销售、集团服务等业务。另一方面区内金融服务机构应着力创造条件，吸引国际著名的银行、证券、保险及会计师事务所、律师事务所入驻，支持驻郑外资金融机构发展成为中原地区管理总部或业务营运总部。

（2）支持传统金融业态。第一，加快银行业发展，支持银行设立票据专营机构发展贴现、转贴现、再贴现和回购等票据交易业务，发挥交易中介职能，提高市场效率和贴现业务比重。支持国外大型银行业金融机构将区域性总部设在郑东新区，提升机构能级。第二，积极发展证券业，支持在郑东新区金融集聚核心功能区设立证券总部机构、期货总部机构、二级公司、分支机构和证券承销与保荐、财务顾问、资产管理等专营公司，积极培育和发展与金融市场紧密相关的资金与资产管理机构、证券金融公司等功能性金融机构。第三，不断完善保险业。鼓励发展商业养老保险、健康保险、责任保险等专业保险公司。支持具备条件的保险公司通过重组、并购等方式，发展成为具有国际竞争力的保险控股公司。争取有一到两家国际知名的保险法人机构或者后援支持服务中心落户郑东新区。积极争取监管部门支持，引导金融机构、大型企业等共同出资成立专业化的地方法人保险机构，大力发展保赔保险等传统保险业务，积极探索新型保险业务。

（3）加快发展新型金融业态。近年来，村镇银行、小额贷款公司、汽车金融公司、金融消费公司、融资租赁等新型组织机构发展迅猛，市场份额迅速扩大，在一定程度上缓解了中小企业和农村融资的困难。因此，郑东新区应积极争取政策支持，进一步引导金融机构和社会资金加快组建新型金融机构。加快发展民营金融机构，鼓励本土有实力的法人金融机构作为主发起人，吸收民营、外资等多种成分参与，设立村镇银行，加快发展小额贷款公司。积极发挥民间资本的作用，引导民间金融健康发展，保护民间金融活动所形成的契约；积极引导、扶持民间资本参股创业投资公司、担保与再担保公司、小额贷款机构、农业保险公司、村镇银行、消费金融公司等金融机构或金融中介机构。

（4）积极发展金融服务中介。大力发展会计、法律、征信、评估等中介服务机构。引进与金融相关的会计师事务所、审计师事务所、律师事务所、信用评级机构、资产评估机构、投资咨询、资金和保险经纪等专业中介机构。支持金融专业服务机构创新经营模式和服务业态，开展多元化经营。鼓励有条件的金融专业服务机构向规模化、国际化发展。大力发展信用评级业，积极引进知名信用评级机构。鼓励发展第三方支付业务，引进和培育从事第三方支付业务的非金融机构，促进第三方支付业务与电子商务融合发展，丰富支付服务的提供方式，改善支付服务环境，促进支付产业的创新和发展。

（5）完善功能区配套服务。第一，兴建一批甲级商务写字楼、高星级酒店、高档餐厅，成立郑东新区金融商会、金融家俱乐部，搭建好金融管理部门、地方政府、金融机构和企业的沟通对接平台，为入驻金融机构、企业提供良好的营商环境。第二，大力发展教育、医疗卫生、文化娱乐、零售、邮政、超市、体育等设施，为金融管理部门、金融机构员工和社区居民的休闲、生活营造良好的环境，完善社会服务功能。

三、促进金融机构集聚发展和完善金融机构体系

（1）组建地方金融控股集团。为顺应金融混业经营的趋势，缓解单个金融企业和单一业务领域信息不对称的困境和风险较大的问题，需要打造专职金融资本运作的省级金融控股集团，以便优势互补，发挥银行、保险、证券和信托等不同领域的整体优势，强化对本地企业的金融服务和支持力度，促进地方经济发展。在风险可控前提下，鼓励在郑东新区注册的具有一定条件的地方法人金融机构探索组建金融控股集团，有序开发跨机构、跨市场、跨领域的金融业务。这既是适应金融混业发展的趋势，也是促进中原金融崛起的必然选择。目前，在金融控股公司发展方面，许多省份已走在河南前面，例如，北京成立了中信控股集团，安徽成立了合肥兴泰控股集团，重庆成立了渝富集团，山东成立了鲁信、电力集团金融控股公司。郑东新区地方控股集团尚未形成，制约了金融业的发展和河南经济的腾飞。因此，以后需要从区域整体的发展视角审视，组建富有中原特色的地方金融控股集团，带动河南省金融业有秩序地开展多方面的、高层次的金融活动。

（2）组建区域性商业银行。近年来，为进一步完善地方商业银行的法人治理结构，扩大资本规模，实施跨区域扩张，各地纷纷打造区域性甚至全国性股份制商业银行，2006年安徽省率先重组省内城商行和诚信社成立徽商银行，江苏、吉林、广西、山西、河北、黑龙江、陕西、宁夏等也纷纷组建省级商业银行。然而，河南作为中西部经济总量最大、人口最多的省份，竟没有一家属于"本土"的省级商业银行。为打造本地金融品牌，河南及郑州亟须组建"本土"区域性商业银行。因此，河南省可借鉴其他城市组建区域性商业银行的经验，以各地市城市商业银行为依托，筹备组建中原银行，采取进一步增资扩股、引进战略投资者和改善股权结构等方式增强银行自身资本实力，实现资本、资产规模的快速扩张。支持地方法人金融机构做大做强，提升核心竞争力和品牌价值，有效服务中原经济区经济发展。

（3）支持信托机构发展壮大。2009年以来，国家信托行业管理新规频出，对

信托公司业务范围和创新业务进行松绑和规范，国内信托业发展迅猛，管理资产规模持续飙升，信托业发展潜力依然巨大。在国家发展背景下，河南省两家信托公司——中原信托和百瑞信托业务快速增长，资产规模和效益显著提升，但在全国 66 家信托公司中，两家信托公司的注册资本居于中游，资本实力仍需进一步壮大。因此，在今后发展过程中，要依托中原信托和百瑞信托现有经营规模和市场地位，积极推动地方信托公司业务模式创新，适时开展资产证券化试点，创新农村相关财产权利信托流转机制。此外，在金融支持城镇化建设过程中，鼓励两家信托公司率先在中原经济区探索建立农村土地承包经营权信托流转机制，支持土地流转和规模化经营。

（4）支持设立财务公司。对大型企业集团而言，财务公司具有金融服务、资源配置、资本控制、内部结算、筹资融资、投资管理、中介顾问等七大功能。目前，我国已经设立财务公司 100 多家，几乎所有重点央企和部分大型民营企业集团均设有财务公司，省内有煤化工、宇通集团和一拖财务公司等 3 家法人企业设立了财务公司。宇通财务公司也已在龙湖金融中心岛建设宇通金融大厦。郑东新区某些金融机构符合设立财务公司的要求，并且在未来的产业结构调整和升级过程中，还将会诞生一批符合设立财务公司是大型企业集团。因此，郑东新区应顺应国家鼓励大型企业集团设立财务公司的政策导向，抓住机遇，积极支持驻郑大型企业集团设立财务公司，提高资金管理和利用效率，帮助企业做大做强。

（5）支持期货公司加快发展。郑州拥有全国四大期货交易所之一，发展期货业具有得天独厚的优势，但本地法人期货公司却发展迟缓。截至 2012 年年末，郑州有 3 家法人期货公司，而同样拥有期货交易所的上海、辽宁分别有 28 家和 7 家法人期货公司；而在不拥有期货交易所的省市中，北京有 20 家，广东有 24 家，浙江有 10 家，天津有 6 家。为进一步加快郑东新区期货业的发展壮大，郑东新区要做好以下几点：第一，大力鼓励社会资本发起设立新的期货公司，壮大期货经纪队伍。第二，大力支持本地法人期货公司加强与境内外期货市场参与方的合资合作，增强资本实力和开拓境内外市场的业务能力，进一步提高行业地位。第三，积极引导本地金融机构和大型企业集团加强与期货公司的合作，通过业务联合增强本地期货公司的经营实力。第四，政府部门应加强与期货公司的沟通，努力为其解决发展中遇到的困难和问题，通过营造良好的发展环境吸引企业进驻和支持本土期货公司发展壮大。

（6）组建地方法人保险公司。目前，国内保险公司法人机构注册地主要在北京、上海、广州和深圳，分别为 50 家、43 家、16 家和 15 家；此外，天津、辽宁各 4 家，江苏、四川、重庆各 3 家，陕西、湖北、江西、浙江各 2 家，山东、安徽、吉林、黑龙江、云南、山西各 1 家。截至目前，郑州仍没有一家法人保险公司。在保险资金运用由保险公司总部决定的情况下，缺乏法人保险公司的省份，利用保险资金支持社会经济建设的难度较大，保险资金外流严重。2012 年，河南各类赔款给付仅 199.55 亿元，保险资金筹集与利用差额巨大。为减缓这一趋势，郑东新区除应加大与各保险公司总部的沟通与协作力度，争取引进更多保险资金投资于当地社会经济建设外，还应加强与保险监督管理部门的沟通，积极组织社会资金出资组建法人保险公司，加快本地保险机构组建的步伐。

（7）加快私募基金发展。私募投资基金（风险投资基金）对一个国家和地区创新能力的提高及创新经济的发展具有重要的战略意义，美国硅谷经济奇迹就是典型例子。近年来，我国创业投资企业发展迅速，创业投资规模大幅提升。然而，郑东新区创业投资发展缓慢，截至目前河南省备案创业投资企业不到 10 家，注册资金不足 20 亿元。因此，郑东新区应借鉴先进地区发挥政府在推动风险投资基金发展中主导作用的成功经验，优化河南风险投资基金发展的外部政策环境，可以考虑：第一，将发展风险投资基金作为河南省高新技术产业投融资体制改革的重点。第二，以本土证券公司（中原证券）的直投业务为轴心，构建风险投资业的产业链。第三，制定并落实具有针对性的财政奖补政策，鼓励更多的社会资本关注并参与到风险投资基金的发展中。第四，加快设立政府引导投资基金，引导社会资金投入，实现政府资金的杠杆效应。建立政府与民间进行风险投资的合理分工，走"政府出资引导、民间资本为主体，境内外投资相结合"的道路。第五，开辟风险资本的退出渠道，为风险投资的循环运作提供保障，使其真正实现金融资本和产业资本的有机融合。

（8）培育本地融资租赁公司。融资租赁是一种特殊的金融业务，产生于 20 世纪 50 年代西方发达国家的金融创新潮流中。由于其独特的融资、融物和推动产品销售和社会投资的功能，被业界称为"新经济的促进者"和"经济增长的助推器"。郑东新区发展融资租赁业具有广阔的市场空间。在河南省及郑州市经济结构中，基础设施建设、汽车和重型设备制造在经济总量中占有较大比重，蕴藏着巨大的融资租赁需求。同时，融资租赁能够有效缓解中小企业发展过程中的融资难题。郑州都市区、航空港建设为郑东新区融资租赁业发展提供巨大的市场空间。国际上普遍采取租赁的方式解决飞机、船舶等引进需求，而国内 1700 架民航飞机中，有 1200 架是通过租赁融资的。郑州航空港建设，将产生大量的飞机、设备购买需求，融资租赁公司可以提供巨大支持，需要郑东新区未雨绸缪，将融资租赁业的培育作为一项重点来抓。

四、加强对外金融合作与交流

（1）加强面向国际的对外交流。第一，加强郑东新区与纽约、伦敦、法兰克福、苏黎世、东京、新加坡等全球主要国际金融中心的交流合作，探索创新交流合作机制，推动交流合作的常规化。第二，加强郑东新区金融集聚核心功能区开发建设的海外宣传和推介，在国家有关部门的支持下吸引国际多边金融机构及其分支机构入驻。

（2）加强与中国港澳台地区的对外交流。第一，鼓励郑东新区与中国港澳台地区金融机构跨区互设或开展跨地区股权合作，鼓励商业银行跨地区开展银团贷款、融资代理业务等合作，支持金融机构联合进行业务创新，进一步提升郑东新区的金融辐射和带动作用。第二，加强与中国港澳台地区在金融市场、机构、产品、业务、人才等方面的交流合作，吸引更多港澳台企业、金融机构和投资者参与郑州金融市场，支持开发基于港澳台金融市场的产品和服务，吸引港澳台金融人才到郑州就业和创业，研究建立合作机制，拓展合作空间和领域，使郑东新区成为台资金融机构在中原经济区的集聚中心。例如，发挥富士康集团的产业链优势带动效应，吸引台资金融机构进入郑东新区。

（3）加强面向国内三大经济区的对外交流。第一，加强郑东新区与长三角、珠三角、京津冀等东部沿海地区的合作，在更大范围、更广领域、更高水平上实现资源要素优化配置，并且进一步提升合作层次和水平。第二，鼓励与东部地区通过委托管理、投资合作等形式合作共建产业园区，探索建立合作发展、互利共赢新机制。第三，加强郑东新区与上海陆家嘴、天津于家堡、北京金融街等金融集聚核心功能区之间的合作交流，加强区域性金融中心之间市场、机构、产品、信息、服务等领域的交流合作。第四，建立定期会晤机制或圆桌会议机制，共同协商市场分工和协作事项，共同推进我国分层次区域性金融中心建设，推进中国金融改革创新在郑东新区先行先试。

（4）加强面向中部地区的对外交流。第一，研究加快跨省交界地区合作发展问题，大力支持晋陕豫黄河金三角地区开展区域协调发展试验，支持办好中国中部投资贸易博览会，广泛开展各类经贸活动。第二，建立中部六省行政首长定期协商机制，鼓励中部六省在基础设施、信息平台、旅游开发、生态保护等重点领域开展合作，加强在科技要素、人力资源、信用体系、市场准入、质量互认和政府服务等方面的对接，实现商品和生产要素自由流动。第三，按照国家关于中部经济区域经济协调发展的战略部署，深化郑东新区与中部地区其他地区的金融合作，争取率先打破金融机构业务地域限制，为企业提供跨区域金融服务，促进中原经济金融一体化发展。第四，发展区域性金融市场，推动形成面向中原经济区的非上市公众公司柜台交易市场，更好地发挥郑东新区金融聚集核心功能区的金融集聚和辐射作用。第五，支持郑东新区金融改革创新率先试验，整合区域内各类金融资源，加快区域内金融基础设施、金融市场网络、金融组织和金融业务的一体化进程，形成区内统一的、多层次的、多样化的金融格局，提高金融服务水平和金融创新能力。

（5）加强面向省内的竞争合作。在大力引进金融机构、金融资源的同时，强化与省内其他区域的合作交流。与郑州高新区、航空港区等省内区域搞好规划统筹、资源整合、优势互补、错位发展，强化业务对接，进一步深化郑东新区金融集聚核心功能区金融业对省内区域的辐射带动作用。原则上，郑东新区的金融产品创新和服务方式创新服务于整个中原经济区，同时，省内主要或大型融资需求安排直接或间接通过郑东新区金融体系予以积极支持和满足。鼓励郑东新区金融机构和交易所机构加强与省内各地市之间的交流与合作，积极发展市场机会、开拓业务，更好地服务于地方经济社会发展和产业转型升级。

五、加大金融产业发展的政策支持

（1）加大省内自主政策措施的支持。第一，财税优惠政策。对于郑东新区的基础设施项目建设投融资、金融信息系统建设、金融技术升级的投资等提供税收奖补。定向制定优惠扶持政策，吸引各类地方法人金融机构或组织、市外金融机构总部或重要分支机构、跨区设置分支金融的本地法人金融机构等入驻郑东新区。第二，财政奖励政策。对于有利于区域性金融中心建设的金融活动予以直接的财政资金奖补。对象包括在郑东新区新设或新引进的金融机构、特定的创业投资、风险投资、金融租赁等非银行金融机构，以及新设立的重点会计、律师、评级等中介机构等。第三，财政补贴政策。为进驻企业特别是金融机构予以优惠政策扶持及全方位贴心服务：对新设立或迁入的金融总部、地区总部在新区内购置或租用自用办公用房，给予购房或租房补贴；对于需要支持的特定金融人才提供住房补贴；针对特定金融活动（如企业上市、创业投资）提供专项补贴等。第四，财政贴息政策。对特定企业从银行等金融机构的融资活动提供贴息，重点围绕几个领域的企业融资活动，包括技术创新融资、中小民营企业融资、农业企业和农户融资等。第五，项目引导支持。建立郑东新区股权投资政府引导基金，完善备案管理和风险防范制度，加强中原经济区各级地方政府与郑东新区金融机构和金融交易平台的联动，依托郑东新区现有金融体系，鼓励和引导城镇化建设融资主要对接郑东新区驻地金融机构。第六，地方金融支持。研究深化单船单机（SPV）融资试点，吸引融资租赁行业的重点企业进驻。加快研究制定第三方支付企业的扶持政策，推动第三方支付企业在郑东新区集聚和发展。积极发展本土的信用评级机构。积极培育发展金融行业协会组织，推动股权投资、租赁、信托等新兴金融行业成立行业协会组织。引导和支持金融机构和各类社会资本、境外资本设立航运产业基金或飞机投资基金；支持以中原证券为主发起人，加快筹建河南场外交易市场（OTC）。依托郑东新区建立地方性民间资本投融资平台。

（2）积极争取国家层面的政策支持。第一，放宽市场准入，允许民间资本主发起设立社区银行、融资租赁、金融租赁和地方法人保险公司等民营金融机构，合理引导民间融资阳光化和规范化。第二，允许在郑东新区开展外资金融机构适当提高在合资金融机构中持股比例的试点，支持郑东新区的金融机构与跨国金融机构开展合作，设立合资金融机构。第三，支持符合条件的境内外金融机构在郑东新区设立国际性或区域性管理总部、业务运营总部、后援服务中心和培训基地，允许具有开设离岸账户的金融机构在郑东新区设立离岸业务二总部，支持外资股权投资企业在郑东新区设立人民币基金，支持符合条件的企业申请支付业务许可证。第四，研究探索外资股权投资企业在资本金结汇、投资、基金管理等方面的新模式，争取国家外汇管理部门将外汇管理体制改革试点放在郑东新区先行先试，在防范风险的前提下，有选择、分步骤放宽对跨境资本交易活动的限制，探索以投资、贸易为重点进行资本账户开放试点。第五，探索开展跨国公司跨境外汇资金集中管理试点，促进服务贸易项下进出口外汇收付便利化，鼓励郑东新区探索国际贸易融资、内保外贷、境外融资贷款以及出口信用保险等金融手段，扶持外溢型企业实现汇率避险保值。第六，探索郑东新区与香港人民币离岸中心开展人民币双向贷款业务，支持郑东新区注册的企业和金融机构在境外发行人民币债券，并允许一定比例资金调回境内使用。第七，支持郑东新区扩大直接融资规模，支持符合条件的企业发行企业债、区域集优债券和中期票据等债务融资工具，支持郑东新区建设融资租赁交易平台，鼓励大型设备、单机单船进行交易转让。

参考文献

安虎森，季赛卫. 2014. 演化经济地理学理论研究进展. 学习与实践，（7）：5-18.

曹源芳. 2010. 中国区域金融中心体系研究——以金融地理学为理论视角. 北京：中国金融出版社.

车欣薇，部慧，梁小珍，等. 2012. 一个金融集聚动因的理论模型. 管理科学学报，15（3）：16-29.

陈铭仁. 2010. 金融机构集聚论——金融中心形成的新视角. 北京：中国金融出版社.

陈铭仁. 2014. 新型城镇化的几点经济金融理论思考. 金融经济，（8）：147-148.

陈群元，宋玉祥. 2011. 基于城市流视角的环长株潭城市群空间联系分析. 经济地理，31（11）：1840-1844.

陈文锋，平瑛. 2008. 上海金融产业集聚与经济增长的关系. 统计与决策，（10）：93-95.

程婧瑶，陈东，樊杰. 2007. 金融中心和金融中心体系识别方法. 经济地理，（6）：892-895.

程婧瑶，樊杰，陈东. 2013. 基于重力模型的中国金融中心体系识别. 经济地理，（3）：8-14.

程书芹，王春艳. 2008. 金融产业集聚研究综述. 金融理论与实践，（4）：13-15.

崔慧霞. 2011. 空间结构转型与广东金融集聚机制. 南京财经大学学报，（6）：40-46，52.

崔靖. 2012. 区域金融中心建设中的政府作用研究. 山东财经大学硕士论文.

党开宇，吴冲锋. 2000. 网络经济下国际金融中心的再认识. 亚太经济，（6）：63-64.

德勤华永会计师事务所，郑东新区管理委员会金融服务局. 2014. 郑东新区金融投资环境研究报告. 上海：德勤华永会计师事务所.

邓爽. 2008. 基于模块组合的金融服务创新模式研究. 浙江大学硕士学位论文.

邓智团. 2005. 论国际金融中心的形成与演变. 华东师范大学硕士学位论文.

丁艺. 2010. 金融集聚与区域经济增长的理论及实证研究. 湖南大学博士学位论文.

丁艺，李靖霞，李林. 2010. 金融集聚与区域经济增长——基于省际数据的实证分析. 保险研究，（2）：20-30.

丁艺，李树丞，李林. 2009. 中国金融集聚程度评价分析. 软科学，23（6）：9-13.

豆晓利. 2014. 郑东新区金融集聚核心功能区发展要素分析. 经济论坛，（6）：52-53.

段奕彤. 2010. 大连建设东北亚区域金融中心问题研究. 沈阳理工大学硕士学位论文.

樊鸿伟. 2007. 浦东新区金融产业集群研究. 华东师范大学博士学位论文.

冯德连，葛文静. 2004. 国际金融中心成长的理论分析. 中国软科学，（6）：42-48.

盖文启. 2002. 创新网络：区域经济发展新思维. 北京：北京大学出版社.

干杏娣. 2005. 论上海国际金融中心建设的三大推动力——金融市场改革、人民币汇率与资本项目自由化. 上海投资，（12）：4-9.

何德旭. 2004. 关于金融服务业的一个比较分析. 金融理论与实践，（7）：30-35.

何圣东. 2002. 非正式交流与企业集群创新能力. 科学学与科学技术管理，23（6）：44-46.

河南省人民政府办公厅. 2007. 郑州区域性金融中心建设规划. 郑州：河南省人民政府.

贺晓波，王睿. 2007. 市场主导型金融集聚发展演进因素探索. 当代经济，（12）：138-140.

胡晨光. 2009. 产业集聚的集聚动力、效应与演化. 浙江大学博士学位论文.

胡晨光，程惠芳，陈春根. 2011. 产业集聚的集聚动力：一个文献综述. 经济学家，（6）：93-101.

胡坚，杨素兰. 2003. 国际金融中心评估指标体系的构建——兼及上海成为国际金融中心的可能
性分析. 北京大学学报（哲学社会科学版），40（5）：40-47.

胡志丁，葛岳静，侯雪，等. 2012. 经济地理研究的第三种方法：演化经济地理. 地域研究与开
发，31（5）：89-94.

黄解宇. 2011. 金融集聚的内在动因分析. 区域金融研究，（3）：26-30.

黄解宇，杨再斌. 2006. 金融集聚论：金融中心形成的理论与实践解析. 北京：中国社会科学出
版社.

季菲菲，陈雯. 2014. 长三角地区金融机构网络分布格局与扩张机理. 地理科学进展，33（9）：
1231-1240.

金雪军. 2004. 金融地理学：国外地理学科研究新动向. 经济地理，24（6）：721-725.

黎平海. 2008. 我国区域金融中心建设与发展研究. 暨南大学博士学位论文.

李福柱. 2011. 演化经济地理学的理论框架与研究范式. 经济地理，31（12）：1975-1980.

李虹，陈文仪. 2002. 建立国际金融中心的条件和指标体系. 经济纵横，（2）：35-38.

李嘉晓. 2007. 我国区域金融中心发展研究. 西北农林科技大学博士学位论文.

李廉水，周彩红. 2007. 区域分工与中国制造业发展——基于长三角协整检验与脉冲响应函数的
实证分析. 管理世界，（10）：64-74.

李林，丁艺，刘志华. 2011. 金融集聚对区域经济增长溢出作用的空间计量分析. 金融研究，5（3）：
113-123.

李炜. 2012. 区域金融中心理论及现实分析. 中国城市经济，（1）：64-65.

李小建. 2006. 金融地理学理论视角及中国金融地理研究. 经济地理，26（5）：721-725.

李小建，周雄飞，卫春江，等. 2006. 发展中地区银行业空间系统变化——以河南省为例. 地理
学报，61（4）：414-424.

李正辉，蒋赞. 2012. 基于省域面板数据模型的金融集聚影响因素研究. 财经理论与实践，33（4）：
12-16.

梁颖. 2006. 金融产业集聚的宏观动因. 南京社会科学，（11）：56-62.

梁颖，罗霄. 2006. 金融产业集聚的形成模式研究：全球视角与中国的选择. 南京财经大学学
报，（5）：16-20.

林彰平，闫小培. 2006. 转型期广州市金融服务业的空间格局变动. 地理学报，61（8）：818-828.

刘国宏. 2011. 中国区域金融中心综合评价研究. 开放导报，（3）：40-44.

刘红. 2008. 金融集聚对区域经济的增长效应和辐射效应研究. 上海金融, 6: 14-19.

刘红. 2012. 上海金融中心建设与区域产业集聚. 新金融, (4): 29-34.

刘辉, 申玉铭. 2013. 北京金融服务业集群的网络特征及影响因素. 经济地理, (1): 131-137.

刘辉, 申玉铭, 邓秀丽. 2013. 北京金融服务业空间格局及模式研究. 人文地理, 28 (5): 61-68.

刘辉, 申玉铭, 柳坤. 2013. 中国城市群金融服务业发展水平及空间格局. 地理学报, 68 (2): 186-198.

刘静, 敬艳丽. 2014. 郑东新区金融集聚核心功能区发展可行性分析. 中小企业管理与科技, (4): 141-142.

刘军, 黄解宇, 曹利军. 2007. 金融集聚影响实体经济机制研究. 管理世界, (4): 152-153.

刘卫东. 2013. 经济地理学思维. 北京: 科学出版社.

刘卫东, 金凤君, 张文忠, 等. 2011. 中国经济地理学研究进展与展望. 地理科学进展, 30 (12): 1479-1487.

刘志高, 崔岳春. 2008. 演化经济地理学: 21世纪的经济地理学. 社会科学战线, (6): 65-75.

刘志高, 尹贻梅, 孙静. 2011. 产业集群形成的演化经济地理学研究评述. 地理科学进展, 30 (6): 652-657.

马丹. 2007. 金融集聚浅析以及金融产业集聚程度评价指标体系的实证研究. 华侨大学博士学位论文.

苗长虹, 魏也华, 吕拉昌. 2010. 新经济地理学与区域发展. 北京: 科学出版社.

倪鹏飞. 2004. 构建国际金融中心: 全球眼光、国际标准与世界经验. 开放导报, (2): 58-64.

潘峰华, 徐晓红, 夏亚博, 等. 2014. 国外金融地理学研究进展及启示. 地理科学进展, 33 (9): 1241-1251.

潘英丽. 2003. 论金融中心形成的微观基础——金融机构的空间聚集. 上海财经大学学报, 5 (1): 50-57.

庞贞燕, 张明辉. 2012. 郑东新区金融集聚核心功能区建设路径研究. 金融理论与实践, (11): 69-74.

彭宝玉, 李小建. 2009. 新经济背景下金融空间系统演化. 地理科学进展, (6): 970-976.

彭宝玉, 李小建. 2010. 金融与区域发展国际研究进展及启示. 经济地理, (1): 75-79.

齐美东, 胡洋阳. 2012. 金融产业集群与合肥区域金融中心建设探讨. 城市发展研究, 19 (8): 76-81.

钱明辉, 胡日东. 2014. 中国区域性金融中心的空间辐射能力. 地理研究, (6): 15-22.

秦晟. 2009. 金融产业集群形成演化机制与上海国际金融中心建设. 上海社会科学院博士学位论文.

秦源. 2011. 上海国际金融中心建设——基于功能和影响力视角. 现代管理科学, (4): 45-47.

冉光和. 2007. 金融产业资本论. 北京: 科学出版社.

饶余庆. 1997. 香港国际金融中心. 香港: 商务印书馆 (香港) 有限公司.

任英华, 徐玲, 游万海. 2010. 金融集聚影响因素空间计量模型及其应用. 数量经济技术经济研究，（5）：104-115.

茹乐峰，苗长虹，王海江. 2014. 我国中心城市金融集聚水平与空间格局研究. 经济地理，34（2）：58-66.

单豪杰，马龙官. 2010. 国际金融中心的形成机制——理论解释及一个新的分析框架. 世界经济研究，（10）：28-34.

石沛. 2012. 金融集聚对区域经济增长的空间影响机制研究. 重庆大学硕士学位论文.

石沛，蒲勇健. 2011. 金融集聚与产业结构的空间关联机制研究. 技术经济，30（1）：39-44.

司月芳，曾刚，樊鸿伟. 2008. 上海陆家嘴金融集聚动因的实证研究. 人文地理，23（6）：84-88.

孙红芳. 2008. 区域金融中心竞争力评价的理论与实证分析. 中南大学硕士学位论文.

孙剑. 2007. 中国区域金融中心的划分与构建模式. 南京航空航天大学硕士学位论文.

孙剑，苗建军. 2006. 我国区域金融中心的划分与构建. 现代经济探讨，（2）：80-83.

孙晶，蒋伏心. 2013. 金融集聚对区域产业结构升级的空间溢出效应研究——基于 2003—2007 年省际经济数据的空间计量分析. 产经评论，（1）：5-14.

谭朵朵. 2012. 金融集聚的演化机理与效应研究. 湖南大学博士学位论文.

滕春强. 2006. 融企业集群：一种新的金融集聚现象的兴起. 上海金融，（5）：14-17.

滕春强. 2007. 演化视角下的金融企业集群发展动因研究. 当代经济管理，29（2）：97-101.

田霖. 2006. 中国区域金融成长差异——基于金融地理学视角. 北京：经济科学出版社.

王保忠，何炼成，李忠民. 2013. 金融支持低碳经济发展的一般机理与多维路径研究. 现代经济探讨，（12）：39-43.

王步芳. 2006. 首都金融产业集群优势与发展研究. 北京市经济管理干部学院学报，（4）：11-16.

王丹，叶蜀君. 2012. 金融集聚的动因研究. 山西财经大学学报，（S4）：22.

王缉慈. 1998. 关于我国区域研究中的若干新概念的讨论. 北京大学学报（哲学社会科学版），（6）：114-120.

王缉慈，谭文柱，林涛，等. 2006. 产业集群概念理解的若干误区评析. 地域研究与开发，25（2）：1-6.

王仁祥，石丹. 2005. 区域金融中心指标体系的构建与模糊综合评判. 统计与决策，（9）：14-16.

王文静. 2012. 天津金融服务业集聚影响因素研究. 科技管理研究，（9）：34-38.

王永齐. 2012. 产业集聚机制：一个文献综述. 产业经济评论，11（1）：57-81.

沃尔特·克里斯塔勒. 1998. 德国南部中心地原理. 常正文，王兴中，等译. 北京：商务印书馆.

武巍，刘卫东，刘毅. 2005. 西方金融地理学研究进展及其启示. 地理科学进展，24（4）：19-27.

武巍，刘卫东，刘毅. 2007. 中国地区银行业金融系统的区域差异. 地理学报，62（12）：1235-1243.

郗文泽. 2008. 金融服务产业集聚研究. 天津财经大学博士学位论文.

徐沈. 2011. 中国金融集聚水平的现状与影响因素探析. 区域金融研究，（12）：64-68.

徐盈之，孙剑. 2009. 信息产业与制造业的融合——基于绩效分析的研究. 中国工业经济，（7）：56-66.

闫彦明. 2012. 京、沪、深金融服务业集群模式比较研究. 现代管理科学,(7):70-72.

闫彦明,何丽,田田. 2013. 国际金融中心形成与演化的动力模式研究. 经济学家,(2):58-65.

杨长江,谢玲玲. 2011. 国际金融中心形成过程中政府作用的演化经济学分析. 复旦学报(社会科学版),(1):99-107.

杨再斌,匡霞. 2004. 上海国际金融中心建设条件的量化研究. 华东理工大学学报(社会科学版),(1):27-32.

姚洋,高印朝. 2007. 金融中心评价指标体系研究. 金融论坛,12(5):3-8.

殷兴山,贺绎奋,徐洪水,等. 2003. 长三角金融集聚态势与提升竞争力分析. 上海金融,(8):42-44.

尹来盛,冯邦彦. 2012. 金融集聚研究进展与展望. 人文地理,27(1):16-21.

于尚艳. 2005. 东北区域金融产业成长研究. 东北师范大学博士学位论文.

余丽霞. 2012. 金融产业集群对区域经济增长的效应研究. 西南财经大学博士学位论文.

余秀荣. 2009. 国际金融中心历史变迁与功能演进研究. 辽宁大学博士学位论文.

余振,李春芝,吴莹. 2012. 武汉战略性新兴产业发展的金融支持:基于共同集聚视角的分析. 武汉大学学报(哲学社会科学版),65(6):107-111.

曾刚,文嫱. 2004. 上海浦东信息产业集群的建设. 地理学报,59(10):59-66.

曾康霖. 2003. 解读行为金融学. 经济学动态,(6):59-61.

曾鹏,阙菲菲. 2010. 川渝城市群形成和发展的空间变化规律. 经济地理,30(5):742-750.

曾献东,谢科进. 2011. 金融集聚对区域经济的带动效应分析. 金融发展研究,(7):31-37.

张凤超. 2003. 金融地域运动:研究视角的创新. 经济地理,23(5):587-592.

张凤超,王亚范. 2000. 关于区域金融成长的理性探讨. 吉林财税高等专科学校学报,(2):24-29.

张清正. 2013. 中国金融业集聚及影响因素研究. 吉林大学博士学位论文.

张荣刚,梁琦. 2006. 催化·搭桥·根植·外部性——金融生态环境与产业集聚的可持续发展分析. 生态经济,(4):119-121.

张世晓,王国华. 2009. 区域创新集聚与金融结构协同演化机制实证研究. 社会科学辑刊,(5):97-100.

张晓燕. 2012. 金融产业集聚影响因素的实证分析. 南京财经大学学报,(1):59-84.

张晓燕. 2014. 金融产业集聚及其对区域经济增长的影响研究. 山东大学博士学位论文.

张幼文. 2003. 国际金融中心发展的经验教训——世界若干案例的启示. 社会科学,(1):26-30.

张泽慧. 2005. 国际金融中心指标评估方法及指标评价体系. 社会科学研究,(1):45-48.

张志元. 2006. 金融企业集群理论研究评述. 经济学动态,(10):92-96.

赵建吉,曾刚. 2013. 基于技术守门员的产业集群技术流动研究. 经济地理,(2):111-116.

赵晓斌,王坦,张晋熹. 2002. 信息流和"不对称信息"是金融与服务中心发展的决定因素:中国案例. 经济地理,22(4):408-414.

郑东新区管理委员会. 2007. 郑州区域性金融中心建设规划. 郑州:河南省人民政府.

郑东新区管理委员会. 2008. 郑东新区金融产业集聚发展规划. 郑州：郑东新区管理委员会.

郑东新区管理委员会. 2011. 郑东新区国民经济和社会发展第十二个五年规划纲要. 郑州：郑东新区管理委员会.

郑东新区管理委员会. 2011. 郑东新区现代服务业发展规划. 郑州：郑东新区管理委员会.

郑东新区管理委员会，中原发展研究院. 2014. 郑东新区金融城建设发展规划. 郑州：郑东新区管理委员会.

中国人民银行金融研究所，郑东新区管理委员会. 2012. 郑东新区金融集聚核心功能区建设研究. 北京：中国人民银行金融研究所.

周兵，梁松，邓庆宏. 2014. 金融环境视角下 FDI 流入与产业集聚效应的双门槛检验. 中国软科学，（1）：148-159.

周天芸，王莹. 2014. 金融机构空间集聚与经济增长——来自广东省县域的实证检验. 地理研究，（6）：13-19.

周天芸，岳科研，张幸. 2014. 区域金融中心与区域经济增长的实证研究. 经济地理，34（1）：114-120.

朱顺娟，郑伯红. 2009. 基于城市流的长株潭城市群城市联系. 城市发展研究，16（6）：41-46.

朱英明. 2003. 产业集聚研究述评. 经济评论，（3）：117-121.

庄晋财. 2003. 企业集群地域根植性的理论演进及政策含义. 安徽大学学报：哲学社会科学版，27（4）：93-98.

综合开发研究院（中国·深圳）课题组. 2014. 中国金融中心指数（CDI CFCI）报告（第六期）：走进武汉. 北京：中国经济出版社.

Allen J. 1997. Economies of power and space//Lee R，Wills J. Geographies of Economies. London：Arnold：59-70.

Arthur W B. 1994. Increasing Returns and Path Dependence in the Economy. Ann Arbor：The University of Michigan Press.

Audretsch D B，Stephan P E. 1996. Company-scientist locational links：the case of biotechnology. The American Economic Review，86（3）：641-652.

Baigent E. 2004. Patrick Geddes，Lewis Mumford and Jean Gottmann：divisions over "megalopolis". Progress in Human Geography，28（6）：687-700.

Balland P A. 2012. Proximity and the evolution of collaboration networks：evidence from research and development projects within the global navigation satellite system（GNSS）Industry. Regional Studies，46（6）：741-756.

Balland P A，de Vaan M，Boschma R. 2013. The dynamics of interfirm networks along the industry life cycle：the case of the global video game industry 1987—2007. Journal of Economic Geography，13（5）：741-765.

Bathelt H，Boggs J. 2003. Toward a reconceptualization of regional development paths：is Leipzig's media cluster a continuation of or a rupture with the past? Economic Geography，79（3）：265-293.

Bathelt H，Glückler J. 2003. Wirtschaftsgeographie：Ökonomische Beziehungen in Räumlicher Perspektive. Stuttgart：Verlag Eugen Ulmer.

Bathelt H，Li P F. 2014. Evolutionary economic geography and relational geography // Fischer M M. Handbook of Regional Science. Heidelberg：Springer：591-607.

Bathelt H，Taylor M. 2002. Clusters，power and place：inequality and local growth in time-space. Geografiska Annaler，84（2）：93-109.

Bathelt H，Zeng G. 2012. Strong growth in weakly-developed networks：producer-user interaction and knowledge brokers in the Greater Shanghai chemical industry. Applied Geography，32（1）：158-170.

Berman E，Bui L. 2001. Environmental regulation and productivity：evidence from oil refineries. Review of Economics and Statistics，83：498-510.

Berry B J. 1996. Essays on commodity flow sand the spatial structure of the Indian economy. University of Chicago，Department of Geography，Research Paper，（11）：334-356.

Boschma R A. 2011. Regional branching and regional innovation policy//Courted K，Nijkamp P，Sough R R. Drivers of Innovation，Entrepreneurship and Regional Dynamics. Berlin，Heidelberg：Springer Verlag.

Boschma R A，Frenken K. 2003. Evolutionary economics and industry location. International Review for Regional Research，23：183-200.

Boschma R A，Franken K. 2005. Why is economic geography not an evolutionary science？Towards an evolutionary economic geography. Utrecht：Utrecht University.

Boschma R A，Frenken K. 2006. Why is economic geography not an evolutionary science? Towards an evolutionary economic geography. Journal of Economic Geography，6（3）：273-302.

Boschma R A，Frenken K. 2009. Some notes on institutions in evolutionary economic geography. Economic Geography，85（2）：151-158.

Boschma R A，Frenken K. 2011a. Technological relatedness，related variety and economic geography// Cooke P，Asheim B，Boschma R，et al. The Handbook on Regional Innovation and Growth. Cheltenham：Edward Elgar：187-197.

Boschma R A，Franken K. 2011b. Technological relatedness and regional branching//Bethel H，Feldman M P，Kroger D F. Beyond Territory. Dynamic Geographies of Knowledge Creation，Diffusion and Innovation. London，New York：Rutledge：64-81.

Boschma R A，Formal D. 2011. Cluster evolution and a roadmap for future research. Regional Studies，45（10）：1295-1298.

Boschma R A，Gazelle C. 2014. Regional branching and smart specialization policy. Institute for Prospective and Technological Studies，Joint Research Centre.

Boschma R A，Lambooy J G. 1999. Evolutionary economics and economic geography. Journal of

Evolutionary Economics, 9 (4): 411-429.

Boschma R A, Wenting R. 2010. Spinoffs and M&A as drivers of spatial clustering: the evolution of the Dutch banking sector in the Amsterdam region in the period 1850—1993. Utrecht: Utrecht University.

Borgatti S P. 2002. NetDraw: Graph Visualization Software. Harvard: Analytic Technologies.

Bossone M B, Mahajan M S, Zahir M F. 2003. Financial infrastructure, group interests, and capital accumulation: theory, evidence, and policy. Washington: International Monetary Fund.

Brenner T. 2004. Local Industrial Clusters. Existence, Emergence and Evolution. London, New York: Routledge.

Brooke T, Boschma R. 2012. Knowledge networks in the Dutch aviation industry: the proximity paradox. Journal of Economic Geography, 12 (2): 409-433.

Buenstorf G, Klepper S. 2009. Heritage and agglomeration: the akron tyre cluster revisited. The Economic Journal, 119 (537): 705-733.

Cantner U, Graf H. 2006. The network of innovators in Jena: an application of social network analysis. Research Policy, 35 (4): 463-480.

Carrington P J, Scott J, Wasserman S. 2005. Models and Methods in Social Network Analysis. New York: Cambridge University Press.

Choi J J. 1986. A model of firm valuation with exchange exposure. Journal of International Business Studies, 17 (2): 153-160.

Christopher S, Clark J. 2007. Power in firm networks: what it means for regional innovation systems. Regional Studies, 41 (9): 1223-1236.

Clark G L. 2005. Money flows like mercury: the geography of global finance. Geografiscka Annaler, 87 (2): 99-112.

Clark G L, Hebb T. 2004. Pension fund corporate engagement: the fifth stage of capitalism. Relations Industrielles, 77 (1): 142-171.

Code W R. 1991. Information flows and processes of attachment and projection: the case of financial intermediaries//Brunn S D, Leinbach T R. Collapsing Space and Time: Geographic Aspects of Communication and Information. London: Harper-Collins: 111-131.

Corbridge S, Thrift N J, Martin R. 1994. Money, Power, and Space. Cambridge: Blackwell Publishers.

Davis E P. 1990. International Financial Centres: An Industrial Analysis. London: Bank of England Discussion Paper, 51: 1-23.

De Vaan M, Boschma R, Frenken K. 2013. Clustering and firm performance in project-based industries: the case of the global video game industry, 1972—2007. Journal of Economic Geography, 13 (6): 965-991.

Dickens P, Milberg A. 2001. Firms in territories: a relational perspective. Economic Geography,

77（4）：345-363.

Dow S C. 1999. The stages of banking development and the spatial evolution of financial systems//
Martin R. Money and the Space Economy. London：John Wiley & Sons：31-48.

Feldman M P, Lendel I. 2010. Under the lens：the geography of optical science as an emerging
industry. Economic Geography, 86：147-171.

Franken K, Boschma R A. 2007. A theoretical framework for economic geography：industrial
dynamics and urban growth as a branching process. Journal of Economic Geography, 7（5）：
635-649.

Franken K, Boschma R A. 2012. Economic development as a branching process//Bernstorff G.
Evolution, Organization and Economic Behavior. Cheltenham：Edward Elgar：185-196.

Freeman C, Perez C. 1988. Structural crisis of adjustment, business cycles and investment behavior//
Dosi G, Freeman C, Nelson R, et al. Technical Change and Economic Theory. London：Pinter：
38-66.

Gehrig T. 1998. Screening, cross-border banking, and the allocation of credit. Research in Economics,
52（4）：387-407.

Giuliani E. 2005. Cluster absorptive capacity why do some clusters forge ahead and others lag
behind？ European Urban and Regional Studies, 12（3）：269-288.

Goldsmith R. 1969. Financial Structure and Economic Development. New Haven：Yale University
Press.

Gowdy J M. 1994. Coevolutionary Economics：The Economy, Society and the Environment. Boston：
Kluwer Academic Publishers.

Gras N S B. 1922. The development of metropolitan economy in Europe and America . The American
Historical Review, 27（4）：695-708.

Greenwood J, Jovanovic B. 1990. Financial development and economic development. Economic
Development and Cultural Change, 15：257-268.

Grimes S, Du D. 2013. Foreign and indigenous innovation in China：some evidence from Shanghai.
European Planning Studies, 21（9）：1357-1373.

Heebels B, Boschma R. 2011. Performing in Dutch book publishing 1880—2008：the importance of
entrepreneurial experience and the Amsterdam cluster. Journal of Economic Geography, 11（6）：
1007-1029.

Hendry B J. 2006. Dynamics of clustering and performance in the UK opt-electronics industry.
Regional Studies, 40（7）：707-725.

Hodgson G M. 1998. The approach of institutional economics. Journal of economic literature, 36（1）：
166-192.

Howard D, Paul E. 2000. Porter's competitive advantage of nations：Time for the final judgment.

Journal of Management Studies, 37 (8): 1189-1213.

Jones A M, Search P. 2009. Proximity and power within investment relationships: the case of teak private equity industry. Geoforum, 40 (5): 809-819.

Jones A, Murphy J T. 2011. Theorizing practice in economic geography: foundations, challenges, and possibilities. Progress in Human Geography, 35 (3): 366-392.

Kaufman G G. 2001. Emerging economies and international financial centers. Review of Pacific Basin Financial Markets and Policies, 4 (4): 365-377.

Kindleberger C P. 1974. The Formation of Financial Centers: A Study of Comparative Economic History. Princeton: Princeton University Press.

Klepper S. 1996. Entry, exit, growth, and innovation over the product life cycle. The American Economic Review, 86 (3): 562-583.

Klepper S. 2001. Employee startups in high-tech industries. Industrial and Corporate Change, 10 (3): 639-674.

Klepper S. 2007. Disagreements, spinoffs, and the evolution of Detroit as the capital of the US automobile industry. Management Science, 53 (4): 616-631.

Klepper S. 2010. The origin and growth of industry clusters: The making of Silicon Valley and Detroit. Journal of Urban Economics, 67 (1): 15-32.

Klepper S, Simons K L. 2000. Dominance by birthright: entry of prior radio producers and competitive ramifications in the US television receiver industry. Strategic Management Journal, 21 (10-11): 997-1016.

Koster S. 2006. Whose child? How existing firms foster new firm formation: individual start-ups, spin-outs and spin-offs. PhD dissertation, University of Groningen.

Krugman P R. 1991. Geography and Trade. Leuven: Leuven University Press.

Laulajainen R. 1998. What about managerial geography? GeoJournal, 44 (1): 1-7.

Leyshon A. 1997. Geographies of money and finance II. Progress in Human Geography, 21 (3): 381-392.

Li P F, Bathelt H, Wang J. 2012. Network dynamics and cluster evolution. changing trajectories of the aluminium industry in Dali, China. Journal of Economic Geography, 12 (1): 127-155.

Liefner I, Brömer C, Zeng G. 2012. Knowledge absorption of optical technology companies in Shanghai, Pudding: successes, barriers and structural impediments. Applied Geography, 32 (1): 171-184.

Liu W D, Dicken P, Yeung H W C. 2004. New information and communication technologies and local clustering of firms: a case study of the Xingwang Industrial Park in Beijing. Urban Geography, 25 (4): 390-407.

Liu Y C, Strange R. 1997. An empirical ranking of international financial centers in the Asia-Pacific region. The International Executive, 39 (5): 651-674.

Liu Z G. 2009. The emergence of clusters in societal transition: a coevolutionary perspective on the TCM cluster at Tonghua. PhD dissertation, Frankfurt University.

Malherbe F. 2006. Innovation and the evolution of industries. Journal of Evolutionary Economics, 16 (1-2): 3-23.

Malipiero A, Mundari F, Sombrero M. 2005. Focal Firms as Technological Gatekeepers within Industrial Districts: Knowledge Creation and Dissemination in the Italian Packaging Machinery Industry. Copenhagen: DRUID Winter Conference.

Martin R L. 2000. Institutional approaches in economic geography//Sheppard E, Barnes T J. A Companion to Economic Geography. Oxford: Blackwell: 77-94.

Martin R, Sonly P. 2014. Towards a developmental turn in evolutionary economic geography? Regional Studies, 49 (3): 712-732.

Mensal M P, Fornahl D. 2010. Cluster life cycles: dimensions and rationales of cluster evolution. Industrial and Corporate Change, 19 (1): 205-238.

Morrison. A. 2004. Gatekeepers of knowledge within industrial districts: who they are, how they interact. Regional Studies, 42 (6): 817-835.

Murphy J T. 2006. Building trust in economic space. Progress in Human Geography, 30 (4): 427-450.

Myrdal G, Sitohang P. 1957. Economic Theory and Underdeveloped Regions. London: Duckworth.

Neffke F, Henning M, Boschma R. 2011. How do regions diversify over time? Industry relatedness and the development of new growth paths in regions. Economic Geography, 87 (3): 237-265.

Norton R D. 1979. City Life-Cycles and American Urban Policy. New York: Academic Press.

Ohmae K. 1995. The End of the Nation-State: The Rise of Regional Economies. London: Harper Collins.

Oman M. 2009. Inter-firm networks and innovation: a survey of literature. Economics of Innovation and New Technology, 18 (1): 39-67.

Orsenigo L, Pamela F, Riccaboni M. 2001. Technological change and network dynamics: lessons from the pharmaceutical industry. Research Policy, 30 (3): 485-508.

Otto A, Kohler S. 2008. The contribution of new and young firms to the economic development of clusters in Germany: comparative analysis of a growing, a mature and a declining cluster//Blien U, Maier G. The Economics of Regional Clusters: Networks, Technology and Policy. Cheltenham: Edward Elgar: 167-191.

Pandit N R, Cook G. 2003. The benefits of industrial clustering: insights from the British financial services industry at three locations. Journal of Financial Services Marketing, 7 (3): 230-245.

Pandit N R, Cook G A S, Swann P G M. 2001. The dynamics of industrial clustering in British financial services. Service Industries Journal, 21 (4): 33-61.

Pandit N R, Cook G A S, Swann P G M. 2002. A comparison of clustering dynamics in the British broadcasting and financial services industries. International Journal of the Economics of Business，2002，9（2）：195-224.

Park Y S. 1982. The economics of offshore financial centers. Columbia Journal of World Business，17（4）：31-35.

Park Y S，Essayyad M. 1989. International Banking and Financial Centers. Boston：Kluwer Academic Publishers.

Porteous D J. 1995. The Geography of Finance：Spatial Dimensions of Intermediary Behaviour. Aldershot：Avebury.

Porteous D J. 1999. The development of financial centres：location，information externalities and path dependence//Martin R L. Money and the Space Economy. Chichester：John Wiley &Sons：95-114.

Poter M. 1990. The Competitive Advantage of Nation. New York：The Free Press.

Porter M. 1998. Clusters and the new economics of competition. Harvard Business Review，76（6）：77-90.

Reed H C. 1980. The ascent of Tokyo as an international financial center. Journal of International Business Studies，11（3）：19-35.

Reed H C. 1981. The Preeminence of International Financial Centers. New York：Praeger Publishers.

Rossi U. 2013. On the varying ontologies of capitalism：embeddedness，dispossession，subsumption. Progress in Human Geography，37（37）：348-365.

Rutherford T，Holmes J. 2008. The flea on the tail of the dog：power in global production networks and the restructuring of Canadian automotive clusters. Journal of Economic Geography，8（4）：519-544.

Saltelli A，Chan K，Scott E M. 2000. Sensitivity Analysis. New York：Wiley.

Saxenian A. 1994. Regional Advantage：Culture and Competition in Silicon Valley and Route 128. Cambridge：Harvard University Press.

Scott A J. 1988. New Industrial Spaces：Flexible Production Organization and Regional Development in North America and Western Europe. London：Pion.

Scott A J，Storper M. 1987. High technology industry and regional development：a theoretical critique and reconstruction. International Social Science Journal，39：215-232.

Shaw E S. 1973. Financial deepening in economic development. New York：Oxford University Press.

Sheppard E. 2002. The spaces and times of globalization：place，scale，networks，and positionality. Economic Geography，78（3）：307-330.

Smith A. 2003. Power relations，industrial clusters，and regional transformations：Pan-European integration and outward processing in the Slovak clothing industry. Economic Geography，79（1）：17-40.

Sonly P. 2008. Relational economic geography：a partial understanding or a new paradigm？Economic Geography，84（1）：1-26.

Staber U. 2001. Spatial proximity and firm survival in a declining industrial district: The case of the knitwear firms in Baden-Wurttemberg. Regional Studies, 35: 329-341.

Stefanelli R, Cataldi-Spinda J D E. 1998. An analysis of new-tech agglomeration in Beijing: a new industrial district in the making? Environment and Planning A, 30 (4): 681-701.

Stopper M. 1989. Walker Rather Capitalist Imperative. Oxford: Blackwell.

Storper M, Walker R. 1989. The Capitalist Imperative: Territory, Technology, and Industrial Growth. New York: Basil Blackwell.

Suire R, Vicente J J. 2009. why do some places succeed when others decline? A social interaction model of cluster viability. Journal of Economic Geography, 9 (3): 381-404.

Sun Y F, Du D B. Domestic firm innovation and networking with foreign firms in China's ICT industry. Environment and Planning A, 43 (4): 786-809.

Tacitly N. 2007. Asymmetrical power relations and upgrading among suppliers of global clothing brands: Hugo Boss in Turkey. Journal of Economic Geography, 7 (1): 67-92.

Tanner A N. 2014. Regional branching reconsidered: emergence of the fuel cell industry in European regions. Economic Geography, 90 (4): 403-427.

Taylor P. 2003. Financial Services Clustering and Its Significance for London. London: Corporation of London.

Teary M. 1999. Successful adjustment in Indian industry: the case of Ludhiana's woolen knitwear cluster. World Development, 27 (9): 1651-1671.

Tickell A, Peck J. 1995. Social regulation after Fordism: regulation theory, neo-liberalism and the global-local nexus. Economy and Society, 24: 357-386.

Vernon R. 1960. Metropolis. Cambridge: Harvard University Press.

Vicente J, Balland P A, Brossard O. 2011. Getting into networks and clusters: evidence from the midipyrenean global navigation satellite systems (GNSS) collaboration network. Regional Studies, 45 (7): 1059-1078.

Wal A L J T. 2011. Cluster emergence and network evolution: a longitudinal analysis of the inventor network in sophia-antipolis. Regional Studies, 47 (5): 651-668.

Wal A L J T, Boschma R. 2011. Co-evolution of firms, industries and networks in space. Regional Studies, 45 (7): 919-933.

Wang J E, Jin F J. 2007. China's air passenger transport: an analysis of recent trends. Eurasian Geography and Economics, 48 (4): 469-480.

Wang J E, Jin F J, Mo H H, et al. 2009. Spatiotemporal evolution of China's railway network in the 20th century: an accessibility approach. Transportation Research Part A, (43): 765-778.

Wang J E, Mo H H, Jin F J, et al. 2011. Exploring the network structure and nodal centrality of China's air transport network: a complex network approach. Journal of Transport Geography,

19（4）：712-721.

Wei Y H，Lu Y Q，Chen W. 2009. Globalizing regional development in Sunan，China：does Suzhou Industrial Park fit a neo-marshallian district model？Regional Studies，43（3）：409-427.

Wenting R. 2008. Spinoff dynamics and the spatial formation of the fashion design industry，1858—2005. Journal of Economic Geography，8（5）：593-614.

Whitley R. 2003. Developing innovative competence：the role of institutional frameworks. Industrial and Corporate Change，11（3）：497-528.

Yeung H W C. 2002. Towards a relational economic geography：old wine in new bottles. Paper Presented at the 98th Annual Meeting of the Association of American Geographers. Los Angeles：19-23.

Yeung H W C. 2005. Rethinking relational economic geography. Transactions of the Institute of British Geographers New Series，30（1）：37-51.

Yeung H W C，Liu W D，Dicken P. 2006. Transnational corporations and network effects of a local manufacturing cluster in mobile telecommunications equipment in China. World Development，34（3）：520-540.

Zhao S X B. 2003. Spatial restructuring of financial centers in mainland China and Hong Kong：a geography of finance perspective . Urban Affairs Review，38（4）：535-571.

Zhou Y，Tong X. 2003. An innovative region in China：interaction between multinational corporations and local firms in a high-tech cluster in Beijing. Economic Geography，79（2）：129-152.

Zipf G K. 1949. Human Behaviour and the Principle of Least Effort. Reading：Addison-Wesley.

| 附　　录 |

第一节　调 研 提 纲

（一）郑东新区经济发展局、规划局与统计中心

1. 郑东新区产业结构的历程与演变（主导产业）。
2. 目前郑东新区产业发展规划与战略设想？
3. 制造业、生产性服务发展的历程与现状。
4. 郑东新区矢量化底图。
5. 金融行业的统计数据与文字材料。

（二）中国人民银行郑州中心支行、中国证券监督管理委员会河南监管局、河南省人民政府金融服务办公室、郑州市人民政府金融工作办公室、郑东新区管委会金融服务局等

1. 郑东新区金融行业发展历程以及主要阶段。
2. 郑东新区金融行业发展的现状以及金融集聚核心功能区建设情况。
3. 政府在金融行业发展的过程中制定哪些政策、提供了哪些支撑与支持？这些政策的出发点、侧重点、导向是什么，作用如何？
4. 目前政府的作用和政策主要体现在哪些方面，作用和效果如何？
5. 您认为本区域吸引金融企业进驻与集聚的因素有哪些？目前金融企业主要看重哪些因素和条件？
6. 金融行业发展以及金融集聚核心功能区建设存在的问题有哪些？
7. 与其他区域相比，本区域的金融集聚、功能区建设的特点是什么？
8. 金融行业的统计数据与文字资料搜集。

（三）重点金融机构（银行、保险、证券、期货、基金、投资担保、融资租赁等）

1. 贵单位选择进驻本区域的因素有哪些？
2. 贵单位在发展过程中，受到了哪些因素的影响，这些因素的作用如何？哪些比较关键？

3. 贵单位在发展过程中，政府的政策在那些方面提供了支撑？作用如何？这些政策对于贵单位进驻和进一步发展作用如何？

4. 贵单位在发展过程中，市场因素的影响作用如何，主要体现在哪些方面？

5. 在贵单位的发展过程中，与其他组织（本行业的与非本行业）的联系如何？

6. 目前影响贵单位进一步的发展的因素有哪些？政府、软硬环境、市场以及良机制方面应如何进一步完善？

7. 进驻新区有哪些好处？金融机构集聚能够获得哪些好处？

8、对金融行业发展以及金融集聚核心功能集聚区建设有何看法与建议？

第二节　调查问卷

（一）金融集聚与金融产业发展总体调查问卷

郑东新区金融产业总体发展情况调查问卷

贵单位：您好，为了更好地服务郑东新区金融行业机构，建设好郑东新区金融城，我们组织对郑东新区银行、证券、保险、期货、基金、担保等各类金融机构进行问卷调查。

本次调查旨在研究郑东新区金融企业联系、网络与集聚情况，为建设郑东新区金融集聚核心功能区提供理论研究与政策建议。**本问卷的调查结果将完全保密或以总体性结论出现，不涉及企业具体信息，**请您放心填写。希望得到您的大力支持，对您的合作表示十分感谢！请贵单位负责人或者综合业务研究的相关部门填写完毕后将问卷结果发送至本次调查专用邮箱：zdxqjrdcwj@163.com。如有问题咨询，请拨打郑东新区管理委员会金融局电话：0371-67179487、18137139333，联系人沈勇、茹乐峰，地址：郑东新区熊儿河路与才高街交叉口卫群大厦410室。非常感谢您的支持配合！

　　　　——郑东新区管理委员会金融服务局、经济发展局，教育部人文社科重点研究基地：河南大学黄河文明与可持续发展中心

一、企业基本情况方面

1. 贵公司何时进入郑东新区：_____年

2. 贵公司的经济类型属于：

A. 国有企业　　　　　　B. 集体企业　　　　　　C. 私营企业

D. 股份制企业　　　　　E. 合伙人企业　　　　　F. 港澳台投资企业

G. 外商投资企业　　　　H. 其他_____

3. 企业形态：

A. 新设独立法人企业　　　B. 企业总部　　　　　C. 跨国公司地区总部

D. 国内地区总部　　　　　E. 省级地区总部　　　F. 集团公司直属机构

G. 集团公司分支机构

4. 贵公司的主要业务：_____

A. 银行　　　　　　　　　B. 保险　　　　　　　C. 证券

D. 信托　　　　　　　　　E. 基金　　　　　　　F. 财务公司

G. 综合性金融服务　　　　H. 其他金融服务业　　I. 咨询

J. 会计　　　　　　　　　K. 其他_____

二、区位选择方面

5. 当初哪些因素促使贵公司选择进入郑东新区，依下列各项重要性程度从大到小，请按 1～9 顺序填写数字

（　）基础配套设施完善，办公要素齐全

（　）当地政府的优惠政策支持服务

（　）区域有利的市场、商业氛围

（　）位于郑东新区对公司信誉度、美誉度和形象实力有帮助

（　）便于招募高素质专业人才

（　）有益于向同行竞争者学习

（　）接近市场和客户

（　）接近专业服务机构（会计、咨询等）

（　）邻近信息交流中心

除以上的其他因素，还有：_____

6. 目前哪些因素对贵公司影响较大，依下列各项重要性程度从大到小，请按 1～9 顺序填写数字

（　）基础配套设施完善，办公要素齐全

（　）当地政府的优惠政策支持服务

（　）区域有利的市场、商业氛围

（　）位于郑东新区对公司信誉度、美誉度和形象实力有帮助

（　）便于招募高素质专业人才

（　）有益于向同行竞争者学习

（　）接近市场和客户

（　）接近专业服务机构（会计、咨询等）

（　）邻近信息交流中心

除以上的其他因素，还有：＿＿＿＿＿＿＿＿＿＿＿＿＿＿＿＿＿

7. 贵公司的发展受到下列因素影响的程度（请打√）

	很重要	重要	一般	不重要	很不重要
商务经营成本过高					
基础设施水平不健全					
对外交通联系不方便					
本地交通联系不方便					
企业经营软环境服务度较低					
金融市场规模较小					
金融中介机构发育水平较低					
市场狭小、商业氛围不够					
政府政策支持不够、制度体系不太完善					
其他因素：＿＿＿＿＿＿					

8. 您认为郑东新区在哪些方面需要进一步改善，依下列各项重要性程度从大到小，请按 1～10 顺序填写数字

（　）市场发展前景、商业氛围
（　）基础配套设施水平、办公要素
（　）企业经营发展软环境质量
（　）对外交通联系便利
（　）本地交通联系便捷
（　）政府政策支持、制度体系完善
（　）专业人才集聚、金融创新能力培育发展
（　）金融市场发展规模程度
（　）金融中介、服务机构培育成熟度
（　）信息沟通交流服务
除以上的其他因素，还有：＿＿＿＿＿＿＿＿＿＿＿＿＿＿＿

9. 您认为哪些条件对于建立区域性金融中心至关重要，依下列各项重要性程度从大到小，请按 1～11 顺序填写数字

（　）地理位置
（　）区位条件
（　）经济发展水平
（　）经营环境条件
（　）对外经济联系与开放水平

（　）基础设施条件

（　）业务市场、商业氛围

（　）政府政策支持、法规制度保障

（　）金融专业人才及相关配套专业人才

（　）金融中介、专业服务机构等

（　）信息沟通交流服务

除以上的其他因素，还有：＿＿＿＿＿＿＿＿＿＿＿＿＿＿＿＿＿

三、金融企业联系度方面

10. 不同地区企业的业务量占贵单位整体业务量的比例如何？

郑东新区占＿＿＿＿＿%；郑州市占＿＿＿＿＿%；河南省内地区占＿＿＿＿＿%；
全国其他地区＿＿＿＿＿%

11. 金融企业与客户交流的方式（请打√，可多选）

□ 与客户在工作场所、工作时间进行沟通交流

□ 建立相关业务交流方式制度，征求代表性客户的意见

□ 客户主动向企业提供创新的意见或建议

□ 通过互联网向客户征求意见或进行相互交流

12. 金融企业之间建立联系交流的主要原因（请打√，可多选）

□ 降低市场风险　　　　　　　□ 共同开发业务市场

□ 降低经营成本　　　　　　　□ 增强企业间业务信息交流

□ 争取建立更好的市场发展环境和制度体系保障

□ 其他原因：＿＿＿＿＿＿＿＿＿＿＿＿＿＿＿＿

13. 金融企业之间的联系交流经常来自（请打√，可多选）

□ 企业之间的直接业务关系交流

□ 高层管理者之间的朋友、同学、同乡等社会关系交流

□ 本地行业协会或政府组织的会议等官方、半官方交流

□ 家族或亲戚等亲缘关系交流

□ 其他交流方式：＿＿＿＿＿＿＿＿＿＿＿＿＿＿＿＿

14. 下列单位与贵公司的联系程度如何？（请打√）

交流频度 / 机构	密切	较密切	有时	很少	从不
上级总部或分支机构					
同行单位					
相关行业协会					

续表

交流频度 / 机构	密切	较密切	有时	很少	从不
政府业务部门					
相关服务企业					
教育培训机构					
学术研究机构					
猎头公司					

15. 贵公司如果选择与其他同行业企业较为接近的位置办公,下列理由的重要性如何?(请打√)

重要性 / 因素	很重要	重要	一般	不重要	很不重要
增加与相关人员面对面交流机会					
容易建立信任和合作关系					
营造共同经营市场					
营造有利的经营氛围					
有利于获得业务、市场信息					
有利于发挥集聚规模效应					
其他因素:					

16. 贵公司从下列方式的业务交流中受益的程度如何?(请打√)

重要性 / 联系方式	很重要	重要	一般	不重要	很不重要
通过电话联系					
通过电子邮件联系					
通过社交场合交流					
通过专门会议交流					
通过新闻媒体、熟人朋友等方式获取信息					
其他方式:					

四、人力资源方面

17. 贵公司的员工分别从下列地区招收的比例如何?

郑州本地占_____%

河南省占_____%

其他地区占_____%

18. 招收高级员工的渠道？（请打√，可多选）

☐ 人才市场　　　　☐ 猎头公司　　　　☐ 朋友介绍

☐ 互联网　　　　　☐ 报纸、电视等传统媒体

☐ 其他渠道：_____

19. 贵公司人力资源流动的原因（请打√，可多选）

☐ 工作环境　　　　☐ 薪金待遇　　　　☐ 生活环境

☐ 居住成本　　　　☐ 人际关系　　　　☐ 猎头公司的参与

☐ 其他原因：_____

五、区域金融创新环境方面

20. 贵公司在金融产品、经营管理、制度体系等方面创新的信息来源（请打√，可多选）

☐ 与业务客户的交流

☐ 通过研讨会或行业协会与同行业企业的交流

☐ 通过企业间的人员流动

☐ 招聘大学毕业生、海归人士等

☐ 咨询公司等中介机构

☐ 其他来源：_____

21. 当前制约贵公司创新的外部环境因素是（请打√，可多选）

☐ 客户的需求　　　☐ 专业研发人才　　☐ 法规政策的许可

☐ 业务市场规模　　☐ 社会文化发展水平的接受程度

☐ 其他因素：_____

六、相关问题方面

22. 贵公司在未来五年内的发展计划（请打√）

☐ 扩大规模，提升机构等级

☐ 保持规模及水平不变

☐ 缩小规模甚至退出

23. 贵公司认为郑州与上海、北京、深圳相比发展金融产业

优势在于：_____

劣势在于：_____

_____

企业名称：_____

办公地址：_____

联系人：_____

本卷完，十分感谢您的大力支持与配合！祝您工作顺利！诸事如意！

第三节　加快郑东新区金融集聚核心功能区建设实施方案

河南省人民政府办公厅关于印发加快郑东新区金融集聚核心功能区建设实施方案的通知

豫政办〔2015〕18 号

郑州市人民政府，省人民政府各部门：

《加快郑东新区金融集聚核心功能区建设实施方案》已经省政府同意，现印发给你们，请认真贯彻实施。

河南省人民政府办公厅

2015 年 2 月 6 日

为全面贯彻省委九届八次全会和省委经济工作会议精神，进一步加快郑州区域性金融中心建设，增强郑东新区金融集聚核心功能区的承载、集聚、创新、辐射功能，提升金融服务实体经济、促进转型发展、加快现代化建设的能力，特制定本方案。

一、总体要求

1. 工作思路。以邓小平理论、"三个代表"重要思想、科学发展观为指导，充分发挥市场对资源配置的决定性作用，拓展金融市场开放合作的广度、深度，集聚高端金融资源要素，完善金融机构体系、资本市场体系，强化金融产品、服务、业态创新，培育总部经济和楼宇经济，提升配套基础设施服务功能，促进产业、产城融合互动发展，积极探索金融支持经济转型、产业结构升级的良性发展模式，为把郑州建成全国重要的区域性金融中心提供坚强支撑。

2. 功能定位。建设中原经济区金融机构及企业总部集聚中心、商品期货交易与定价中心、要素市场交易中心、金融后台服务中心和金融服务改革创新实验区，不断提升郑州区域性金融中心的竞争力、集聚力、辐射力和软实力。

3. 发展目标。到 2017 年，郑东新区金融业增加值占全省金融业增加值的比重达到 10%以上，集聚各类金融机构 350 家，培育形成 10 个具有全国影响力的大宗商品和要素交易平台，郑州商品交易所期货交易量进入全球前十强，汇聚一批具有国际视野和创新精神的金融高层次人才，累计新增就业 10 万人，基本建成体系健全、市场发达、创新活跃、紧密对接国际金融市场的金融产业集聚区和创新引领区。

到 2020 年，郑东新区金融业增加值占全省金融业增加值的比重达到 13%以上，形成与全面建成小康社会、部分领域和区域率先实现现代化相适应的金融体系，推动郑州发展成为现代化国际商都和"一带一路"（丝绸之路经济带、21 世纪海上丝绸之路）战略支撑点。

二、重点任务

（一）推动金融机构集聚发展

1. 实施金融机构引进工程。改善营商环境，积极吸引中、外资银行设立分支机构，鼓励境外金融机构投资入股省内法人金融机构，逐步引导国内银行省级总部向郑东新区金融集聚核心功能区集聚，支持驻郑东新区金融集聚核心功能区内的金融机构提格升级。积极吸引各类金融租赁公司、融资租赁公司设立专业子公司。大力引进健康保险、养老保险、农业保险等专业性保险公司，支持保险公司、保险资产管理公司及再保险公司、自保公司、相互制保险公司等在郑东新区金融集聚核心功能区加快布局。积极引进证券、期货、基金机构设立分公司、专业子公司和创新型机构，支持有条件的机构设立证券、期货、基金管理公司。力争到 2017 年，驻郑东新区金融集聚核心功能区银行类、证券期货类、保险类金融机构分别达到 130 家、75 家、35 家，注册 1—2 家金融租赁公司。

2. 实施金融机构培育工程。支持中原银行、中原农业保险公司、郑州银行、百瑞信托公司、万达期货公司、中原期货公司等金融机构加快发展，推动中原信托公司增资扩股。推动发起设立金融租赁公司、财务公司、汽车金融公司，争取列为国家消费金融公司试点城市。吸引符合条件的金融机构设立村镇银行管理总部。加快组建人寿保险公司、财产保险公司等法人保险机构，支持保险机构投资设立体检、医疗、健康管理等机构，完善保险服务链。支持有条件的省级投融资公司在市场竞争中不断壮大，逐步发展成为综合性、大型金融控股集团。培育发展互联网金融机构、证券期货基金类机构、证券期货投资咨询机构。

3. 实施金融中介服务完善工程。加快信用评级、投资咨询、会计、审计、法律、资产评估、金融资讯等中介服务机构集聚，引进和培育一批健康险、责任险、再保险等专业保险中介机构和私募基金托管、销售以及其他私募基金专业服务机构，鼓励民营资本发起设立征信机构，构建完善的金融中介服务体系。

4. 实施大宗商品现货交易平台建设工程。制定出台我省交易场所监督管理办法，完善交易平台管理体制机制，促进规范发展。强化郑州粮食批发市场"郑州价格"的全国粮油现货价格风向标地位。加强与知名企业战略合作，促进平台型企业集聚发展，探索组建稀贵金属、农资、钢铁等交易平台，形成具有全国或区域影响力的平台型交易中心和市场。

（二）完善多层次资本市场

1. 做大做强郑州商品交易所。加快优势畜禽肉类和大宗资源性、战略性期货产品的研发和上市，加大已上市品种推广力度，力争每年上市 2—3 个新品种，到 2017 年，交易量达到 10 亿手，交易额达到 30 万亿元。支持郑州商品交易所拓展交割库点布局，在郑州新郑综合保税区、郑州出口加工区等海关特殊监管区域和保税监管场所开展保税交割业务。支持境外厂商和机构投资者进入郑州商品期货市场。支持中原银行、郑州银行通过收购等方式建立期货公司，鼓励符合条件的机构投资者参股期货公司。支持大型企业集团、民营资本利用期货市场进行风险管理。支持万达期货公司、中原期货公司等证券期货经营机构探索开展期货创新业务。充分发挥郑州商品交易所的龙头带动作用，引导期货公司总部、分支机构、专业子公司、直投类机构、期货私募基金等集聚发展，逐步打造期货产业集群。

2. 规范发展区域性市场。支持各类产权交易机构完善交易制度和配套体系，扩大交易规模。组建我省区域股权交易市场，为非公众企业债信融资、并购重组和股权融资等提供服务。积极申请开展碳排放权试点，探索开展金融资产、集体林权、土地承包经营权流转等各类产权（经营权）交易，争取设立环境能源交易所。

3. 推动企业上市和发行债券融资。健全企业上市融资服务体系，建立多层次资本市场上市挂牌企业统一资源库，加大对重点上市、挂牌后备企业的扶持力度，吸引上市企业总部集聚。加强与沪深证券交易所、全国中小企业股份转让系统以及香港、新加坡等境外交易所合作，探索设立区域性、综合型上市"路演"中心或新闻发布中心。加快企业在境外上市和境内主板、创业板和全国中小企业股份转让系统挂牌上市。引导中小企业运用集合票据、集合债券等债务融资工具，积极推动各类企业采用发行企业债券、公司债券、项目收益债券、中小企业私募债、资产证券化、中期票据等方式筹措资金。力争到 2017 年，推动 20 家企业上市或挂牌，50 家企业纳入省重点上市后备企业名单。

4. 加快发展创业投资、产业投资和私募投资基金。集聚品牌投资企业和基金管理人，吸引培育创业投资、产业投资和私募投资基金管理队伍，力争到 2017 年，管理机构达到 100 家。加快各级涉企资金基金化改革，探索建立财政、国有资产收益滚动投入机制，引导带动社会资本、大型金融机构发起设立支持我省先进制造业、高成长服务业、现代农业大省建设的大型产业投资基金。支持各级政府投融资公司和大型企业探索设立新型城镇化基金、并购成长型基金。鼓励设立创业投资引导基金，吸引社会各类资金参与创业投资、天使投资，探索建立早期创投奖励和风险补偿机制。

（三）加快发展产业金融

1. 大力发展航空金融。鼓励大型航空企业与金融机构联合成立金融租赁及融资租赁公司，探索开展大型设备、飞机等融资租赁业务。积极争取国家相关部委支持，复制中国（上海）自由贸易试验区的保税融资租赁政策，开展保税融资租赁业务。加快培育和引进保险公估、保险经纪等航空保险中介机构，鼓励设立与航空相关的资产管理、投资基金、证券、贸易、交易经纪、培训咨询等企业。积极探索设立航空、铁路、公路货运和集装箱等运力价格衍生品交易平台。

2. 发展跨境金融服务。探索开展跨境电子商务外汇支付业务，支持设立第三方支付机构。鼓励跨国公司设立资金管理中心、结算中心，积极申请开展跨国公司外汇资金集中运营管理试点。争取人民币资本项下可兑换的支持政策，开展跨境人民币投融资等业务。支持有离岸经营资格的银行设立离岸业务专营机构，支持银行开展人民币境外放款业务。鼓励开展离岸保险、离岸基金等业务。

3. 促进科技金融发展。加强科技金融专营机构建设，推动、引导设立科技银行、科技担保公司，积极开展科技保险业务，促进企业技术创新和科技成果产业化。创新科技、信贷金融产品，加强对科技型企业的金融支持，建立初创期、成长期、发展期政府扶持与金融机构资本市场融资相结合的发展模式。探索设立科技企业间的互助金融组织。建设科技金融公共服务平台，建立规范的科技成果评估、定价、流转等方面的中介机构，完善融资指导、法律咨询、信息服务等多功能的科技金融服务体系。

4. 积极发展供应链金融服务。充分发挥装备制造、现代物流、商贸流通等产业优势，依托大型企业集团、物流公司等骨干企业以及第三方管理公司，加强与供应链上下游中小企业的合作。鼓励银行、保险公司等金融机构为供应链提供资金、信用、保险等服务，建设政银企合作平台，构建供应链金融服务网络。鼓励银行等相关机构加快供应链金融产品创新，提高供应链上下游企业参与专业化分工和国际竞争的能力。积极申请开展商业保理试点，鼓励设立商业保理公司。

（四）积极发展新兴金融业态

1. 加快发展互联网金融。建设互联网金融产业园和创新孵化基地，重点发展互联网及移动通信、大数据、云计算、社交平台、搜索引擎等信息技术，开展资金融通、支付、结算等金融服务。放宽新兴金融企业市场准入条件，支持有条件的企业申请互联网金融业务许可。研究出台支持互联网金融发展的政策措施。鼓励互联网金融业务创新，培育互联网金融产业集群。

2. 积极发展财富管理。支持商业银行设立私人银行服务中心，引导民间资本和境外资本参股财富管理企业。鼓励结构性理财产品创新，推动理财业务向资产管理业务转型。规范小额贷款、融资类担保公司发展，支持建设民间借贷服务中心、金融超市等阳光化融资中介平台。

3. 探索建立民间资本与产业发展对接平台。鼓励民间资本参股或发起设立民营银行、金融租赁公司、消费金融公司等金融机构。构建由天使投资、创业投资构成的多元化股权投资体系，提高中小企业直接融资比例。在防范风险的基础上，支持更多民间资本参与和发起设立村镇银行、小额贷款公司、资金互助社等，培育若干行业领先的民间金融控股集团。规范民间资本从事资金借贷活动。

（五）建设产业发展平台

1. 优化拓展产业空间布局。将郑东新区中央商务区作为金融产业发展主承载区，进一步鼓励和引导各类金融机构总部或区域总部及功能性中心在中央商务区、龙湖金融中心、运河两侧集聚，在商都路两侧建设金融后台产业园区。积极发展金融专业园区，在龙湖中环路沿线集聚上市公司总部，规划建设国际金融合作区、金融创新园区和新兴金融产业创新创业综合体。在郑州东站东广场重点集聚消费金融、民生金融、财富管理、互联网金融、小微金融等新型金融服务业态，在白沙组团沿商鼎路规划布局金融外包服务园区。在海关特殊监管区域布局建设专业跨境金融服务中心。

2. 大力发展总部经济和楼宇经济。建设运河两岸、郑州东站东广场、白沙总部园区三个总部经济集聚区，重点引进世界 500 强、中国 500 强、行业 100 强等大型企业总部、区域总部及其功能性中心。以金融机构和总部型企业需求为导向，积极培育、引进有成熟市场经验的楼宇经营管理机构，新建一批智能、绿色高端商务楼宇，培育一批专业商务楼宇，完善配套设施，为新进机构创造"拎包入驻"条件。力争到 2017 年，引进世界 500 强企业 60 家，商务楼宇建筑面积突破 1000 万平方米，培育形成千万元税收楼宇 80 栋、亿元税收楼宇 30 栋。

3. 加快公共服务设施建设。全面推进道路水系、电力通讯、供水供暖、燃气建设，规划一批绿地公园等休闲休憩公共空间，建设一批文化艺术馆、博物馆、图书馆等公共文化设施，完善商业配套设施，构建便捷畅通的公共交通服务体系。引进或设立国际学校，健全从学前到高中的国际化教育体系，开设针对外籍金融人才及其家属的特需门诊，建设金融小区和金融人才公寓。组建专业服务机构，开展项目建设、经营管理和金融中介服务。

（六）推动开放创新发展

1. 加快金融改革试验区建设。争取国家批准中原经济区农村金融改革方案，支持设立主要服务"三农"的金融租赁公司，探索成立合作性村级融资担保基金，推动发展土地承包经营权、林权抵押贷款，稳妥开展农民住房财产权抵押试点，积极引进和推广国内外成熟的微贷技术，探索建立农业贷款风险损失补偿机制。支持"三农"保险产品创新，加大部分农业保险品种财政补贴力度，探索拓宽涉农保险保单质押范围，鼓励商业性保险公司扩大农村人身、财产和种养殖保险范围。发展农村地区移动金融服务，拓宽农业产业化龙头企业的融资渠道，加快扶贫类农村金融创新，全面提升农村金融供给能力和服务水平。积极申建金融支持新型城镇化综合改革试验区，探索发行市政债券和项目收益债券。

2. 推进金融服务产品研发。鼓励金融机构加快航空金融、物流与供应链金融产品创新，扩大贸易融资、融资租赁业务规模。加大绿色金融产品和服务创新，综合运用基金、融资担保、股权投资、信托等多种金融工具支持节能减排和环保项目建设。研究开发适应中小微科技型企业、文化创意企业特点的金融产品，积极发展保单、股权、票据、知识产权等质押融资和小企业联保融资。鼓励银企、银证、银保、银信间战略合作，联合研发组合型金融服务产品。

3. 强化金融全方位合作。拓展金融市场开放、交流、合作的广度、深度，支持省内法人金融机构"走出去"设立分支机构，支持省内外金融机构相互参股。加强与国内金融中心的战略合作，积极与国际金融中心及国际金融组织、跨国金融企业集团开展交流，推动境内外金融要素市场、金融机构、金融教育研究机构间国际业务合作。支持举办国际性金融展会或金融专业论坛，并积极争取列入国家引导支持展会目录。

三、保障措施

1. 强化政策支持。支持郑东新区金融集聚核心功能区发展用地，统筹安排使用建设用地指标和增减挂钩指标，运用国家有关支持政策，合理保障用地需求。区内新征土地可单独组卷报批。对新设立或新迁入郑州市的金融法人机构、省级分支金融机构、各类要素交易平台，原则上在郑东新区金融集聚核心功能区布局。充分发挥省金融业发展专项奖补资金作用，支持郑东新区金融集聚核心功能区建设发展。支持郑州市制定促进各类金融产品、技术、工具、服务创新的具体政策，着力缓解融资难、融资贵等问题。加大对相关监管、服务部门的激励支持力度。

2. 强化智力支撑。完善引进和培养金融人才的激励机制和市场化薪酬机制，健全金融人才服务体系，落实高端金融人才住房、就医、子女入学等政策。建设金融人才互动交流平台，完善专家咨询机制，加强领导干部金融业务培训，加快金融后备人才队伍建设，建立金融监管部门、金融机构、高等院校与政府干部双向交流常态机制。支持在豫高等院校开设商品期货、航空金融、离岸金融、供应链金融等特色金融课程。支持金融专业技术培训机构开展金融专业技能培训、设置考试考点及设立岗位技能鉴定机构。

3. 优化金融生态环境。加快征信体系建设，强化部门间信息互通共享、信用披露和信用分类评级，健全信用信息查询和应用制度。建立政府与金融监管部门协同监管机制，加快构建部门联动、综合监控、分级管理的金融监管服务和风险防范处置体系。改善金融法制环境，严厉打击非法集资、违规经营等各类非法金融活动，维护金融稳定和安全。省有关部门要按照职能分工，制定实施支持郑东新区金融集聚核心功能区建设的政策措施。郑州市政府要根据本方案确定的重点任务，明确责任，制定配套措施，加强上下联动、横向协调，形成推进郑东新区金融集聚核心功能区建设的工作合力。郑东新区管委会要进一步细化分工，加快推进，确保各项任务落到实处、取得实效。郑州市政府要定期向省政府报告郑东新区金融集聚核心功能区建设进展情况。

第四节　河南省金融业发展专项奖补资金管理暂行办法

第一章　总　　则

第一条　为推进我省金融业发展，发挥金融业在现代服务业中的重要作用，鼓励金融机构加大对我省经济支持力度，促进我省经济又好又快发展，"十二五"期间省财政设立河南省金融业发展专项奖补资金（以下简称专项资金），并制定本办法。

第二条　河南省金融业发展专项资金由省财政列入年度预算。

第三条　专项资金分为奖励资金和补助资金。专项资金的使用管理坚持突出重点、择优扶持、公开透明的原则。

（一）突出重点。专项资金重点一是用于对新设或引进金融机构的奖励；二是用于银行业金融机构增加贷款投放奖励；三是用于对资本市场融资的补助；四是对担保机构进行补助。

（二）择优扶持。通过专项资金支持，增加金融业服务供给，促进金融业发展水平，提高金融业对经济支撑作用。

（三）公开透明。坚持突出重点、统筹兼顾，严格程序、规范操作，确保专项资金安全、高效使用。

第四条　省财政厅、省政府金融办共同对专项资金的使用进行审核管理和绩效评估。

第二章　支持范围和标准

第五条　专项资金用于对新设金融机构的奖励：

（一）对在河南省境内新设立金融机构总部的，在所在地政府奖励资金的基础上，省财政再奖励 50%；设立地区总部性金融机构的，在所在地政府奖励资金的基础上，省财政再奖励 50%。所在地政府未设奖励资金的，省财政对设立金融机构总部一次性奖励 500 万元，设立地区总部性金融机构一次性奖励 300 万元。

本办法所称金融机构总部，是指注册地址和主要办公场所在河南的银行、保险公司、证券公司、信托投资公司、金融租赁公司、股权投资基金管理企业等具有法人性质的金融机构。本办法所称金融机构地区性总部，是指银行、保险公司、金融融资租赁公司、信托投资公司等注册地址和主要办公场所在河南的分行（分公司），以及直接隶属于总部机构并单独设立的专营机构、业务总部、营运中心、资金中心、研发中心等。

（二）对到省外（包括境外）开设分行级分支机构的省内地方法人银行，一次性奖励 200 万元。

（三）各银行业金融机构在省辖市（包含省辖市）以下新增设分支行，每个给予 50 万元一次性补助。

补助资金用于新设分支机构的网络建设、添置计算机设备、业务软件开发等。

第六条　专项资金用于对银行业金融机构增加贷款投放的奖励：对当年新增贷款额及同比增长超过 20%（含）且新增存贷比超过 60%（含）的银行业金融机构，按照新增贷款额一定比例给予奖励。每家机构奖励最高不超过 100 万元。

第七条　专项资金用于资本市场融资各主体的补助和奖励：

（一）对中小型企业发行中小企业集合债以及以单独、集合、区域集优等模式在银行间债券市场发行短期融资券、中期票据等债务融资工具按不超过实际发行金额的 0.1%给予发行费补贴，每户企业累计补助不超过 50 万元；大型企业在银行间债券市场发行债务融资工具按不超过实际发行金额的 0.05%给予发行费补贴，每户企业累计补助不超过 100 万元。

（二）对中小企业发债提供担保、增信服务的担保公司，按不超过实际担保发行金额的 0.1%给予奖励，提供再担保服务的担保公司，按不超过实际再担保额的 0.05%给予奖励。

（三）对为中小企业发行债务融资工具提供主承销服务的银行业金融机构，按当年承销债券实际发行金额的 0.15‰给予奖励；对为大型企业发行债务融资工具提供主承销服务的银行业金融机构，按当年承销债券实际发行金额的 0.05‰给予奖励。各主承销商每年累计奖励不超过 200 万元。

金融机构奖励资金主要用于相关业务的宣传拓展，市场培育和管理，以及对相关从业人员进行培训等工作。

第八条　专项资金用于对企业上市融资给予培育培训经费补助：

对各级政府推荐的、符合上市培育要求的企业进行上市融资培育培训，按照实际发生额给予经费补助。

第九条　专项资金用于涉农担保机构业务风险补偿的补助：

对省内现有各类担保公司开展涉农担保业务给予涉农担保季均余额 1%的补助，用于充实涉农担保机构风险准备金。

本办法中涉农贷款是指，根据《中国人民银行中国银行业监督管理委员会关于建立＜涉农贷款专项统计制度＞的通知》（银发〔2007〕246 号）有关规定为基本原则，包括省内各金融机构直接发放给农户的用于生产、经营、消费等各种用途的贷款；发放给注册地在县域以下（含县域）的农业产业化经营和龙头企业及各类农民专业合作组织的农、林、牧、渔业活动以及支持农业和农村发展的贷款。涉农担保业务的范围参照上述标准界定。

第三章　申报要求和程序

第十条　在河南境内新设立的金融机构申报要求：

（一）金融机构应提供的申报材料

奖励资金申请报告；监管部门或省政府授权部门批准开业的文件、注册证明和验资证明；所在地政府奖励资金文件，其他需要的材料。

（二）申报程序

新设立的金融机构总部和地区性机构总部，在获得监管部门批准开业后，于开业次年 3 月底前，直接向省财政厅、省政府金融办申报。

第十一条　银行业金融机构在全省省辖市以下地区新增设分支行的申报要求：

（一）金融机构应提供的申报材料

开办费补助申请；监管部门批复或备案的文件；新增分支行的财务报表等资料；其他需要的资料。

（二）申报程序

银行业金融机构新增分支行机构于开业次年 3 月底前，向所在的县（市）财政部门、金融主管部门申报，县级财政部门及金融主管部门共同审核确认后，于 20 个工作日内向省辖市财政局、金融办提出申请，省辖市财政局、金融办共同审核确认后，于 10 个工作日内上报省财政厅、省政府金融办，同时提交相关申请材料。

第十二条　对银行业金融机构增加贷款投放的奖励：

银行业金融机构贷款投放数据以人民银行郑州中心支行、河南银监局统计数据为依据。每年 3 月底前，符合条件的银行业金融机构直接向省财政厅、省政府金融办申报。

第十三条　对于发行债务融资工具的各主体申请补贴的申报要求：

（一）各机构应提供的申报材料

1. 融资企业的资金申请报告；发行费用明细表；相关监管部门的确认函或备案通知书。

2. 主承销银行提供的奖励资金申请报告；主承销债务融资工具明细表。

3. 担保机构提供的奖励资金申请报告；债务融资工具担保合同。

（二）申报程序

提供债务融资工具主承销服务的金融机构一级分支机构或地方法人金融机构，于承销债务融资工具后次年 3 月底前，直接向省财政厅、省政府金融办、业务主管部门提出申请。企业和融资性担保机构于发行（担保）债务融资工具后次年 3 月底前，向所在的省辖市财政局、业务主管部门、金融办申报，三部门共同审核无误后，于 20 个工作日内向省财政厅、省政府金融办提出申请，同时提交相关申请材料。

第十四条　涉农担保机构申请补贴有关申报要求：

（一）涉农担保机构应提供的申报材料

涉农担保机构的年度财务报告；上年度四个季度财务报表；涉农担保业务合同及单据复印件等资料。

（二）申报程序

开展涉农担保业务的担保公司，向所在的县（市）财政部门及金融主管部门申报，财政部门及金融主管部门共同审核确认后，于 20 个工作日内向省辖市财政局、金融办提出涉农担保业务风险补偿申请，省辖市财政局和金融办共同审核无误后，于 10 个工作日内向省财政厅、省政府金融办提出申请，同时提交相关申请材料。

第四章　资金审核与拨付

第十五条　专项资金的奖励和补贴工作由省财政厅会同省政府金融办进行审核后，形成专项奖补资金意见。

第十六条　省财政厅依据审核确认的结果拨付奖补资金：

（一）通过县、市级财政部门申报的，省财政厅将预算指标下达到各相关财政部门，县、市级财政部门在收到相关资金后，在 10 个工作日内及时将资金拨付到相应的申报单位。

（二）由各商业银行、股份制银行一级分行以及有关金融机构直接申报的，省财政厅通过国库集中支付将资金直接拨付到相关申报金融机构。

第五章　监督与评价

第十七条　各银行业金融机构、新型农村金融机构、担保公司及其他相关单位和部门认真对照本实施办法的规定，对于符合奖补政策的事项，应主动如实申报，并提供有关材料，不得弄虚作假，骗取、套取奖补资金。市、县财政部门和金融办应对各单位上报数据和材料的真实性、准确性进行认真审核、严格把关。

第十八条　各项奖补资金应严格按规定用途专款专用，严禁任何部门和单位截留、挪用。

第十九条　对于违反规定骗取、套取和截留、挪用奖补资金的，除收回已拨付资金以外，还将依照《财政违法行为处罚处分条例》等规定进行处理、处罚。

第二十条　各省辖市财政部门和金融办应于年度终了后 2 个月内将上年度有关奖补资金的使用情况，以书面报告形式上报省财政厅、省政府金融办。报告内容应包括资金的使用情况、资金的使用效果以及对获得奖补资金单位的整体评价等。

第二十一条　省财政厅将会同省政府金融办等相关部门定期对奖补资金的申报和使用情况进行监督检查和绩效评价，及时掌握资金的使用和管理情况，分析和评价金融改革发展有关政策的执行效果。

第六章　附　　则

第二十二条　本办法自印发之日起施行。

第五节　关于进一步加强金融工作加快金融业发展的意见

河南省人民政府关于进一步加强金融工作加快金融业发展的意见
豫政〔2012〕40 号

各省辖市人民政府，省人民政府各部门：

为贯彻落实《国务院关于支持河南省加快建设中原经济区的指导意见》（国发〔2011〕32 号）和省第九次党代会精神，进一步加强金融工作，加快全省金融业发展，为建设中原经济区提供金融保障，现提出如下意见，请认真贯彻落实。

一、充分认识加强金融工作、加快金融业发展的重大意义

金融是国民经济的血液，是现代经济的核心，在现代经济发展中居于主导地位，金融保障是全面建设小康社会的关键因素。近年来，我省紧紧围绕科学发展主题和加快转变经济发展方式主线，认真贯彻中央关于金融工作的方针和部署，全面落实国家宏观调控政策，坚持"四个重在"（重在持续、重在提升、重在统筹、重在为民）实践要领，将金融业发展摆在更加突出的位置，积极推进金融改革发展，金融业整体实力和活力不断增强，已成为全省成长性最好、对实体经济服务性最强的重要产业，有力支撑了全省经济社会又好又快发展和经济结构调整，有效保障了民生改善和社会和谐稳定。但是，也要清醒地认识到，与沿海发达省份和经济社会发展要求相比，我省金融业发展仍然滞后，在主要金融指标、金融主体的培育、金融市场的活跃程度等方面还存在较大差距，金融业仍然是制约我省发展最突出的"短板"。进一步加强金融工作，加快金融业发展，是推进中原经济区建设的重要保障，是增强我省区域竞争力的迫切需要，也是应对当前复杂形势的必要举措。各级政府要从全局和战略高度充分认识加快金融业发展对我省经济社会发展的深远意义和重大作用，高度重视，加强谋划，统筹运作，持续推进，尽快形成现代金融体系，为建设中原经济区、实现中原崛起和河南振兴提供有力保障。

二、总体思路和主要目标

（一）总体思路。以邓小平理论和"三个代表"重要思想为指导，深入贯彻落实科学发展观，坚持"四个重在"实践要领，紧紧围绕建设中原经济区、加快中原崛起和河南振兴总体战略，以培育壮大地方法人金融机构为重点，着力繁荣金融主体；以拓宽金融市场、完善金融杠杆功能为抓手，着力扩大融资规模；以优化金融环境为突破口，着力推动金融业规范发展，显著增强金融业综合实力、区

域竞争力，显著提高金融服务我省经济社会发展的能力和水平。

（二）主要目标。到 2015 年，基本建成功能齐备、层次丰富、结构合理、竞争有序、服务全面的现代金融体系，把金融业发展成为现代服务业的支柱产业。各项存款余额超过 5 万亿元，各项贷款余额超过 3.5 万亿元，直接融资总量超过 3000 亿元，比 2011 年翻一番；金融业增加值占生产总值比重达到 5%；地方法人银行业金融机构总资产突破 1.8 万亿元；省级投融资公司融资能力大幅提升；郑东新区金融集聚核心功能区基本建成。

三、拓宽金融市场，服务实体经济

（一）着力扩大信贷投放。充分发挥银行信贷融资主渠道作用。与全国性银行总行全面建立紧密型战略合作关系，积极争取各总行扩大对我省的信贷投放，力争新增贷存比不低于 70%。支持银行业金融机构合理配置信贷资源，加强银团贷款合作，增强对中原经济区建设重点领域、重大项目的资金保障能力。支持银行业金融机构开展跨业、跨省合作，综合运用信托、融资租赁、资产证券化、夹层融资等金融产品，充分利用省内外资金，不断提高贷款投放能力。强化政府、银行、企业对接，完善合作机制，支持银行业金融机构提前介入、全面参与重点产业、重大基础设施、城市新区、产业集聚区、现代服务业等方面的项目谋划和运作，增强信贷投放的时效性和针对性。增加对廉租房建设、棚户区改造和经济适用房建设的信贷投放，支持居民合理住房消费，促进房地产业健康发展。探索建立激励机制，引导金融机构加强对教育、医疗、就业等民生领域以及旅游和文化领域的支持。加大外汇贷款投放力度，支持企业"走出去"。

（二）充分利用资本市场融资。以行业龙头企业和高成长性中小企业为重点，滚动培育重点上市后备企业 1000 家。完善推动企业上市"绿色通道"制度，建立企业上市全程跟踪服务机制，充分利用境内外证券市场融资。支持上市公司通过配股、增发和发行公司债券等形式进行再融资。推动上市公司通过市场化并购重组进行产业和行业整合，实现整体上市或主业整体上市。到"十二五"末，境内外上市公司超过 150 家，累计新增融资 1000 亿元以上。

（三）扩大债券市场融资规模。扩大省内企业在银行间市场发行短期融资券、中期票据、中小企业集合票据和非公开定向发行票据规模，加快以区域集优模式发行中小企业融资票据。培育企业债券发行主体，推动大企业集团发行企业债券，大中城市发行城投债、市政债，中小企业发行集合债券。支持地方法人银行业金融机构通过发行债券提高资本充足率，通过发行专项金融债扩大中小企业信贷投放规模。鼓励上市公司发行公司债券，显著提高公司债在上市公司直接融资中的比重。力争到 2015 年全省债券市场融资规模比 2011 年翻一番。

（四）提升保险服务能力。充分发挥保险业经济补偿、资金融通和社会管理功能，推动保险业创新发展，拓宽服务领域，提高服务质量。大力发展健康、养老、企业年金保险业务，支持商业保险参与养老保险、医疗保险等社会保障体系建设。加快发展环境污染、公众安全、安全生产等责任保险。加大对农业保险的支持力度，进一步扩大农业保险覆盖面和承保品种范围。加快发展出口信用保险，扩大保单项下融资规模。开展保险资金投资基础设施试点，建立引资项目库，加强与各保险企业总公司的项目对接，引导保险资金投资基础设施、社会保障、民生等领域，支持保险资金购买地方债、企业债，参与企业股权投资、并购、重组、改制上市。力争到 2015 年保险深度达到 5%，保险资金运用规模比"十一五"翻两番。

（五）加强对"三农"的金融支持。增加涉农信贷投放，严格落实奖惩考核机制，确保县域银行业金融机构新增存款主要用于当地贷款、涉农贷款增量高于上年、涉农贷款增速高于全部贷款增速。积极探索多种信贷模式，重点支持粮食生产核心区建设，支持农业科技和现代农业产业化集群发展。统筹推进村镇银行等新型农村金融机构建设，实现县域全覆盖。支持政府农业投融资机构参股农业产业化龙头企业。推动农业产业化龙头企业上市融资。鼓励农产品生产经营者进入期货市场开展套期保值业务。开发具有地方特色的农产品保险品种。优化农村支付结算环境，加大 POS（销售终端）、ATM（自动取款机）和网络等基础设施建设，实现电子支付结算网络全覆盖，大力推广使用非现金支付工具。

（六）着力破解小微企业融资难问题。深入推进"小巨人"企业信贷培育工作，确保小微企业贷款增速明显高于全部贷款增速。继续促进银行业金融机构加强小微企业金融服务专营机构建设，强化对小微企业的财务辅导，有针对性地开发金融产品，重点发展供应链融资。支持小微企业积极利用资本市场融资。稳步推进小额贷款公司发展，完善小额贷款保险机制，积极发展项目融资领域的保险业务。引导支持创业投资机构和股权投资机构扩大对小微企业的投资。"十二五"期间，要在破解小微企业融资难方面走在中西部地区前列。

（七）加强金融创新。加快金融组织、产品和服务模式创新，争取开展全国性金融改革创新和金融机构系统创新试点。充分利用全国性场外交易市场，积极发展区域性产权交易市场，为非上市股份公司提供规范化股份转让平台。尽快实现郑汴金融同城。推进跨境人民币贸易和投资业务开展，实现投资贸易便利化，争取开展电子商务国际结算业务，力争在综合保税区开展离岸金融业务。开展科技和文化领域金融创新。开展农村金融综合改革创新试点，把农村土地承包经营权、林权、宅基地、集体建设用地使用权等纳入担保物范围，争取在金融机构设立、差异化监管等方面先行先试。

四、扩大金融业开放，发展壮大金融主体

（一）实施城市商业银行创优升级工程。全方位引进战略投资者，优化股权结构，增强资本实力，到 2015 年各城市商业银行资本金全部达到 30 亿元以上，力争全省城市商业银行总资产翻一番。健全城市商业银行治理结构，完善内控机制，化解不良资产，提高监管评级，推动开展与中原经济区建设相适应的跨区域经营。引导城市商业银行以精品化社区银行为目标，在本市实现县域机构全覆盖。推动郑州银行、洛阳银行上市融资。适时组建省级股份制商业银行。

（二）加快农村信用社改革发展。坚持服务"三农"的根本方向，以建立现代银行制度为目标，以产权制度改革为核心，积极探索县域和城区农村信用社改革发展新路子。稳定县域农村信用社法人地位，经营管理重心下沉，加快达标升级工作，全面完成股份制改革，全部达到农村商业银行组建标准。积极探索整合部分省辖市城区农村信用社组建农村商业银行。加快推进省农信联社改革，强化监督服务职能，完善科技服务和风险防控体系，科学构建与基层法人行社之间的运管机制。力争到 2015 年全省农村信用社、农村商业银行存贷款余额翻一番，总资产超 1 万亿元。

（三）发展各类地方法人金融机构。支持中原信托公司、百瑞信托公司引进战略投资者，加大创新力度，转变发展模式，加快全国布局步伐，建设国内一流信托公司。提高中原证券公司资本实力和核心竞争力，加快上市步伐和业务转型，发展成为具有较强影响力的证券控股集团。鼓励业绩良好、管理规范的企业集团设立财务公司。积极组建地方法人保险公司。探索发展社区类金融机构，发展融资租赁公司、消费金融公司和小额贷款公司。

（四）发展壮大期货市场。支持郑州商品交易所建设成为交易品种丰富、服务优质高效、具备核心竞争力的综合性期货交易所。强化大宗期货商品定价功能，逐步形成上市交易品种国际定价中心。支持郑州商品交易所加强新品种研发上市，逐步形成系列化和多元化的上市品种架构。支持期货公司加快发展，提升服务实体经济的能力。

（五）完善金融机构布局。引进各类金融机构在我省设立法人总部、地区性总部和后台业务总部，力争金融机构数量和规模位居中西部前列。支持已有金融机构延伸网点，鼓励在市、县（市）设立分支机构，实现大型商业银行县域全覆盖，股份制银行省辖市全覆盖。引导金融机构入驻市、县（市）中心商务区，提高金融集聚服务水平。

（六）加快推进郑东新区金融集聚核心功能区建设。在郑东新区打造金融机构总部集聚区，推动金融管理部门和各类金融机构的省级总部集聚，力争到 2015 年

建设成为集聚各类金融机构、资金、人才、资讯的区域性金融综合服务中心，发挥示范、辐射和带动作用。加快中原金融产业园区建设，建设一流金融服务配套功能区，鼓励境内外金融机构在产业园区设立数据备份、产品研发、客户服务、信息支持等后台服务中心，吸引金融外包服务企业进驻。鼓励各类金融中介机构、配套服务机构落户。

五、完善金融杠杆功能，提升融资能力

（一）深化政府投融资机构改革。按照"政府主导、市场运作、企业化管理、专业化发展"的原则，统筹运作政府性资源、资本、资金和资产，做大做强政府投融资机构。完善省级投融资公司功能，探索通过注入土地、矿产等资源和国有资产、经营性事业资产，拓宽资本补充渠道，优化资产结构，增强融资能力。2012年省级投融资公司力争实现新增融资 600 亿元以上，重点投向保障性住房、城际铁路、航空、交通、农业、水利、文化等基础性、公益性领域。今后争取每年新增融资 1000 亿元以上。规范市、县级投融资机构发展，充实资本，加快整合，解决新型城镇化和新型工业化进程中的投资支撑条件。

（二）积极发展各类投资基金。发挥政府引导作用，吸引境内外资本，打造一批实力较强的投资基金。到 2015 年，力争我省投资基金规模达到 1000 亿元以上。推动发展产业投资基金，规范发展股权投资基金，支持发展创业投资基金，推动民间资金向产业资本转化。设立金融产业投资基金，力争到 2015 年规模达到 100 亿元，重点投向城市商业银行、农村信用社等地方法人金融机构。推动设立文化、航空、新能源等产业投资基金。设立省级创业投资基金和创业投资引导基金。

（三）完善中小企业担保体系。建立健全省、市、县三级政策性担保体系，充实财政资本，积极吸收社会资本，形成以政策性担保为主体的信用担保体系，发挥政策性担保体系为中小企业担保的主导作用。以大型企业集团为依托，支持自办或控股设立担保机构，为其上下游中小企业提供融资担保服务。依法依规加强担保行业监管，促进担保业规范健康发展。培育龙头担保机构，发挥省中小企业担保集团公司的再担保作用，切实发挥其融资担保功能。

六、优化金融环境，建设诚信河南

（一）优化金融业发展环境。建立健全政府与金融机构、企业之间的协调联动机制，切实解决制约金融业发展的突出问题。加快社会信用体系建设，建立以企业信息、个人信息、行业信息为主要内容的统一征信系统。进一步优化司法环境，支持全面建立金融审判庭、执行庭，提高金融案件审结率和执结率，维护金融机

构合法权益。建立完善金融仲裁工作机制。加强金融生态环境建设，积极建设信用文化，建立健全守信激励和失信惩戒机制，全面树立诚信河南形象。

（二）打造金融安全区。完善金融监管协调机制，不断增强监管协同性和有效性。加强合规建设，发挥行业协会作用，建立自律约束机制。按照"谁审批、谁监管、谁负责"原则，加强对担保公司、小额贷款公司、投资公司等机构的监管。加强民间借贷管理，引导民间资金合理流动。做好风险排查和监测预警工作，依法打击高利贷、非法集资、金融传销、地下钱庄、非法证券、非法期货、非法保险、非法黄金交易等活动，清理整顿各类交易场所，维护金融稳定。

七、完善工作机制，加强政策支持

（一）加强对金融工作的领导。各级政府要把金融工作摆在突出位置，加强组织领导。省政府成立金融工作领导小组，负责统筹研究和协调推进金融业发展的总体规划、政策支持等重大事项。建立与国家金融管理部门和主要金融机构总部高层沟通协调机制。整合我省金融管理职能，完善金融管理体制、国有金融资产监管体制。

（二）加大政策支持力度。用好金融业发展专项奖补资金，重点用于引进金融机构、推动企业上市和鼓励金融创新等。进一步完善金融业办公用地用房、财政奖补、税费减免和从业人员子女教育和医疗服务等方面的支持政策。充分发挥政府资金的引导和杠杆作用，撬动和引导社会资本投向金融业，设立河南金融产业发展基金，做大做强地方法人金融机构，提升我省经济发展活力。引导市、县级政府建立"三农"和小微企业贷款风险补偿机制。对包括城市商业银行、农村信用社在内的各类银行业金融机构，在财政性资金存放等方面同等对待。

（三）切实加强人才保障。落实《河南省金融人才发展中长期规划（2011—2020年）》。以高层次人才培养开发为重点，大力实施领军人才培养、专业技术人才知识更新、县域人才支持、海外人才引进等金融人才发展工程。鼓励金融行业与政府部门开展干部交流。

（四）完善考核评价机制。完善金融机构支持经济发展的评价办法，增强针对性、时效性、导向性。切实加强地方法人金融机构和政府投融资公司评价工作。

第六节　关于鼓励金融机构入驻郑州的意见（试行）

郑州市人民政府关于鼓励金融机构入驻郑州的意见（试行）

（郑政〔2011〕56号）

各县（市、区）人民政府，市人民政府各部门，各有关单位：

为丰富我市金融资源，完善金融服务体系，促进金融业平稳健康发展，加快推进郑州区域性金融中心建设，为建设郑州都市区、打造中原经济区核心增长极提供有力支持，现就鼓励金融机构入驻我市提出如下意见，请认真贯彻执行。

一、本意见适用于经中国银监会、中国证监会、中国保监会等国家金融监管部门批准，新设或迁入我市，并书面告知市政府金融工作部门的中外资金融机构总部或分支机构。

本意见亦适用于经国家金融监管部门的派出机构批准，新设在我市的村镇银行、贷款公司、农村资金互助社等新型农村金融机构。

金融机构总部，是指银行业、证券业、保险业等金融机构中具有法人性质的机构。金融机构的分支机构，是指银行业、证券业、保险业等金融机构的省级分支机构，以及直接隶属于金融机构总部单独设立的业务总部和金融后台服务中心。

二、市政府原设立的 1 亿元支持外资金融机构发展专项资金，调整为促进金融产业发展专项资金，由市财政在年度预算中安排，专项用于引进金融机构、鼓励金融机构支持地方经济建设和促进我市金融产业发展的各项工作。专项资金管理办法由市财政部门牵头，会同市政府金融工作部门等有关单位另行制定。本意见规定的金融机构奖补政策的落实办法，在专项资金管理办法中予以明确。

三、对银行业金融机构的法人机构，市政府按其注册资本的 1.5%给予一次性资金补助，最多不超过 1000 万元；省级分支机构补助 400 万元。

四、对新型农村金融机构的法人机构，市政府按其注册资本的 2%给予一次性资金补助，最多不超过 150 万元。

五、对证券业、保险业等金融机构的法人机构，市政府按其注册资本的 1%给予一次性资金补助，最多不超过 1000 万元；省级分支机构补助 200 万元。

六、对直接隶属于金融机构总部单独设立的业务总部和金融后台服务中心，市政府给予一次性资金补助 400 万元。

七、金融机构购置土地自建办公用房（含营业用房，下同）的，可缓缴 50%的城市基础设施配套费，缓缴部分在办理《房屋所有权证》前缴纳。

八、金融机构购买自用办公用房，经市政府金融工作部门与财政部门核实，市政府给予一次性购房补贴。法人机构每平方米补贴 1000 元，最多不超过 500 万元；省级分支机构每平方米补贴 500 元，最多不超过 200 万元。享受购房补贴的办公用房 5 年内不得对外租售。

九、金融机构租赁自用办公用房，经市政府金融工作部门与财政部门核实，市政府自其开业年度起连续 3 年给予租房补贴。法人机构每年按其办公用房租金的 30%给予租房补贴，每年最多不超过 200 万元；省级分支机构每年按其办公用房租金的 15%给予租房补贴，每年最多不超过 100 万元。享受租房补贴的办公用房 5 年内不得对外租售。

十、金融机构自开业年度起，第一年，市财政按其实缴营业税市级留成部分的 100%予以奖励，第二至第三年，市财政按其实缴营业税市级留成部分的 50%予以奖励；自盈利年度起 3 年内，市财政按其实缴企业所得税市级留成部分的 50%予以奖励。

十一、金融机构的高级管理人员，经金融监管部门核准并在市政府金融工作部门备案后，享受以下政策待遇：

（一）符合我市高层次人才引进政策的，按规定享受安家补助、生活补贴、配偶及子女户籍迁入等方面的优惠政策。

（二）因公需要出入境的，公安、外事等部门优先办理出入境手续。外籍高级管理人员申请居留许可的，公安部门可为其签发有效期 1 至 5 年的居留许可证，签发次数不限。

（三）需参加境外培训的，经批准可纳入本市人才培养计划，有关部门要提供便利条件。

（四）子女需在义务教育学校入学的，由各级政府教育部门负责协调安排。

十二、进一步优化金融机构入驻的外部环境。金融机构入驻过程中，工商、税务、质监、财政、公安、住房保障、城管、消防等有关部门要积极提供便利条件和优质服务，从优从快办理各类手续。建立金融机构考核奖励机制，对为我市经济社会发展作出突出贡献的金融机构，按照我市有关规定予以表彰奖励。

十三、本意见中所涉及的货币，均指人民币。

十四、各县（市、区）政府、市政府各派出机构可参照本意见，制定相应的支持金融机构入驻和发展的政策措施。

十五、本意见自发布之日起施行。我市以往规定与本意见不符的，以本意见为准。

第七节　郑州区域性金融中心建设规划纲要

郑州区域性金融中心建设规划纲要
（豫政办〔2007〕112 号）

各省辖市人民政府，省人民政府有关部门：

《郑州区域性金融中心建设规划纲要》已经省政府同意，现印发给你们，请认真组织实施。

河南省人民政府办公厅
二〇〇七年十一月五日

为了进一步增强郑州市的凝聚力、辐射力，把郑州建成全国有重要影响的区域性金融中心，有效带动全省金融业发展，更好地发挥金融对经济发展的推动作用，加快全面建设小康社会、实现中原崛起的步伐，特制订本规划纲要。

一、战略意义和现实基础

（一）战略意义

金融是现代经济的核心。随着市场经济的发展，金融日益成为现代经济的主导产业和经济发展的持续推动力。加快经济发展，实现中原崛起，就必须加快金融业发展，充分发挥金融在资源配置、经济结构调整、城市功能强化等方面的作用。建设金融中心能够促进金融资本及其他生产要素在中心城市的集聚和有效配置，最大程度满足经济发展对金融服务的需求，为经济又好又快发展提供更加有力的支撑。

"十五"以来，金融业对我省经济社会发展的支持作用逐步增强，但发展比较缓慢，金融业增加值占生产总值的比重由 2000 年的 2.82%下降到 2006 年的1.6%，金融业增加值占第三产业增加值的比重一直徘徊在 5%左右，明显低于全国平均水平，与周边省会城市相比也有一定的差距。目前，我省金融的整体功能不够完善，地方金融机构不发达，金融组织体系不健全，金融生态环境有待改善，直接融资比重低等问题比较突出，制约着经济的持续快速健康协调发展。经济的快速发展，市场经济体制的逐步完善，金融业的全面开放，社会资本的加快流动，对我省整合金融资源、完善金融体系、发展金融市场、优化金融环境提出了新的更高的要求。

随着区域经济竞争的加剧，各地都更加重视金融中心在区域经济发展中的地位和作用。近年来，上海、广州、大连、济南、武汉、西安、合肥等大中城市都在加快区域性金融中心的建设步伐，构筑区域竞争的战略高地，以赢得经济发展的主动权。依托郑州现实基础和优势条件，高起点规划和建设郑州区域性金融中心，对于增强郑州的竞争力和辐射力、迎接区域竞争与挑战、推动全省经济快速发展、促进中原率先崛起具有十分重要的意义。

（二）有利条件和机遇

日益增强的经济实力为建设郑州区域性金融中心提供了强大支撑。河南是中西部地区经济总量第一、人口规模最大的省份。2006 年全省生产总值 1.2 万亿元。省会郑州经济快速发展，经济总量居中西部省会城市前列，2006 年生产总值超过2000 亿元；城市规模不断扩大，先进制造业基地和现代物流中心正在形成，大量的人流、物流、信息流、资金流在此交汇扩散，对周边地区的辐射作用不断增强。

已经形成的金融体系为建设郑州区域性金融中心奠定了良好的基础。随着金融体制的改革和发展，我省已形成了银行、证券、保险、期货、信托各业并举，调控、监管和经营各类机构并存的金融体系。目前，全省拥有省级政策性银行 2 家、国有商业银行 4 家、股份制商业银行 7 家、城市商业银行 7 家、城市信用社 10 家、信托投资公司 2 家、省级保险分支机构 27 家、企业财务公司 2 家、资产管理公司 4 家、综合类证券公司 1 家、期货经营机构 40 多家。2006 年全省各项存款余额达到 11492.5 亿元，居全国第 9 位；贷款余额达到 8567.3 亿元，居全国第 8 位；全省保险业实现保费收入 252.31 亿元，居全国第 8 位。存贷款余额及保费收入均居中西部地区首位。2006 年郑州市存贷款余额分别为 3559.9 亿元、2722.9 亿元，均占全省存贷款余额的 31% 左右。金融创新能力不断增强，新产品、新工具不断涌现，经营管理模式不断改进，货币市场不断完善，资产质量和经营业绩不断提高，监管和风险防范能力逐步增强，同时培养了大批金融管理人才，在全国银行业形成了独特的"郑州现象"。多层次的资本市场体系初具规模，郑州拥有我国中西部地区唯一的商品交易所，交易品种不断增加，交易规模不断扩大，证券和产权交易市场趋于活跃，显现出较强的融资功能，初步形成了资本市场与货币市场相互促进共同发展的格局。

明显的区位优势为建设郑州区域性金融中心提供了便利条件。郑州处在承东启西、联南贯北的战略部位，东邻发展势头强劲的沿海发达地区，西接广袤的西部地区，在我国公路、铁路大动脉和通讯信息网络中占据中枢地位，是东西南北大通道的交汇点，为资金等各种生产要素的流动、集聚和区域性金融中心的建设提供了便利条件。

巨大的发展潜力为建设郑州区域性金融中心提供了广阔前景。以郑州为中心的中原城市群是我省工业化、城镇化发展最快的地区，也是我国中西部地区最具发展活力的经济密集区之一。郑州及周边地区拥有超过 1 亿人口的市场空间和全国重要的农产品生产加工、能源原材料基地，随着工业化、城镇化、农业现代化进程的加快，经济发展的动力和内在需求不断增强，为郑州区域性金融中心建设开辟了广阔的发展空间。

促进中部崛起战略的实施为郑州区域性金融中心建设提供了新机遇。《中共中央国务院关于促进中部崛起的若干意见》（中发〔2006〕10 号）对建设全国重要商品粮基地、能源原材料基地、高技术产业及现代装备制造业基地和综合交通运输枢纽进行了总体部署，为我省金融业的快速发展创造了良好的政策环境，也为郑州区域性金融中心建设提供了有利时机。

二、发展目标和战略重点

（一）指导思想

认真贯彻落实科学发展观，紧紧围绕全面建设小康社会、实现中原崛起的战略目标，坚持市场化推进与政府引导相结合，以健全金融机构体系、培育金融市场、加快金融改革创新、优化金融生态环境为重点，以郑州金融商务区建设为突破口，大力发展银行、证券、保险、期货、信托等金融产业，保持金融总量的快速增长，提高金融效率，增强金融业的竞争力和辐射力，把郑州建设成我国中西部地区重要的区域性金融中心，更好地发挥金融对经济发展的整体服务功能。

（二）发展目标

"十一五"期间，发挥银行、期货等金融业比较优势，着力健全金融机构，做大金融市场，丰富金融产品，改善金融环境；扩大金融市场交易规模，强化支付结算、资金融通、金融产品交易和期货及产权交易的功能，建设机构密集、设施先进、信息灵敏、服务高效、融资功能和辐射力较强的金融商务区；初步建立郑州区域性金融中心的框架。未来五年，全省金融业增加值和贷款增长速度要高于全省生产总值的增长速度，2010 年全省金融业增加值占服务业增加值的比重达到 10%左右，金融业增加值占生产总值的比重达到3.5%；郑州金融业增加值占生产总值的比重达到 8%，直接融资占融资总额的比例达到 30%以上。

到 2020 年，进一步完善金融市场、金融服务、金融信用、金融监管体系，强化郑州金融商务区功能，使郑州金融业成为功能强大、服务高效、开放程度高、有较强竞争力的支柱产业，把郑州建设成为立足郑州、服务中原、辐射中西部的区域性金融中心。全省金融业增加值占生产总值的比重达到 9%左右，郑州市金融业增加值占生产总值的比重达到 15%左右。

（三）战略重点

完善金融机构体系。加快发展地方金融机构，组建省级股份制银行、地方法人保险公司及其他金融法人机构；积极引进境内外金融机构，培育发展农村金融机构，建立国际金融与国内金融、国家金融与地方金融、城市金融与农村金融、政策金融与商业金融相结合的金融机构体系。

发展和利用资本市场。大力发展股票、期货、债券、产权市场，培育多层次的资本市场体系。加快上市企业的培育，增加上市公司数量，提高上市公司素质，增强融资功能；增加郑州商品交易所期货品种，扩大债券的发行领域和规模，活跃产权交易市场，扩大直接融资规模。

加快金融业改革开放。积极推进金融机构改革，推动地方商业银行改制重组，加快机制创新、产品创新、技术创新。扩大金融开放，鼓励银行、证券、保险、信托等金融企业对外合资合作。

优化金融生态环境。发挥政府推动和引导作用，加快信用体系建设，改善政府服务，加强金融监管，防范金融风险，形成安全稳定、规范有序的金融发展环境。

三、主要任务和实施步骤

抓住金融业全面开放的机遇，加快发展地方金融机构，大力引进国内外金融机构，培育中小型银行；推进以票据市场、保险市场、期货市场、产权交易市场为主体的金融市场体系建设，不断进行技术创新和产品创新，逐步实现与国际金融市场的对接，拓展市场空间，增强金融业服务经济发展的整体功能。

（一）发展壮大银行业加快地方银行机构发展

重组城市商业银行、城市信用社。支持规模较大、管理稳健、业绩优良的城市商业银行加强与其他行、社之间的兼并和业务、技术联合，鼓励引进境内外投资者，增强资本实力。支持城市信用社健全法人治理结构，完善内控机制，实现更好的发展。已达到组建城市商业银行标准的城市信用社要尽快组建成为城市商业银行。组建省级股份制银行。在重组改造现有城市商业银行、城市信用社的基础上，引进战略投资者，组建具有河南品牌、机构逐步延伸全国的股份制商业银行。发展壮大地方商业银行。支持郑州、洛阳、焦作、开封等城市商业银行通过引进境内外战略投资者，或向社会公开出售部分股份，实施增资扩股，改善股权结构，提高资本充足率，壮大资金实力。通过清收不良贷款，提高资产质量，完善内控机制，增强抗风险能力。鼓励经营良好的城市商业银行跨区发展业务，适度向县市城区延伸，形成网络优势，扩大业务规模。培育发展农村银行机构。深化农村信用社改革，支持资产状况好、资金实力强的农村信用社发展为农村合作银行或农村商业银行。在完成全省 145 家县级联社一级法人社组建的基础上，积极创造条件，组建省县二级法人的河南省农村合作银行或农村商业银行。争取尽快开展设立村镇银行、贷款公司等试点工作。

引进国内外商业银行。大力吸引境内外银行落户郑州。争取国内有关大型商业银行在郑州设置区域性总部或其他功能性中心。鼓励地方商业银行与境内外银行合资合作。"十一五"期间，争取引进境外银行 3 家以上，国内外保险机构 10 家以上。

　　推进国有商业银行和股份制银行的改革与发展。支持工行、农行、中行、建行的改革。做大做强股份制商业银行。完善政策性银行体系，争取国家进出口银行在郑州设立分支机构。配合国家搞好邮政储蓄银行分支机构的组建。

　　加大贷款投放和信贷结构调整力度。鼓励商业银行加快开发适销对路的新产品，开拓个人信贷服务新领域。加强银、政、企合作，研究建立长期稳定的新型银企关系。通过银团贷款、联合贷款等方式引进省外资金，强化贷款营销的约束和激励机制，创新贷款业务方式，重组业务流程，更好地发挥银行业对中原崛起的支持作用。引导商业银行进一步调整信贷结构，加大信贷投放力度，支持河南经济建设。

　　发展货币市场和票据市场。建立规范的市场准入、退出机制，扶持和引导中小金融机构参与货币市场交易，扩大我省货币市场成员及代理机构覆盖范围，增加银行间同业拆借市场和银行间债券市场业务规模，提高银行资金流动性。大力发展票据承兑和贴现业务，重点推广商业承兑汇票，积极开展融资性票据，探索推动郑汴洛区域性票据市场的建立，推进郑汴两市金融票据异地清算为同城清算，把郑州建设成区域性票据市场中心，扩大市场规模和辐射范围，提高资金吸纳能力。

　　拓展和创新金融业务和技术。适应金融业务综合化、金融活动国际化、金融交易电子化和金融产品多样化的发展趋势，创新体制和机制，创新金融组织体系和发展模式，创新金融产品和服务，创新金融工具和技术，积极开发适合不同客户群体的新产品，提供特色化、差别化、多样化服务。鼓励商业银行大力发展网上银行、自助银行、银行卡业务和中间业务，开展新型金融服务。完善现代化电子支付系统，增强支付结算服务功能。逐步推进中原城市群金融同城。强化和提高网络金融运行安全性能，提高金融服务质量与效益。

（二）推进证券业发展

　　进一步做优做强证券公司。支持中原证券公司通过增资扩股、兼并重组等措施，进一步壮大综合实力，力争"十一五"期间改制上市。争取在我省设立基金管理公司。

　　积极发展和利用股票市场。完善公司法人治理结构，转换经营机制，提高上市公司质量和效益，增强再融资功能。密切关注上市企业运转状况，促进优势资源向上市公司合理集中，支持上市公司依托资本市场实施产业整合。加强投资引导，积极推动符合条件的上市公司采取增发、发行可转债等方式进行再融资，不断扩大股票市场融资规模。积极创造条件，大力推进企业境外上市。

大力培育上市公司后备资源。从支柱产业、高新技术产业及文化旅游、现代物流等服务业中选择一批具有较高成长性的企业作为省定重点上市后备企业,按照"培训一批、改制一批、辅导一批、上市一批"的思路,加强对企业上市全过程的指导和服务。通过项目、资金、信贷及政策支持,加快培育企业上市融资的步伐。"十一五"期间,重点组织 300 家以上有上市潜力的企业进行培训,力争2010 年全省上市公司达到 100 家左右。

扩大债券发行规模。支持资产规模大、经济效益好、偿债能力强的骨干企业和企业集团发行企业债券和短期融资券;加强对发债后备企业的指导,提高申报质量,努力做到发行一批、申报一批、储备一批、策划培育一批。争取"十一五"期间向国家申报发债计划 200 亿元。

(三)加快期货业发展

促进期货经纪公司发展。支持现有期货公司通过资产重组和增资扩股等方式充实资本金,提高资产质量,形成规模效应。积极培育新的期货经纪公司,吸引省外期货经纪公司在郑州设立期货经营部,壮大期货经纪公司队伍。鼓励期货公司创新业务和交易方式,拓展代理范围,扩大交易规模,活跃期货市场,为大宗商品生产者和消费者提供价格发现和套期保值功能。鼓励生产经营企业利用郑州期货市场开展套期保值业务,规避市场风险。

大力发展期货市场。支持郑州商品交易所新品种研发和上市工作,逐步增加农产品、能源、原材料、工业品等期货交易品种,争取推出期权等衍生品业务,以品种带规模,实现由农产品期货市场向综合性期货市场的转变。到 2010 年,郑州商品交易所交易品种达到 10 个,成为在国内外具有重要影响的期货价格定价中心。

(四)培育和发展保险业发展壮大保险机构

加快组建我省保险法人机构。鼓励、支持省内外大型企业以发起方式设立财寿保险公司,组建汽车、健康、养老等专业性保险公司,力争组建一批我省保险法人机构。组建我省地方法人财产保险公司,适时组建河南地方法人寿险公司。引进中外保险机构。吸引中外各类保险法人机构在郑州设立区域管理总部、区域性功能中心、分支机构。发展农村保险机构。"十一五"期间,在种养业比较发达的地区选择 1-2 个条件较好的市(县)开展农业政策性保险试点。鼓励和帮助广大农民建立基层农村保险互助合作组织。

扩大保险业务规模。以农业保险、城乡养老保险和责任保险为重点,大力推进产品创新,积极发展群众有需要、经营有效益、风险有管控的新产品、新业务。

大力提高保险服务水平，规范承保和理赔服务，把郑州建成中部地区重要的保险中心。

（五）发展其他金融机构和金融业务

发展壮大信托业。按照现代金融企业制度要求，支持中原信托、百瑞信托等公司引进国内外投资者，完成增资扩股，扩大资本规模，进一步开拓信托业务。力争到 2010 年新增信托业务量 250 亿元，信托财产规模达到 160 亿元以上，其中：中原信托新增信托业务量 150 亿元，信托财产规模达到 100 亿元以上；百瑞信托新增信托业务量 100 亿元，信托财产规模达到 60 亿元以上。

进一步活跃产权交易。发展壮大现有产权交易机构，依托河南省产权交易中心、省技术产权交易所，整合省内产权交易机构，联合省外产权交易机构，在郑州建设中西部地区有影响力的区域性产权交易中心。积极规范发展产权业务。鼓励产权交易机构在法律法规允许范围内创新服务品种，建立健全各项产权交易制度，规范产权交易行为，增强产权交易市场活力。

推进创业投资和产业投资的发展。认真落实国家支持创业投资发展的优惠政策，研究出台促进我省创业投资发展的具体措施，发挥创业投资在建设创新型河南中的作用。支持创办创业投资机构，吸引省外创业资本，发展壮大现有创业投资企业，增强融资服务功能。省、市两级政府设立创业投资引导资金，拓宽融资渠道，引导社会资金加大对生物、电子、信息、医药、新材料等高技术产业的投资力度。健全创业投资的退出机制，优化创业投资发展环境。积极向国家申请设立产业投资基金试点。

规范发展担保业务。发展壮大现有担保机构，发挥省中小企业担保中心的再担保功能，提高担保服务水平。积极发展商业担保机构，鼓励大型企业、民间资本组建担保公司。鼓励企业采用会员制等形式组建自我服务、风险自担、不以盈利为目的的互助担保机构。积极引进外资担保公司，建立健全县级政策性信用担保体系。积极探索实行有限担保公司担保以及动产抵押、权益质押等多种担保形式，制定有效的担保保险措施，创造条件发展中小企业担保机构和农业担保机构。

组建河南省投资集团。按照"政府推动，市场运作，依法合规"的原则，整合省级政府投资主体，优化资本结构，壮大资本实力，增强投融资功能，构建以资本运作为核心，以河南新兴主导产业和基础设施为投融资重点，融产业资本与金融资本为一体的金融控股集团，使其成为政府调控宏观经济、引导资源优化配置的投融资平台。

推进财务和租赁公司的发展。发展壮大现有财务公司，支持和鼓励大型企业集团在郑州设立财务公司,增强优势产业发展的融资能力。鼓励金融机构、大型企业或其他机构出资筹建金融租赁公司,积极引进省外金融租赁机构在郑州设立分支机构。创新租赁品种,促进金融租赁业务的发展,满足中小企业投资需求。

发展金融中介服务机构和业务。加快发展信用评级机构、律师事务所等中介服务机构。鼓励金融中介服务机构创新服务方式和手段。鼓励从事证券业务的会计、评估机构强强联合,开拓业务空间。畅通信用担保机构资本金补充渠道,完善风险补偿机制,放大增信和担保倍数。拓展金融信用调查、信用评估等中介服务市场,规范发展金融经纪和代理市场,逐步实现金融中介服务的社会化,提高金融中介服务水平。

四、政策措施和实施保障

加强金融风险防范和金融监管,依法维护金融机构的债权。加快建设区域企业和个人征信系统,完善区域信用管理体系。改善政府服务,为金融业的发展创造安全、有序、诚信、公平竞争的环境。

(一)加快建设郑州金融商务区加快发展郑州金融商务集聚区

鼓励和引导在郑金融机构和将要入驻郑州的金融机构向金融商务区集中,使之成为全省金融机构的集聚区、金融创新的示范区、金融服务的优质区和金融运行的安全区,打造特色鲜明的金融中心标志性工程。

(二)充分发挥政府的作用

发挥政府的主导和推动作用。借鉴国内外政府强力推动金融中心发展的成功经验,把金融业发展纳入全省经济社会发展总体规划,在组建地方金融机构、引进境外金融机构、推进金融机构集聚、争取国家支持等方面发挥主导作用。建立政府、金融管理部门与金融机构之间经常性的沟通协调机制,及时解决金融业发展过程中出现的新情况、新问题。搭建银企合作平台,推进银企互动,促进经济与金融共同发展。

(三)营造良好的信用环境

建立联合的信用信息网络系统和信息资源共享机制,采集分散在金融机构、工商、税务、公安、质量技术监督、出入境检验检疫、法院、通信、建设等部门的各类信用信息,充实、完善统一的企业和个人信用信息基础数据库，并逐步向具备资质的征信机构和其他具有合法使用目的的机构开放，形成良好的社会信用基础。加大失信惩戒力度，综合运用法律、经济、舆论监督等手段，增强企业和个人的信用观念，自觉规范信用行为，树立"诚信"河南形象。

（四）加强金融监管

适应新形势下金融改革、创新、发展和开放的要求，建立健全协调机制，银监、证监、保监等部门要加强联系和沟通，进一步完善金融监管工作的协调配合机制，形成监管合力，密切关注金融机构与上市企业的经营动态及风险状况，及时处置风险。各级政府要积极支持金融监管机构履行职责，强化监管手段，提高现场检查和非现场监管的效率，坚持全面监管与重点监管相结合，加强对金融企业的全方位全过程监管，促进金融机构依法合规经营和健康发展。加强金融业同业公会和协会自律性组织建设，强化从业人员职业道德规范，建立起自律性的约束机制。加快建立金融机构风险救助和市场退出机制，认真落实金融突发事件应急预案，完善应急处理机制，有效防范和控制金融风险。

（五）加快金融人才的培育和引进

大力实施金融人才发展战略，积极培养、引进各类金融专业人才、监管人才和复合型人才，扩大金融人才培养规模，加快培养金融人才特别是金融高级管理人才。加强对金融从业人员的培训，提高从业人员的思想政治素质、业务素质和职业道德素质，为金融业的健康发展提供人才保证。

（六）提高公共信息服务水平

加强信息服务体系基础设施建设，完善信息服务系统。整合分散在各部门和各行业的公共信息资源，建设公开、高效、透明的政府公共信息系统，及时发布国家宏观经济政策、产业政策、经济及行业信息分析报告、重点项目建设等信息，为金融机构经营决策提供依据。加快建立以银行信贷信息为基础、汇集工商、税务、公积金等多方面信息的公共信用信息发布平台。

（七）加强组织领导

建立建设郑州区域性金融中心联席办公会议制度，研究确定重大政策，协调决策重大事项，及时解决规划实施中出现的新情况和新问题，形成统一领导、分工明确、各负其责、协调运作的工作机制。联席会议办公室设在省发展改革委，负责组织规划实施的协调、评估和监督检查等工作。省直有关部门和郑州市政府要围绕建设郑州区域性金融中心的战略目标，分解责任，分项研究制订本规划的实施方案，明确工作任务、重点和实施的时间要求，积极主动地推进规划的实施。加强协调沟通，相互配合，密切协作，齐心协力推动我省金融业健康发展和郑州区域性金融中心的建设。

第八节　关于进一步加快郑州区域性金融中心建设的意见

郑州市人民政府关于进一步加快郑州区域性金融中心建设的意见
（郑政〔2007〕33 号）

各县（市）、区人民政府，市人民政府各部门，各有关单位：

　　为把郑州建设成为全国有重要影响的区域性金融中心，有效带动全省金融业发展，更好地发挥金融对经济发展的推动作用，结合本市实际，提出如下意见，请认真贯彻执行。

一、总体思路和发展目标

　　（一）总体思路：以十七大精神为指导，认真贯彻落实科学发展观，紧紧围绕全面建设小康社会、实现中原崛起的战略目标，积极实施《郑州区域性金融中心建设规划纲要》，坚持市场化推进与政府引导相结合，以健全金融机构体系、完善金融市场功能、加快金融改革创新、优化金融生态环境为重点，以郑州金融商务区建设为突破口，大力发展银行、证券、保险、期货、信托等金融产业，保持金融总量的快速增长，提高金融效率，增强金融业的竞争力和辐射力。

　　（二）发展目标：到 2010 年，全市金融业增加值占服务业增加值的比重达到 15%左右，金融业增加值占生产总值的比重达到 8%。形成金融市场、金融机构、金融工具门类齐全、功能比较完善、金融发达程度较高的金融集聚区，把郑州建设成我国中西部地区重要的区域性金融中心，更好地发挥金融对经济发展的整体服务功能。

二、发展重点

　　（三）健全金融机构体系。银行业要加大工作力度，积极吸引外资银行和全国性股份制商业银行来郑设立分支机构，争取国内大型商业银行在郑州设置区域性总部或其他功能性中心。"十一五"期间争取引进 2—3 家外资银行和 3—5 家国内股份制商业银行，近期重点做好汇丰银行、东亚银行等银行的引进工作。证券和期货业要积极吸引省外创新类和规范类证券公司、期货机构在我市设立分支机构、地区性总部或业务总部，引进在国内外有重要影响的证券、基金、期货管理公司等入驻郑州，吸引金融控股集团来郑设立分支机构。吸引境外知名证券机构来郑设立分支机构。保险业要吸引中外各类保险法人机构在郑州设立区域管理总部、区域性功能中心、分支机构，重点引进一批外资保险机构来郑设立分支机构。其他金融机构及中介服务组织要加快国内各类投资、基金、汽车金融、金融租赁公司的引进和设立步伐；大力发展为金融业提供服务的证券资信评估、投资咨询、资产评估、保险代理、公估、经纪等中介服务组织。引导和鼓励大企业参股金融企业或合资组建金融机构。

（四）完善金融市场功能。强化区域资金集散功能。加强中原城市群九城市金融业交流与融合。打破资金融通的地区分割等体制性障碍，在资金清算、账户通存通兑、票据转贴现、证券结算、债券回购与分销、基金托管、国际业务等方面广泛开展代理合作，延伸业务渠道，形成我市与其他八城市金融机构之间资金相互融通、横向流动的新机制。推动商业承兑汇票业务的发展，加快区域支付清算体系建设，提高结清算速度和效率。推动信贷规模合理增长。引导各金融机构结合我市产业发展和重大项目建设，加快资金项目对接，积极争取中央银行贷款支持，通过多种途径争取各商业银行总行更多的资金支持和政策倾斜。密切关注保险资金放开运营的动态，争取部分保险公司总部或资产管理公司来郑投资，拓宽投融资渠道。大力发展资本市场。加强资本市场建设，推进融资市场化进程，加强对企业上市的统筹规划，积极整合、培育优质上市资源，将具有地区主导型、支柱型企业推荐上市，增加主板市场上市数量。抓住创业板即将推出的机遇，全方位培育和支持中小及民营企业上市融资，争取每年有3—5家企业在境内外上市。大力支持上市公司通过资本市场再融资做大做强。培育符合银行间债券市场发债条件的企业发行公司债券，通过上市、发债等形式扩大直接融资规模。大力发展期货市场。支持郑州商品交易所积极开展品种创新，加快能源、原材料、工业品、商品指数等新品种研发工作，争取尽快上市商品期货期权交易，逐步形成在全球及国内具有重要影响的期货价格中心、交易中心和信息中心。积极支持期货经纪公司发展。鼓励省内期货经纪公司做大做强，到省外设立分支机构（营业部），同时吸引省外期货经纪公司在郑州设立分支机构（营业部）。发展壮大信托业。按照现代金融企业制度要求，支持信托公司扩大资本规模，进一步开拓信托业务。利用信托公司综合融资功能和财务顾问咨询功能，服务和支持企业发展和重大项目建设。鼓励发展其他金融业务。活跃产权市场，发展壮大产权交易机构，鼓励在法律法规允许范围内创新服务品种，建立健全各项产权交易制度，规范产权交易行为，增强产权交易市场活力。推进创业投资发展，支持创办创业投资机构，吸引省内外创业资本，增强融资服务功能，引导创业投资投入高新技术产业，健全创业投资的推出机制，优化创业投资发展环境。规范发展担保业务，壮大现有担保机构，积极发展商业担保，鼓励企业采用会员制等形式组建互助担保机构，探索实行有限担保公司担保以动产抵押、权益质押等多种担保形式，创造条件发展中小企业担保和农业担保。

（五）支持金融改革。支持国有商业银行、政策性银行、股份制银行的改革和发展。积极引进战略投资者参股地方银行业金融机构，推动郑州市商业银行发展成为区域性股份制商业银行。鼓励中原证券公司、中原信托公司、百瑞信托公司通过国内外机构投资者投资实现增资扩股。吸引省外金融控股集团、大型投资机构来郑开展银行、证券、保险等金融和投资业务，鼓励省外投资者参股或投资我市的投融资机构或公司，支持各类基金到郑州设立基金公司。积极引入国内外著名财团来郑开展资产重组与并购业务。

（六）优化金融发展环境。围绕建设社会信用体系，加大政策支持力度，培养造就金融专业人才队伍，全面优化金融发展生态环境。完善社会信用体系，将分散在银行、工商、税务、公安、社保、海关等部门的信息进行整合，进一步建立健全企业和个人信用信息系统。进一步优化金融生态环境，加强执法部门与金融部门合作，探索建立金融案件立案、执行的绿色通道，严厉打击恶意逃废债务行为，切实维护金融债权。支持金融机构加强资产管理，切实防范道德风险、信用风险、市场风险和操作风险。鼓励各金融机构引进高层次的专业管理人才来郑发展。探索建立金融人才培训长效机制，加强与国内外金融院校、金融专业培训机构的合作，重点对各级政府、综合经济管理部门的人员进行金融知识培训，提高其了解和利用资本市场能力，造就一支适应现代经济发展需要的金融管理干部队伍。

三、政策保障措施

（七）新引进的内资金融机构享受《郑州市人民政府关于鼓励外资金融机构落户郑州的意见（试行）》（郑政〔2007〕20号）中第二至六条所规定的政策。

（八）加快发展郑州金融商务区。鼓励和引导在郑金融机构和将要入驻郑州的金融机构向金融商务区集中，使之成为全省金融机构的集聚区、金融创新的示范区、金融服务的优质区和金融运行的安全区，打造特色鲜明的金融中心标志性工程。

　　（九）加快金融人才的培育和引进。大力实施金融人才发展战略，积极培养、引进各类金融专业人才、监管人才和复合型人才，特别是金融高级人才，扩大金融人才培养规模和层次。对培育和引进金融人才享受的优惠政策，参照《中共郑州市委郑州市人民政府关于构建区域性金融中心的意见》（郑发〔2005〕23号）中第五条第一款的有关规定执行。

彩 图

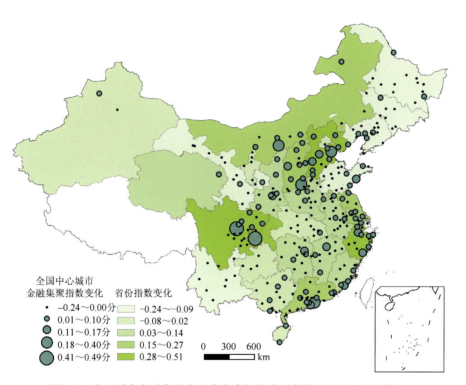

全国中心城市
金融集聚指数变化   省份指数变化
- −0.24～0.00分   ☐ −0.24～−0.09
○ 0.01～0.10分   ☐ −0.08～0.02
○ 0.11～0.17分   ☐ 0.03～0.14
○ 0.18～0.40分   ☐ 0.15～0.27
○ 0.41～0.49分   ☐ 0.28～0.51

0   300   600
━━━━━━━━ km

图 4-8 中心城市金融集聚水平变化空间分布示意图（2005～2010 年）

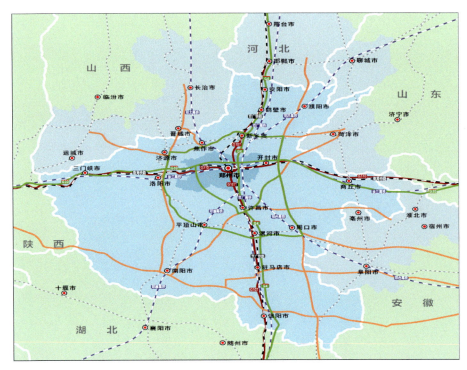

图 6-10　中原经济区交通示意图

图 6-11　郑州国际货运航线示意图

资料来源：郑州市铁路局网站；《郑州市 2013 年国民经济和社会发展统计公报》